Objekte integrieren mit OLE2

Hanns-Martin Meyer   Karl Obermayr

Objekte integrieren mit OLE2

Microsofts Basistechnologie für
objektorientierte Architekur

Mit 133 Abbildungen

Springer-Verlag
Berlin Heidelberg New York
London Paris Tokyo
Hong Kong Barcelona
Budapest

Hanns-Martin Meyer
iXOS Software GmbH
Bretonischer Ring 12
D-85630 Grasbrunn

Karl Obermayr
Am Mühlthalerfeld 2
D-85567 Grafing

ISBN-13:978-3-642-78754-6   e-ISBN-13:978-3-642-78753-9
DOI: 10.1007/978-3-642-78753-9

CIP-Eintrag beantragt

Umschlaggestaltung: Konzept & Design, Ilvesheim
Satzerstellung und reproduktionsfertige Vorlag durch Karl Obermayr mit FrameMaker4
SPIN 10131544   33/3140 – 5 4 3 2 1 0 – Gedruckt auf säurefreiem Papier

Vorwort

Dokumente beinhalten schon lange nicht mehr nur Text. Sie werden multimedial, indem sie Grafik, Sprachannotationen, allgemein Audiokomponenten, Image und Video integrieren. Sie werden darüber hinaus nicht mehr nur gelesen sondern elektronisch präsentiert, und in dieser Form werden sie durch Funktionalität wie Recherchemöglichkeiten ergänzt. Ein solches multimediales, elektronisches Dokument kann nicht mehr von einem Anwendungspaket allein erstellt und gepflegt werden. Es erfordert spezialisierte Anwendungen, die die einzelnen Komponenten des Dokumentes mit ausgefeilter Funktionalität erstellen und bearbeiten, auch wenn diese Komponenten schon in das Gesamtdokument integriert sind.

Diese dokumentenorientierte Problemstellung fällt zeitlich zusammen mit einem massiven Vordringen objektorientierter Grundsätze. Objektorientierte Architektur revolutioniert die Softwareszene:

Anwendungsobjekte ersetzen die Anwendungspakete. Statt kompletter Anwendungspakete (wie ein Desktop Publishing System) kaufen Anwendungsentwickler – und in Zukunft auch Anwender – Anwendungsobjekte, die kleinere, in sich abgeschlossene, funktionale Einheiten realisieren (wie zum Beispiel eine Rechtschreibprüfung).

Anwendungsobjekte ersetzen Anwendungspakete

Diese Anwendungsobjekte aus verschiedenen Quellen integrieren sie zu individuellen Anwendungsumgebungen, die gleich integriert arbeiten wie heutige Anwendungspakete, gleichzeitig aber umfassender und vor allem individuell auf den einzelnen Anwender abgestimmt sind.

Dabei können sowohl frei am Markt verfügbare als auch individuell entwickelte Anwendungsobjekte miteinander zu einer individuellen Anwendungsumgebung integriert werden. Dieser Umbruch der Softwareszene übertrifft in seiner Bedeutung und seinen Auswirkungen die Einführung von Graphical User Interfaces.

OLE 2 ist gleichzeitig Microsofts Basistechnologie für eine solche objektorientierte Architektur und die Lösung der dokumentenorientierten Problemstellung durch multimediale Komponenten.

derzeit wichtigste Basistechnologie in der Microsoft-Welt

OLE 2 ist die derzeit wichtigste Software-Basistechnologie in der Microsoft-Welt – durch sie wird die Entwicklung neuer Betriebssysteme und neuer Applikationen wesentlich bestimmt. In OLE 2 sind alle grundlegenden Definitionen und Technologien enthalten, auf denen bei Microsoft die objektorientierten Betriebssysteme aufbauen, nach denen auch alle zukünftigen Applikationen der Windows-Welt implementiert werden. Softwareentwicklungen, die zumindest im Microsoft-Umfeld erfolgreich sein wollen, müssen OLE-2-fähig sein.

Die zweifache Zielsetzung von OLE 2, Integration von spezialisierten Dokumententeilen und Basis für eine tragfähige, objektorientierte Architektur, hat die bisher umfangreichste Technologie in der Windows-Umgebung entstehen lassen.

Deshalb war es den Autoren ein Anliegen, relativ früh einen Wegweiser durch die Vielfalt der Komponenten, Interfaces und Definitionen dieser Basistechnologie zu geben. Die Ausführungen basieren auf der Version 2.0 von OLE. Die Abrundung der Version und Fehlerbehebung durch die Version 2.01 wurde nicht abgewartet.

Dieses Buch versetzt den Leser in die Lage, Bedeutung und Einsetzbarkeit von OLE 2 in Softwareentwicklungen sicher zu beurteilen. Es erläutert Umfang, Leistungsfähigkeit und Komponenten von OLE 2 und ermöglicht, OLE-fähige Programme zu konzipieren. Die grundlegenden Konzepte und Komponenten von OLE 2 (Component Object Model und Windows Objects, Structered Storage, Automation, Visual Editing und Aspekte der Benutzerschnittstelle) werden detailliert beschrieben. Daneben wird versucht, OLE 2 in den

Mainstream der objektorientierten Ansätze wie Objektmodell und Object Request Broker der Object Management Group einzuordnen, und OLE 2 mit angekündigten Entwicklungen gleicher Stoßrichtung wie OpenDoc zu vergleichen. Nach der Lektüre dieses Buches kann ein Entwickler anhand der Originaldokumentation OLE-fähige Software programmieren.

Beinahe zwangsweise werden in diesem Buch objektorientierte Prinzipien und Grundgedanken mitbehandelt. Besonderer Wert wird dabei auf den Ansatz einer objektorientierten Softwarearchitektur gelegt, den die Autoren für die nutzbringendste Komponente der Objektorientierung halten. Die einschlägigen Begriffe für eine solche Architektur und das Zusammenwirken von Objekten werden erläutert und in Beziehung zu OLE 2 gestellt.

Grundlagen der objektorientierten Softwarearchitektur

In diesem Buch werden an vielen Stellen Produkte erwähnt. Die Namen dieser Produkte sind häufig Trademarks, was an dieser Stelle einmal betont werden soll. Die Erwähnung eines Produktes stellt keine Wertung gegenüber anderen, hier nicht erwähnten Produkten dar.

Zu besonderem Dank sind die Autoren der iXOS Software GmbH verpflichtet. Sie hat den fruchtbaren Boden für die intensive Beschäftigung und Erfahrung mit objektorientierten Technologien und mit OLE selbst gelegt, ohne dabei jeweils den Nutzen für die Softwareentwicklung und insbesondere für den Anwender aus den Augen zu verlieren.

Hanns-Martin Meyer
Karl Obermayr
Grafing/München, 8. Januar 1994

Inhaltsverzeichnis

Überblick: Konzepte und Architektur von OLE 2   27

Konzepte des Objektmanagement   51

Aspekte der Benutzeroberfläche   67

Component Object Model 141

Structured Storage 203

Automation 227

Anhang A: OLE 2 Lexikon 245

Anhang B: Schlagworte im Objekt-Management 271

Warum OLE?

Ein Dokument beinhaltet schon lange nicht mehr reinen Text, auch nicht Text und Grafik. Ein Dokument ist heute, und in Zukunft noch weit mehr, ein Multimedia-Dokument. Es umfaßt Teile wie

- Text

- Vektorgrafik

- Pixelgrafik

- Bilder in Farbe

- Bilder in Photoqualität

- Tabellen

- spezielle Listen

- usf.

Teile von Multimedia-Dokumenten

Dies gilt aber nur, solange dieses Dokument auf Papier ausgegeben und verteilt werden soll.

Handelt es sich um ein elektronisches Dokument und seine Verteilung auf Speichermedien, von denen das Dokument dann quasi wieder abgespielt wird, so kommen Komponenten von ganz anderer Qualität hinzu:

- Sprachanmerkungen

- Musik, oder allgemeiner Audiokomponenten

- animierte Grafik

- Video

- Recherchemöglichkeiten und damit

- spezifische Anwendungskomponenten für das Lesen und Verstehen des Dokumentes.

Komponenten elektronischer Multimedia-Dokumente

Multimedia-Dokumente dieser Vollständigkeit und Komplexität werden sich mehr und mehr verbreiten. Dies geschieht nicht nur allein zu Illustrations- und Unterhaltungszwecken, sondern vielmehr mit einem echten Nutzen für den Anwender z. B. in Trainingssituationen. Das Medium CD erleichtert und beschleunigt mit seiner einfachen Handhabung und seinem Preis-/Leistungsverhältnis die Verbreitung solch komplexer Dokumente. Andere Verbreitungsmedien wie die Minidisk (MD) könnten zukünftig ebenfalls in diese Rolle wachsen.

Medium CD

Es ist klar, daß herkömmliche Textverarbeitungs-Pakete oder traditionelle Desktop-Publishing-Anwendungen mit der Erstellung solcher Multimedia-Dokumente allein auf sich gestellt überfordert sind. Die Entwicklung eines einzigen Paketes für die Erstellung und Bearbeitung von Multimedia-Dokumenten würde den Rahmen von managebaren Entwicklungsprojekten sprengen, erst recht ist die Weiterentwicklung und Pflege einer solch komplexen Anwendungssoftware „an einem Stück" nicht mehr machbar und sinnvoll.

Für eine solche Anwendung selbst ergeben sich, sofern man das Entwicklungsprojekt doch noch erfolgreich durchgeführt hat, weitere Probleme: Die Allround-Anwendung kann nicht in allen Teilen gleich gut, gleich hilfreich sein. Sie wird sich auf bestimmte Komponenten und deren Erstellung konzentrieren, und sie wird andere Funktionalitäten schamlos vernachlässigen. Die „Monsterapplikation" zur Erstellung und Bearbeitung von multimedialen Dokumenten muß das Dinosaurier-Schicksal erleiden.

Monsterapplikationen müssen das Dinosaurier-Schicksal erleiden.

1.1 Phase 1 der Dokumentenerstellung: Spezialisierung

Abhilfe schafft hier, wie in jeder guten Orgnisation, die Spezialisierung: Die für die Dokumentenverarbeitung zuständige Applikation kümmert sich um Text und Layout und ansonsten nur um das Aufnehmen, Plazieren und das reine Präsentieren von spezialisierten Dokumententeilen. Die Dokumentenverabeitung ist also nur zuständig für das Container-Dokument. Die eingebetteten, spezialisierten Dokumententeile werden von anderen, spezialisierten Anwendungen erstellt, gepflegt und in besonderen Fällen (Audio, Video, Recherche usf.) auch im Detail präsentiert. Dabei müssen sowohl die Dokumentenverarbeitung als auch die zuarbeitenden, spezialisierten Anwendungen Mechanismen implementiert haben, wie sie „ihre Arbeitsergebnisse" gegenseitig austauschen und interpretieren.

OLE

Aus diesem rein dokumentenorientierten Ansatz der Spezialisierung heraus ist Object Linking and Embedding in der Version 1 (OLE 1) entstanden. OLE 1 definiert die Konventionen und stellt Hilfsmittel bereit für diesen dokumentenorientierten Ansatz der Spezialisierung bei der Erstellung und Pflege multimedialer Dokumente. Die in das Container-Dokument eingebetteten, spezialisierten Teile werden von getrennten Anwendungen, in getrennten Fenstern erstellt weiter bearbeitet. Die Dokumentenverarbeitung muß sich nicht mehr um z. B. Audio- oder Videoteile selbst kümmern, sondern überläßt dies Spezialisten. Die Anwendungsqualität der einzelnen, spezialisierten Anwendung kann optimiert werden zum Nutzen der Dokumentenerstellung insgesamt.

dokumentenorientierter Ansatz

Optimierung der Anwendungsqualität der spezialisierten Anwendung

Gleichzeitig wird damit die Komplexität des einzelnen Softwarepaketes nicht weiter gesteigert. Software bleibt einigermaßen überschaubar und wartbar. Einziger Preis: Die Zusammenarbeit zwischen den einzelnen Applikationen muß auf Basis eines Standards geregelt und natürlich mit gewissem Aufwand implementiert werden. OLE 1 ist in der Windows-Welt der Ansatz, diese Zusammenarbeit zu standardisieren und damit zu ermöglichen.

1.2 Phase 2 der Dokumentenerstellung: Reintegration

Die Spezialisierung bei der Erstellung multimedialer Dokumente bringt für den Anwender einen Nachteil mit sich: Er erstellt *ein* Dokument, aber er wechselt dabei ständig zwischen verschiedenen Anwendungen. Und diese Anwendungen bieten ihm bei jedem Wechsel ihren eigenen Kontext, ihr eigenes Menü, insgesamt ihre eigene Art, Funktionalität dem Benutzer zu präsentieren. Meist ist dabei der Wechsel von einer Anwendung zur anderen auch noch zeitaufwendig.

In der Phase 2 versucht man nun die Präsentation der Funktionalität der einzelnen, spezialisierten Anwendungen zu reintegrieren, ohne die Vorteile der Spezialisierung zu verlieren. Dies geschieht durch In-Place-Activation der spezialisierten Anwendung im Container-Dokument. Das Bearbeiten des spezialisierten Teils eines Dokuments geschieht zwar weiter durch die spezialisierte Anwendung, aber jetzt am Ort, im Dokument. In aktueller Terminologie spricht man von Visual Editing.

Visaual Editing

Dies hat zur Folge, daß die implizite Abstimmung zwischen der Container-Applikation und den spezialisierten Applikationen für die Teile des Dokumentes noch weiter gehen muß: Auch die Präsentation der Funktionalität und die Einstiegsinformationen über diese Funktionalität müssen zwischen den Anwendungen abgestimmt und ausgestauscht werden.

Reintegration der Benutzerschnittstelle

Diese Erweiterung von OLE 1 um die Reintegration an der Benutzerschnittstelle unter Beibehaltung der Spezialisierung ist die eine, die dokumentenorientierte Zielrichtung von OLE 2.

1.3 Objektorientierung

DOS (Disk Operating System) war ein „kleines Stück Software". Eine Softwareumgebung mit einem weiterentwickelten DOS, Windows und einer Dokumentenerstellung als Anwendung zum Beispiel bilden ein hochkomplexes Gebilde aus einer Vielzahl von Softwarekomponenten, die häufig im Detail aufeinander abgestimmt sein müssen.

Menge und Komplexität sowie die Notwendigkeit der Abstimmung im Detail machen ein solches Software-Konglomerat immer unüberschaubarer und vor allem fehleranfälliger. Die Notwendigkeit nach mehr Übersichtlichkeit und zur Abschottung der einzelnen Softwareteile gegeneinander wird immer größer. Gleichzeitig zwingen Wirtschaftlichkeitsgesichtspunkte die Softwareunternehmen dazu, einmal entwickelte Komponenten möglichst unverändert immer wieder in anderem Zusammenhang einzusetzen (Wiederverwendung).

Wiederverwendung als Wirtschaftlichkeitsgesichtspunkt

Modularisierung

Das Mittel der Wahl für eine verbesserte Strukturierung der Software bei gleichzeitiger Abschottung der Komponenten gegeneinander und zur Wiederverwendung von Software bilden heute die Prinzipien der Objektorientierung: Die Software besteht aus Einheiten, den Objekten, die hinsichtlich ihrer Funktionalität möglichst gut abgeschlossen sind.

Prinzipien der Objektorientierung

Die Funktionalität der Software resultiert daraus, daß diese Objekte gegenseitig klar definierte Methoden, die sie sich gegenseitig anbieten, aufrufen. Ein solcher Methodenaufruf veranlaßt das Objekt zu einer definierten Leistung, eventuell der Rückgabe eines Ergebnis und einer Zustandsveränderung des Objektes selbst. Abgeschlossenheit heißt jetzt, daß das Objekt zur Leistungserbringung möglichst wenig von anderen Objekten wissen muß, lediglich seinerseits Methoden anderer Objekte als Hilfsleistungen benutzt. (Objektorientierung sei hier also in erster Linie als eine objektorientierte Architektur der Software verstanden. Die Implementierungssprache spielt dabei überhaupt keine Rolle.)

Objektorientierung als objektorientierte Architektur der Software

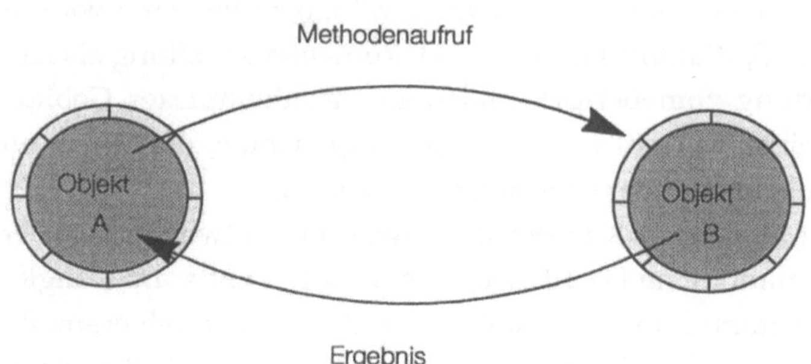

Abb. 1-1
Methodenaufruf in einer
objektorientierten
Architektur

OLE 1 hat eigentlich und trotz der Namensgebung noch nichts mit Objektorientierung zu tun. OLE 1 ist voll und ganz dokumentenorientiert und widmet sich insoweit „fremden Objekten" in Containerdokumenten. Erst OLE 2 stellt, zusätzlich zur Reintegration der Benutzerschnittstelle, Mittel zum Aufbau der Anwendungssoftware als objektorientierte Architektur bereit.

OLE 1 ist dokumentenorierntiert.

Die objektorientierte Architektur wird zur Grundlage von OLE 2 und wohl damit der weiteren Entwicklung der Softwarearchitektur der Windows-Umgebungen (Windows, Windows NT und Weiterentwicklungen). OLE 2 realisiert dabei ein Objektmodell, das vollkommen sprachunabhängig ist. Es erlaubt, Objekte beliebiger Herkunft, und gleichgültig wie und in welcher Sprache sie implementiert wurden, zu einer Anwendungsumgebung zu integrieren, wenn sich diese Objekte an die Konventionen von OLE 2 halten und die für die Integration und das Zusammenspiel von OLE 2 als notwendig definierten Interfaces realisieren und bereitstellen.

OLE 2 realisiert ein sprachunabhängiges Onjektmodell

OLE 2 verwirklicht damit die wichtigsten und nützlichsten Prinzipien der Objektorientierung. Es vermeidet den babylonischen Streit um die „beste Programmiersprache für Objektorientierung". Es verzichtet aus guten Gründen auch auf

OLE 2 verwirklicht die wichtigsten Prinzipien der Objektorientierung.

die „reine" Form der Vererbung und beschränkt sich auf einfachere Formen der Wiederverwendung, die es aber dennoch erlauben, aus einfacheren OLE-2-Objekten durch Wiederverwendung komplexere OLE-2-Objekte aufzubauen.

In dieser objektorientierten Architektur von OLE 2 wird komplexe Software überschaubar. Diese Architektur und ihre Prinzipien bieten über die Granularität auch einen (notwendigen) Weg der Migration: Zunächst können aus bestehenden Anwendungen durch zusätzliche Interface-Implementierung (Encapsulation) zwar relativ große, jedoch echte OLE-2-Objekte realisiert werden, die den Architekturprinzipen der hier praktizierten Objektorientierung genügen. Nach und nach können diese großen OLE-2-Objekte „zerschlagen" und in kleinere, überschaubare, in sich abgeschlossene Einheiten zerlegt werden, die für sich OLE-2-Objekte bilden.

Migrationsweg

Am Ende dieses Migrationsweges wird eine komplexe Anwendungsumgebung individuell aus einer Vielzahl von OLE-2-Objekten mittels hochentwickelter, visueller Tools integriert. Die einzelnen Objekte sind optimal auf ihre Einzelaufgabe spezialisiert, die Präsentation der Funktionalität jedoch ist aufeinander abgestimmt.

1.4 Persistenz von Objekten

Die Spezialisierung bei der Bearbeitung multimedialer Dokumente, die Bearbeitung von speziellen Dokumententeilen durch ihre spezialisierte Anwendung, erzeugt neue Probleme für die dauerhafte Speicherung solcher Dokumente.

Nicht mehr eine einzige Anwendung „beherrscht" das Ablageformat, sondern mehrere spezialisierte Anwendungen müssen entweder sich auf ein gemeinsames Format der Ablage und der Speicherung einigen, oder in einem gemeinsamen Containerformat erhält jede spezialisierte Anwendung ihre eigene „Nische", in der sie das Format selbst bestimmen kann, in der aber auch nur diese auf dieses „Nischenformat" spezialisierte Anwendung das Teildokument wieder vollständig lesen kann.

eigene „Nischen" für spezialisierte Anwendungen

Das hat zur Folge, daß im Containerdokument nicht nur die Rohdaten mit den spezialisierten „Nischen" abgelegt werden müssen, sondern zusätzlich die Informationen über die Anwendungen, die die jeweilige Nische auch lesen, anzeigen und bearbeiten können.

Von einem abstrakteren Zugang her begegnet die Objektorientierung dem gleichen Problem. Ein Objekt umfaßt nicht nur die ihm gehörenden Daten sondern auch und vor allem die zugehörige Funktionalität. Will man ein solches Objekt persistent speichern, so ist also neben den Daten des Objektes auch seine Funktionalität und ihr Bezug zu den Daten dauerhaft und interpretierbar abzulegen.

Dokumentenorientierte Spezialisierung und Objektorientierung führen also beide zu einer weiteren Problemstellung an der Basis eines solchen Konzeptes: Persistenz von Objekten, die dauerhafte Speicherung von Objekten.

In einer Client Server Architektur mit mehreren beteiligten Rechnern verschärft sich diese Problemstellung, indem die Objekte auch noch tranferiert werden, auf den verschiedenen Rechnern interpretiert und ihre Leistungen von und auf den beteiligten Rechnern abrufbar sein sollen.

Persitenz von Objekten, die dauerhafte Speicherung von Objekten

Abb. 1-2
Die drei Kernbereiche von OLE 2

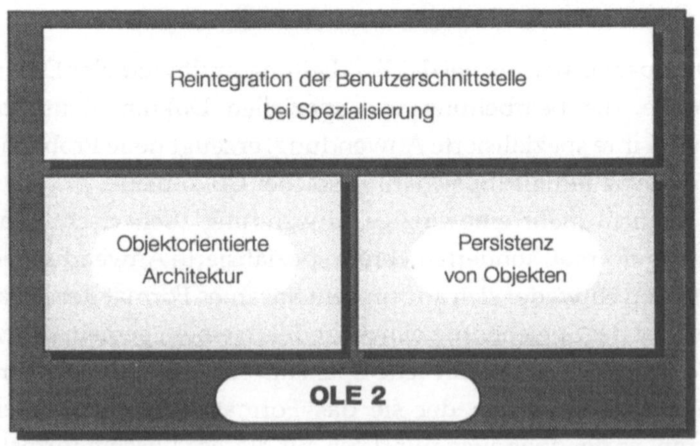

OLE 2 stellt sich dieser Problemstellung, indem alle Komponenten von OLE 2 auf die einheitliche Basis eines Component Object Model aufgesetzt werden. Das Component Object Model erhält eine Struktur, ähnlich einem Filesystem, die noch allen OLE-2-fähigen, spezialisierten Anwendungen bekannt ist, in der aber zusätzlich die „Nischen" enthalten sind, in denen die jeweilige Anwendung das Format ganz allein bestimmt, und in der zusätzlich die notwendige Information der zugehörigen Funktionalität abgelegt ist.

Component Object Model als zentrale Komponente von OLE 2

Das Component Object Model wird damit zur zentralen Komponente von OLE 2. Es realisiert für das OLE-2-Objektmodell die Persistenz der Objekte. In der heutigen Realisierungsform sind solche OLE-2-Objekte als persistente Objekte zwar zwischen Windows-Systemen transferierbar, die Leistung dieser Objekte ist jedoch nur lokal und nicht remote abrufbar.

Die Realisierung des Component Object Model ist zudem eine Implementierung „on top", d.h. sie ist nicht in das Betriebssystem integriert sondern als Anwendung oberhalb des Betriebssystems.

Windows wird zu einem objektorientierten Betriebssystem.

In zukünftigen Versionen von Windows als auch von Windows NT wird das Component Object Model seinen Weg in die Systemebene finden. Damit wird Windows in diesen Versionen zu einem objektorientierten Betriebssystem, zumindest nach dem als pragmatisch einzustufenden OLE-2-Objektmodell.

1.5 Zusammenfassung

OLE 2 adressiert im Kern drei Problemstellungen:

- Reintegration der Benutzerschnittstelle unter Beibehaltung der mit OLE 1 eingeführten Spezialisierung

- Realisierung eines pragmatischen Objektmodells, also die Einführung von Objektorientierung in die Windows-Welt

- Persistenz von solchen Objekten

OLE 2 kommt dabei in erster Linie von der Dokumentenorientierung und der zugehörigen Benutzerschnittstelle her, ergreift aber gleichzeitig die Chance, mit einem pragmatischen, sprachunabhängigen Objektmodell die Vorteile dieses sonst eher abstrakten Ansatzes zu nutzen und zur Basis zukünftiger Windows-Technologie zu machen.

Daß dabei ein Weg der Migration gesucht und aufgenommen wird, ist mit Blick auf die installierte Basis und die vorhandene Vielfalt an Anwendungssoftware nur verständlich und richtig.

Bei allen Überlegungen und Planungen zum Einsatz von OLE 2 ist es nützlich, zwischen den auf die Benutzerschnittstelle fokussierten Komponenten (Reintegration) und den objektorientierten, architekturellen Komponenten zu unterscheiden. Diese Komponenten lassen sich mit Nutzen für die Entwicklung und Pflege der Software auch ohne Realisierung oder mit sparsamer Realisierung der Reintegration einsetzen. Sie eignen sich außerdem in erster Linie zur Übertragung auf andere, offene Plattformen. OLE 2 könnte auf diesem Weg zu einem objektorientierten Architekturmodell in heterogenen Client Server Architekturen heranwachsen.

OLE 2 könnte zu einem objektorientierten Architekturmodell in heterogenen Client-Server-Architekturen heranwachsen.

Sparsamer Einsatz der Reintegration kann dabei die Realisierung von objektspezifische Popup-Menüs, die die objektspezifische Funktionalität anbieten, bedeuten. Es ist nicht notwendig, ja für den Benutzer vielleicht angenehmer, daß die spezialisierte Anwendung des eingebetteten Objekts bei Auswahl des Objektes quasi gleich die Rolle der Containeranwendung übernimmt.

objektspezifische Popup-Menüs

Grundlagen objektorientierter Architektur

Ein immer höherer Grad an Komplexität von Software ist die direkte Folge aus der Forderung nach größtmöglichem Bedienkomfort für den Endbenutzer: Graphische Oberflächen mit konsistenter und funktioneller Benutzerschnittstelle und verteilte Strukturen von Informationssystemen sind mit traditionellem Design nicht mehr zu beherrschen und zu pflegen.

Grenzen der Machbarkeit für traditionelles Softwaredesign

Der objektorientierte Ansatz hat sich dabei nicht nur als Fortschritt und Weiterentwicklung nach der Phase des prozeduralen und funktionalen Vorgehens erwiesen, sondern als prinzipieller Ausweg aus einer Krise, in der Software einen so hohen Grad von Komplexität annimmt, daß sie mit konventionellen Denk- und Vorgehensmustern nicht mehr zu bewältigen war.

Die moderne Applikations- und Systementwicklung im Bereich kleinerer und mittlerer Systeme – Windows, WindowsNT, OS/2, Macintosh und UNIX – vollzieht sich zunehmend auf der Basis objektorientierter Paradigmen.

Windows, WindowsNT, OS/2, Macintosh, UNIX

2.1 Bereiche der Objektorientierung

Der objektorientierte Ansatz umfaßt immer weitere Bereiche: Wurden zunächst nur Applikationen nach einem objektorientierten Ansatz erstellt und dabei Design und Implementierung nach objektorientierten Grundsätzen vorgenommen, so ist das Prinzip der Objektorientierung in jüngster Zeit auf nahezu alle Bereiche der Anwenderumgebung ausgeweitet worden. Objektorientierte Architektur hat sich als in so hohem Maße tragfähig erwiesen, daß neben dem internen Design und der Programmierung von Anwendungen auch die Benutzerschnittstelle von Betriebssystemen und Anwendungen, Betriebssysteme selbst und Datenbanken oder Graphikprogramme erfolgreich nach objektorientierten Gesichtspunkten gestaltet werden.

Ebenen objektorientierter Architekturen

Objektorientierung muß deshalb nach folgenden Bereichen differenziert betrachtet und diskutiert werden:

- Objektorientierte Programmentwicklung

- Objektorientierte Architekturen

- Objektorientierte Benutzerschnittstelle

Programmentwicklung

Objektorientierung wird häufig mit objektorientierter Programmierung gleichgesetzt und diese wird meist durch Verfassen der Programme in der Programmiersprache C++ als vollzogen gesehen. Beides ist so nicht richtig, sondern kann nur durch die umgekehrte Betrachtungsweise in Zusammenhang gebracht werden:

Smalltalk, Eiffel, Objective C

C++ hat sich zur Standardsprache für die Umsetzung von objektorientierten Konzepten erwiesen. Daneben gibt es noch weitere Sprachen mit zwar vergleichbaren Möglichkeiten, aber geringerer Verbreitung: so z.B. Smalltalk, Eiffel und Objective C. Programmieren in C++ oder einer dieser Sprachen bedeutet für sich alleine noch nicht objektorientiertes Programmieren.

Erst der versierte Umgang mit den objektorientierten Ansätzen der Sprache führt zu den Vorteilen objektorientierter Programmierung:

Vorteile objektorientierter Programmierung

* kompakterer Code – bis zum Faktor 10

* größere Übersichtlichkeit auf der Ebene des Codes

* verbesserte Wartbarkeit des einzelnen Programms

* Wiederverwendung von Code

Objektorientierung ist jedoch nicht auf die objektorientierte Programmierung beschränkt, wenngleich sie im Bereich der Entwicklung heute am häufigsten anzutreffen ist. Objektorientiertes Programmieren führt noch nicht zur Objektorientierung in einer höheren Stufe: objektorientierten Software-Produkten und Applikationen.

Objektorientierte Softwarearchitektur

Große, komplexere möglicherweise verteilte Softwaresysteme werden durch objektorientierte Programmierung allein nicht beherrschbar. Die Microstruktur ist dann bei guter Qualität zwar überschaubar, die Makrostruktur der Softwarekomponenten kann jedoch den Zugang zum Verstehen des Systems immer noch verwehren.

Makrostruktur unüberschaubar

Erst eine saubere, objektorientierte Softwarearchitektur kann hier Abhilfe schaffen. In einer objektorientierten Softwarearchitektur besteht das Gesamtsystem aus Objekten, die mit anderen Objekten durch Nachrichtenaustausch interagieren. In diesem Nachrichtenaustausch verwendet ein Objekt die spezifizierten Methoden eines anderen Objekts und erhält Ergebnisse des hinter der Methode erbrachten Service zurück. Bilden in einer solchen Architektur die Objekte gut abgeschlossene, eigenständige Einheiten, so wird das System überschaubar auf der Makroebene und beherrschbar. Dabei ist es keineswegs notwendig, daß die einzelnen Objekte auch

Das Gesamtsystem besteht aus Objekten

objektorientiert programmiert werden (ob nun in C++ oder einer anderen objektorientierten Programmiersprache).

Object Request Broker

Für die technische Abwicklung des Nachrichtenaustausches und damit den eigentlichen Aufruf der Methoden der einzelnen Objekte sorgt ein *Object Request Broker*, der als unabhängiger Service alle Objekte kennt und miteinander in Verbindung bringt.

In einer solchen Architektur können, durch den Einsatz eines streng definierten Objektmodells, Softwareobjekte, die in unterschiedlichen Programmiersprachen verfaßt sind, miteinander kooperieren und über einen Objekt Request Broker in Verbindung gebracht werden.

Component Object Model

Spezifikation und Implementierung

Als wesentlicher Fortschritt gegenüber OLE 1 öffnet OLE 2 die Wege zu einer solchen objektorientierten Architektur, indem es die Mittel bereitstellt, die dafür unabdingbar sind: Ein Objektmodell, das *Component Object Model*, das zugleich als Spezifikation und Implementierung vorliegt, und alle Möglichkeiten, systemweit über eine einheitliche Objektregistrierung als Object Request Broker alle Objekte miteinander in Verbindung zu bringen.

Durch entsprechende Verbreitung des Einsatzes von OLE 2 wird die Möglichkeit eröffnet, Objekte verschiedener Herkunft zu einem individuellen Anwendungssystem zu integrieren.

Objektorientierte Benutzerschnittstelle

Für den Benutzer am deutlichsten sichtbar ist die Anwendung objektorientierter Kozepte für das Design von Applikationen und dabei wiederum vor allem bei der Gestaltung von Benutzeroberflächen.

Zusammenstellung von Objekten

In einer objektorientierten Benutzeroberfläche präsentiert sich die Applikation in allen ihren Teilen als Zusammenstellung von Objekten. Der Benutzer arbeitet mit der Applikation, indem er die Objekte, die sich ihm zeigen, manipuliert. Ein Objekt zeigt genau die Funktionen, die es ausführen kann, nur auf Befragen.

Die Darstellung von Objekten erfolgt dabei häufig, aber nicht notwendigerweise durch Graphiken oder graphische Symbole, die durch Anklicken mit der rechten Maustaste eine Liste ihrer Funktionen (Methoden) anbieten. Unterschiedliche Objekte präsentieren unterschiedliche Funktionen, durch die sie manipuliert werden oder die sie ausführen können.

Konsequent wird dieser Ansatz einer objektorientierten Benutzerschnittstelle in den neuen Versionen von OS/2 verfolgt, wo er unglücklicherweise mit dem Namen Workplace Shell (WPS) versehen wurde. Auch in den neuen Versionen von Windows ab 4.0 wird der Ansatz der objektorientierten Benutzerschnittstelle vermehrt eingesetzt.

Workplace-Shell bei OS/2 zukünftige Windows-Versionen

Ansatzweise ist dieses Konzept einer objektorientierten Benutzerschnittstelle bereits in Microsoft Excel 4.0 enthalten, wo die Objekte *Graphik* und *Tabelle* die gezeigten unterschiedlichen Funktionslisten präsentieren:

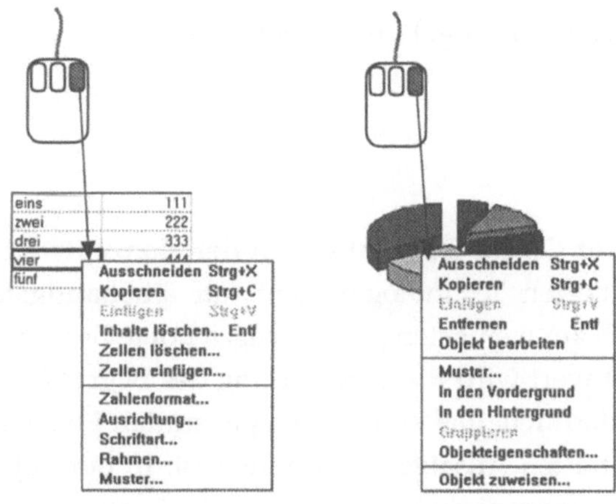

Abb. 2-1 Objekte präsentieren Funktionen durch Klicken der rechten Maustaste.

Je konsequenter dieser Ansatz bei der Gestaltung der graphischen Oberfläche eingehalten wird, desto einfacher und intuitiver bedienbar wird eine Applikation.

Auch für die Schaffung objektorientierter Benutzerschnittstellen bietet OLE 2 vor allem mit seinen Konzepten

Linking, Embedding, Drag&Drop und Visual Editing die nötige Funktionalität, die wiederum auf dem Component Object Model basiert. Durch das Konzept der Datenablage mit Structured Storage schafft OLE 2 die wesentlichen Voraussetzungen der Objektpersistenz zur Ablage von Objekten auf Datenträger in unterschiedlichen Konzexten.

Objektpersistenz

Spätere Versionen der Windows-Betriebssysteme werden die Persistenz auf dieser Basis realisieren.

2.2 Grundbegriffe

Abbildung der erlebten und existierenden Realität

Der objektorientierte Ansatz basiert auf dem Versuch, die erlebte und existierende Realität als ganzheitliche Entitäten zu beschreiben und im Modell nachzubilden. Dieser Ansatz steht damit im Gegensatz zum prozeduralen und funktionalen Ansatz.

Zur Beschreibung und Modellierung der realen Welt bedient sich die objektorientierte Vorgehensweise folgender Terminologie: Objekt, Methode, Kapselung, Klasse, Instanz, Nachricht, Vererbung, Polymorphismus.

Terminologie

Objekt

Der Begriff Objekt ist wohl der in der Konzeptwelt der objektorientierten Technologie nicht nur am häufigsten, sondern auch am wenigsten präzise verwendete Begriff.

unterschiedliche Bedeutungen auf unterschiedlichen Ebenen

Erschwert wird die Verwendung des Begriffs Objekt zusätzlich dadurch, daß er auf allen genannten Ebenen des objektorientierten Ansatzes anzutreffen ist: In der objektorientierten Programmierung bezeichnet Objekt etwas anderes als in einer objektorientierten Systemarchitektur oder einer objektorientierten Benutzeroberfläche.

Die einfachste Erklärung, was unter einem Objekt zu verstehen ist, lautet etwa so:

Ein Objekt ist ein Etwas, ein Ding, eine Einheit, die im Rahmen des betrachteten Kontextes abgegrenzt und für sich alleine bezeichnet werden kann und eine eigenständige Bedeutung trägt.

Definition:
Was ist ein Objekt?

Abb. 2-2
Ein Objekt

Was sehr einfach aussieht, entpuppt sich als eines der zentralen Probleme des objektorientierten Ansatzes: das klare und scharfe Herausgreifen eines Objekts aus einem zunächst unscharfen Kontext. Die Zerlegung eines Problemrahmens in einzelne Objekte kann nicht regelbasiert vorgenommen werden, sondern hängt mit dem Urteilsvermögen des Einzelnen und der Ausgestaltung eines Problems zusammen.

unscharfer Kontext

Auf unterschiedlichen Ebenen und damit in unterschiedlichen Kontexten betrachtet, können Beispiele für Objekte bezeichnet werden:

objektorientierte Programmierung	andere Objekte, Parameter, Information, Service, …
objektorientierte Softwarearchitektur	Image Viewer, Stückliste, Plan, Konto, Kunde, Produkt, …
objektorientierte Benutzerschnittstelle	Absatz, Wort, Tabelle, Zelle, Graphik, Linie, Fläche, Dialogbox, Icon, Mailbox, Drucker, …

Tab. 2-1
Typische Objekte auf unterschiedlichen Ebenen der Objektorientierung

Unternehmen[a]	Mitarbeiter mit seinen Aufgaben in einer Organisation
reale Welt	Kreis, Rechteck, Tasse, Vogel, Bildschirm, Auto, Flugzeug, Eiche, Rückspiegel,

a. Bei der Beurteilung der Qualität objektorientierter Systemarchitekturen hat sich die Analogie zum Beispiel des Unternehmens mit seinen Mitarbeitern als sehr nützlich erwiesen.

Klassen und Instanzen

Bei der Einteilung eines Problemraumes in einzelne Objekte ergeben sicn Einzelobjekte mit großer Ähnlichkeit in Aussehen, Verhalten und Beziehung zu anderen Objekten.

Ähnliche Objekte werden in Klassen eingeteilt.

Diese Objekte werden üblicherweise nach zweckmäßigen Gesichtspunkten der Ähnlichkeit zu *Klassen* zusammengefaßt und ermöglichen damit eine einheitliche und gemeinsame Beschreibung und Implementierung mehrerer, beliebig vieler Objekte. Eine Klasse ist nichts anderes als die Verallgemeinerung der gemeinsamen Eigenschaften mehrerer Objekte. In der Definition der Klasse sind diejenigen Beschreibungen und Methoden von Objekten zusammengefaßt, die alle diese Objekte, wenn auch in unterschiedlichen konkreten Ausprägungen, besitzen.

Wird eine Zusammenfassung von Objekten in Klassen vorgenommen, so wird auch nicht mehr von einzelnen Objekten gesprochen, sondern der Begriff *Objekt* tritt zugunsten des schärfer faßbaren Begriffs *Instanz* in den Hintergrund:

Ein Objekt ist eine Instanz einer Klasse.

Ein Objekt ist dann eine konkrete Instanz einer Objektklasse. Aus einer Objektklasse heraus können neue Instanzen als Objekte erzeugt werden. Eine Instanz enthält alle allgemeinen Merkmale einer Klasse, jedoch in konkreter Ausprägung.

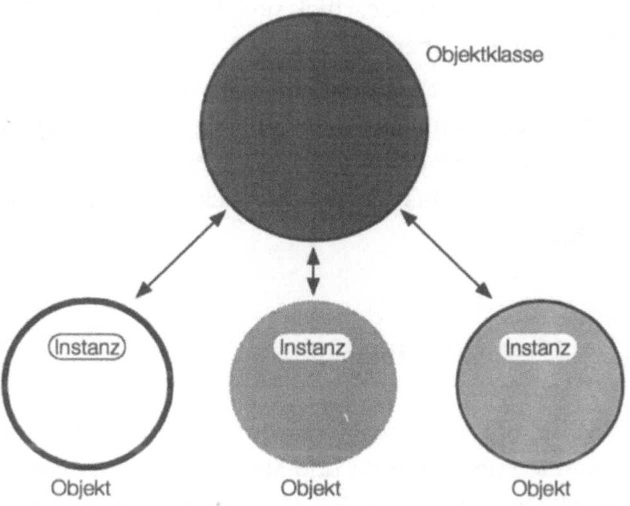

Abb. 2-3
Objekte werden in Klassen zusammengefaßt. Instanzen sind konkrete Ausprägungen von Klassen.

Der Begriff *Klasse* ist damit zum wichtigsten Begriff der objektorientierten Denk- und Beschreibungsweise geworden, da damit alle Merkmale und Eigenschaften konkreter Objekte zusammengefaßt und beschrieben werden können, ohne sich in der Vielfalt einzelner Objekte zu verlieren. Während Objekte die modellhaften Abbildungen der realen Welt darstellen, sind Klassen die ideale Abstraktion dieser Bilder zu Überbegriffen.

Klassen sind Abstraktionen der Objekte.

Aus einer Klassenbeschreibung heraus können einerseits für die konkrete Verwendung die einzelnen Objekte generiert werden, die zwar alle den gleichen Aufbau aufweisen, aber dennoch unterschiedliche Objekte mit unterschiedlicher Identität sind.

Aus einer Klassenbeschreibung heraus kann aber auch die Beschreibung zur Definition einer Unterklasse übernommen, vererbt, werden. Damit wird eine Klassenbeschreibung zur Basis der Beschreibung einer neuen, ähnlichen Klasse, die in einigen Merkmalen und Eigenschaften von der Basisklasse differiert, aber dennoch viele Gemeinsamkeiten mit dieser aufweist.

Basisklassen vererben an Unterklassen.

Ähnlich wie das Problem des Auffindens und Definierens von Objekten ergibt sich natürlich auch bei der Zusammenfassung von Objekten zu Klassen das Problem der Abgrenzung, das ebenfalls kaum regelbasiert entschieden werden kann, sondern Geschick und Intention des Bearbeiters, des Designers, überlassen ist.

Designwerkzeuge

In letzter Zeit ist jedoch eine Reihe von sehr umfangreichen Werkzeugen entstanden, meist eng mit einer bestimmten Philosophie verbunden, die von der Designphase über die Dokumentation bis hin zur Entwicklung Unterstützung leisten können.

Objekte: Methoden und Daten

Die Objekte, die in einem Problemraum gefunden werden, besitzen eine Funktionalität und spezifische Eigenschaften – nicht zuletzt aufgrund ihrer Eigenschaften und ihrer Funktionalität können sie überhaupt erst gefunden und zu Klassen zusammengefaßt werden. Jedes Objekt einer Klasse kann darüber hinaus verschiedene Zustände annehmen.

Daten, Variablen, Properties

- Eigenschaften oder Merkmale eines Objekts sind im Objekt selbst enthalten – intern sind dies *Daten* eines Objekts. Diese Daten können nur durch die Funktionalität des Objekts selbst verändert werden. Über die Funktionalität des Objekts verändern sich also intern im Objekt Daten und sein Zustand. Beide – Daten und Zustand – können aber nicht direkt von außen manipuliert werden. Handelt es sich um komplexere Objekte einer objektorientierten Applikation, etwa Absätze, Tabellen oder Graphiken, so wird auch von *Properties* geprochen.

Methoden, Funktionen, Dienste

- Seine Funktionalität bietet das Objekt nach außen in Form von aufrufbaren *Methoden* an. Methoden werden objektintern implementiert und stellen die Dienste dar, die ein Objekt erbringen kann.

  Methoden werden auch als *Funktionen* eines Objekts oder als *Dienste* eines Objekts bezeichnet.

  Methoden eines Objekts bieten die Schnittstelle nach außen für den Zugriff durch andere Objekte und greifen auch selbst auf die Methoden anderer Objekte zu.

Dieser Objektbegriff kann wie folgt zusammengefaßt werden:

> Alles, was ein Objekt weiß, ist in seinen Daten oder Properties enthalten; alles, was ein Objekt kann, ist in seinen Methoden implementiert.

Auch diese Einteilung eines Objekts in einen Datenbereich und in Methoden, die vom Objekt implementiert werden und die objektinternen Daten verändern, ist nicht der objektorientierten Programmierung vorbehalten, sondern in allen vorher besprochenen Ebenen der Objektorientierung sichtbar, in objektorientierten graphischen Oberflächen sogar typisch.

Überträgt man diese Terminologie auf das vorher bereits erwähnte Beispiel eines Graphik-Objekts aus Excel 4.0, so offenbart das Objekt (die Graphik) auf Anforderung (Drücken der rechten Maustaste) seine Methoden (Kommandoliste), mit denen wiederum Zugang zum Datenbereich gewährt wird bzw. der Datenbereich manipuliert werden kann.

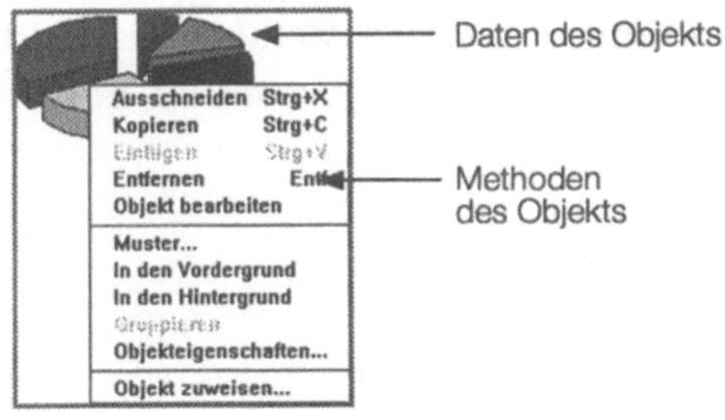

Abb. 2-4
Ein Objekt einer graphischen Benutzeroberfläche

Im allgemeinen Fall kann ein Objekt als Einheit mit seinen darin enthaltenen Daten und implementierten Methoden anschaulich so dargestellt werden:

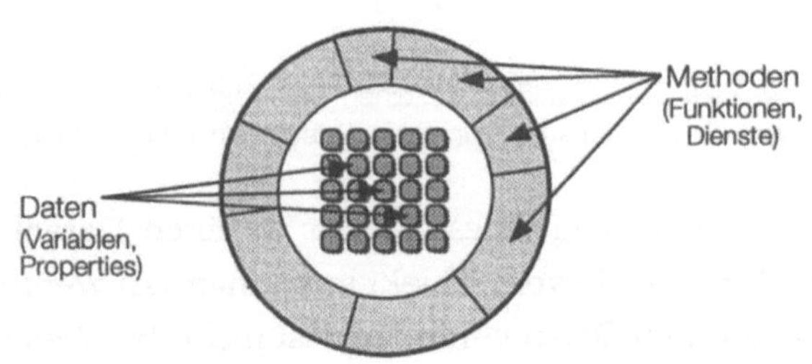

Abb. 2-5
Ein Objekt als
Einheit aus
Daten
und Methoden

Kapselung

Die Darstellung eines Objekts wie in Abbildung 2-5 zeigt auch eine weitere Eigenschaft von Objekten: die Daten eines Objekts sind im Objekt gekapselt und dort vor fremden, externen Zugriffen geschützt. Die Daten sind von außen nicht sichtbar.

Daten eines Objekts dürfen ausschließlich durch die Methoden des Objekts verändert werden. Nur über die vom Objekt selbst implementierten Methoden ist es daher möglich, den Zustand eines Objekts zu ändern oder Variablenwerte abzufragen.

Vererbung

Übernehmen
der Definitionen der
Basisklasse

Ein typisches Merkmal objektorientierter Architekturen ist die Möglichkeit, eine Klasse von Objekten als einen Spezialfall einer allgemeinen Klasse zu definieren und dabei automatisch die Methoden und Daten der übergeordneten Klasse zu übernehmen. Der Leistungsumfang eines neuen Objekts wird dabei um die Dienste des übergeordneten Objekts erweitert. Übergeordnete Objekte können ihre Daten und Methoden abstammenden Objekten vererben.

Erbende Objekte definieren zusätzlich zu den ererbten Methoden und Variablen ihre eigenen Methoden und ihre eigenen Daten, mit denen Sie die ererbten auch überschreiben können. Die Definition von Methodennamen bei abgeleiteten Klassen muß daher mit einer gewissen Vorsicht vorgenommen werden.

Der Mechanismus der Vererbung ermöglicht es, grundlegende und allgemein benötigte Funktionen in einer Basisklasse bereitzustellen, von der dann andere Klassen erben. Diese Basisklassen brauchen für sich alleine nicht instanziierbar zu sein, sondern müssen nur als Träger des Erbgutes fungieren. Man nennt eine derartige Klasse, die nie als konkrete Objektinstanz verwendet wird, auch *virtuelle* Basisklasse oder *abstrakte* Basisklasse.

virtuelle oder abstrakte Basisklassen

Nachrichten

Die modellhafte Abbildung eines realen Kontextes in Form von Objekten trägt zwar zur Abstraktheit und Klarheit bei der Beschreibung eines Problems bei, Objektbeschreibung und Einteilung alleine bleibt jedoch statisch auf nebeneinanderliegende Objekte beschränkt.

Die Leistung eines Gesamtsystems besteht aus der Interaktion von Objekten untereinander. Objekte rufen die Methoden anderer Objekte auf und verändern über die Zustandsänderung eines Objekts folglich auch den Zustand eines Gesamtsystems.

Interaktion von Objekten

Für diese Kommunikation untereinander benutzen Objekte *Nachrichten*, gleichbedeutend mit dem Begriff *Messages*.

Nachrichten Messages

Nachrichten werden mit Informationen an ein bestimmtes Objekt gesandt. Beim Zielobjekt wird dadurch eine seiner Methoden angestoßen, die wiederum eine Daten- und damit Zustandsänderung des Zielobjekts hervorruft. Das Zielobjekt reicht über den gleichen Mechanismus ein Resultat zurück.

Das Versenden einer Nachricht ist vergleichbar mit einem Funktionsaufruf in einer konventionellen Programmiersprache. In objektorientierten Programmiersprachen ist eine Nachricht einfach der Name eines Objekts, gefolgt vom Namen der Methode, die im Zielobjekt angestoßen werden soll. Dieser Methodenaufruf kann auch mit Parametern versehen werden.

Funktionsaufruf

Objektname::Methode

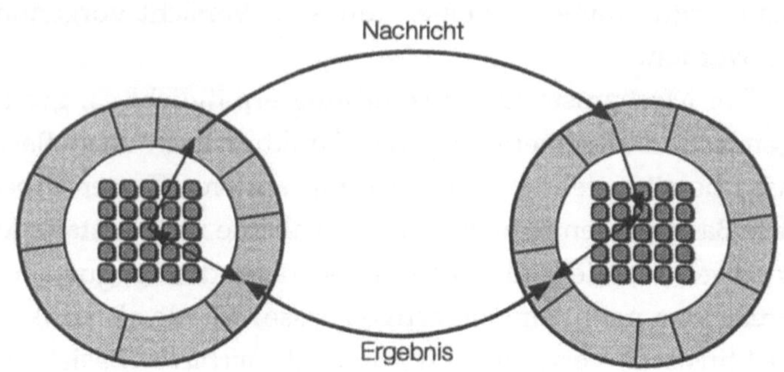

Abb. 2-6
Objekte
kommunizieren
über Nachrichten.

Polymorphismus

Gleiche Nachrichten (Methodenaufrufe) werden von unterschiedlichen Objekten auch unterschiedlich interpretiert.

gleicher Methodenname in unterschiedlichen Objekten

Eine Methode kann in verschiedenen Objekten unterschiedlich implementiert sein, was dazu führt, daß unterschiedliche Objekte auf die gleiche Nachricht hin unterschiedlich reagieren.

Am Beispiel einer objektorientierten Applikationsarchitektur würde dies bedeuten, daß die Objekte *Tabelle*, *Textabsatz* und *Graphik* alle die Methode *Drucken* implementieren, jedoch auf den Aufruf dieser Methode hin alle ein unterschiedliches Datenformat für den Druck aufbereiten und zum Drucker schicken.

Objektmodell

Abstraktion eines konkreten Kontexts

Zentrum des objektorientierten Ansatzes ist das Objektmodell als statische Abbildung eines Problemraumes in Strukturen von Objekten. Ein Objektmodell basiert auf der zunehmend verfeinerten Aufteilung eines Kontextes in kleinste Einheiten (Objekte) und ist eine Möglichkeit, einen komplexen Kontext übersichtlich, abstrakt, strukturiert und modular darzustellen.

Es gibt eine Reihe von unterschiedlichen Möglichkeiten
und Vorgehensweisen, die Umsetzung und Abbildung von
Realität in Modell vorzunehmen. Sie alle haben als zentrale
Problematik und Aufgabe

- das Auffinden und präzise Definieren von Objekten und

- die graphische Darstellung des Gesamtmodells mit allen
  Beziehungen der Objekte untereinander.

Ein präzises Objektmodell ist Voraussetzung für die Entwicklung eines Programmes als Umsetzung der Objektstrukturen
in Softwarestrukturen. Das Objektmodell bietet zudem eine
detaillierte Dokumentation der Problemstrukturierung als
abstraktes Modell vor deren Umsetzung in Programmcode.
Diese Dokumentation und damit auch das Objektmodell eignet sich sowohl zur zunehmenden Verfeinerung des Ent-
wurfs wie auch zur Kommunikation mit anderen Beteiligten
oder Auftraggebern.

2.3 Object Request Broker

Der Mechanismus, der das korrekte Zustellen einer Nachricht an das gewünschte Zielobjekt sicherstellt, um dort die
gewünschte Reaktion auszulösen, wird normalerweise über
eine Verwaltungsroutine implementiert, die eine Nachricht
an ein Objekt zur Laufzeit analysiert und entsprechend wei-
terleitet.

In komplexeren Systemen fällt ein nicht unwesentlicher
Teil des Entwicklungsaufwands einer Applikation auf diesen
Request Broker, der applikationsintern die Objektverwaltung
sicherstellt.

Ein solcher Request Broker regelt in sehr großen Applikationen die korrekte Behandlung von Methodenaufrufen.
Eine derartige Entwicklung eines Request Brokers kann auch
auf andere Applikationen übertragen werden und damit lo-
kale Standards definieren.

*Problemfelder eines
Objektmodells*

*Problemstrukturierung
als abstraktes Modell*

Dokumentation

*Verwaltungsroutine
Verkehrsleitsystem für
Objektaufrufe*

Request Broker

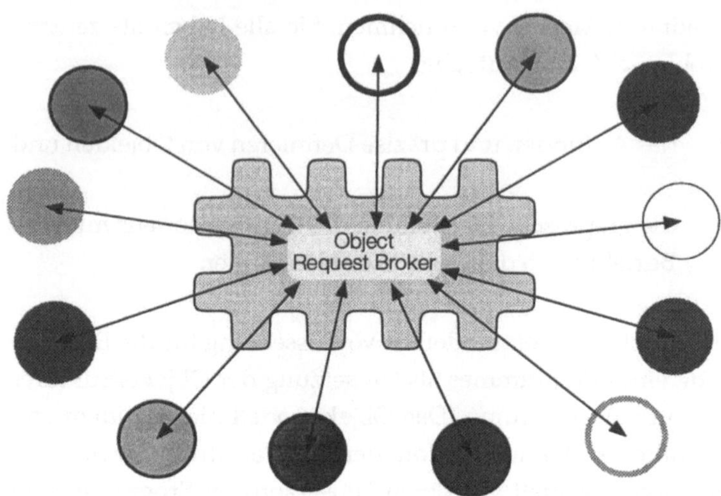

Abb. 2-7

Objektaufrufe

über einen Request

Broker, der dafür Sorge

trägt, daß der richtige

Objektaufruf das richtige

Objekt erreicht.

Ein applikationsübergreifender oder gar rechnerübergreifender Objektaufruf ist durch diese spezifischen Eigenentwicklungen von Request Brokern jedoch nicht möglich. Der Einsatz unterschiedlicher Programmiersprachen und damit unterschiedlicher Konventionen für Methodenaufrufe ist ebenfalls nicht möglich.

Standardisierung des
Request Brokers

Um diesen Problemen abzuhelfen, sind in letzter Zeit starke Bestrebungen im Gange, Request Broker zu standardisieren und zu vereinheitlichen, um damit die Ziele einer programmiersprachenunabhängigen, applikationsübergreifenden und rechnerübergreifenden Objektarchitektur erreichen zu können.

Erste Implementierungen eines einheitlichen und umfassend anerkannten allgemeinen Request Brokers sind verfügbar. Auf diese wird in Kapitel 4 *»Konzepte des Objektmanagement«* näher eingegangen.

Kapitel 3

Überblick: Konzepte und Architektur von OLE 2

Mit OLE 1 wurde erstmals unter Microsoft Windows 3.1 die Möglichkeit geschaffen, unterschiedliche und prinzipiell eigenständige Anwendungen miteinander zu kombinieren und dazu zu bringen, sich gegenseitig Daten und, eingeschränkt, auch Editierfunktionalität auf diese Daten zur Verfügung zu stellen.

Damit wurde bereits ein deutlicher Schritt in Richtung einer Modularisierung von Anwendersoftware getan. Einzelne Anwendungen müssen nicht mehr um vielfältigste Rand-Funktionalität neben ihrer Hauptausrichtung erweitert werden, sondern diese Randfunktionalität kann durch Einbettung aus anderen, dafür geschaffenen, dedizierten Anwendungen einfach angebunden werden. So muß beispielsweise das Textsystem nicht um die Funktionalität einer Tabellenkalkulation, eines Graphik-Editors oder Ton-Wiedergabesystems erweitert und damit zum funktionsüberfrachteten Monster werden, sondern es kann durch *Object Linking&Embedding* in die Lage versetzt werden, Daten (Objekte) aus entsprechenden anderen Anwendungen zu übernehmen und in das eigene Dokument einzubauen.

Anwendungsmodule

3.1 Dokumenten- vs. Applikationszentrierung

Dokument als
integrierende Einheit

Die Ausrichtung erfolgt dabei an dem, was erstellt werden soll (ein wie auch immer geartetes „Dokument"), nicht daran, wie (durch welche Applikation oder Technik) es erstellt wird. Primäres Ziel des Anwenders wie der Applikation ist es, Informationen in einem Dokument zu bündeln. Aus welchen Informations-Darstellungen sich dieses Dokument zusammensetzt, ist dabei für den Anwender zunächst nebensächlich.

Im Normalfall wird das Dokument aus Text bestehen – erstellt mit der darauf spezialisierten Applikation „Textsystem", die sämtliche für Textarbeit benötigte Funktionalität (Eingaben, Editieren, Formatieren) bereitstellt.

Abb. 3-1

Einfaches

Textdokument

ohne

integrierte Objekte

Evolution   517

Die während Jahrzehnten höchst mangelhaft belegte *Entstehungsgeschichte des Homo sapiens* wird gerade in neuester Zeit dank zahlreicher Skelett- und Werkzeugfunde ausgestorbener Vor- und Frühmenschen zunehmend sicherer und reicher dokumentiert. Schon im mittleren Tertiär zweigten die *Hominiden* von der Linie ab, die zu den Menschenaffen (Pongiden) führte. Der entscheidende Schritt war dabei der Übergang zum Leben in offenerem, savannenartigen Gelände. *Ramapither* von dem leider nur Zähne und Kieferreste bekannt sind (vor allem aus Indien) hat ihn getan. Entscheidende Fortschritte bei der Richtung zum Menschen sind bei den aufrechtgehenden *Australopithecinen* verwirklicht, deren Hirnvolumen aber kaum mehr als 800 ccm erreichte. Diese „Vormenschen" gehörten zur Fauna Ostafrikas. Da jetzt festzustehen scheint, daß vor 2,5 Mill. Jahren die Gattung *Homo* gleichzeitig und zusammen (sympatrisch) mit Arten der Gattung *Australopithecus* in der Gegend des Rudolfsees lebte, könnte dies bedeuten, daß Australopithecus kein direkter Ahne, sondern möglicherweise nur ein Vetter des *Homo erectus* war. Nach anderen Deutungen sollte die Gattung *Homo* doch

Für den Fall, daß neben dem Text noch weitere Darstellungsformen der Information (z.B. Graphik) herangezogen werden sollen, kann meist auf Rand-Funktionalitäten des Textsystems (eingebauter Graphikeditor) zugegriffen werden.

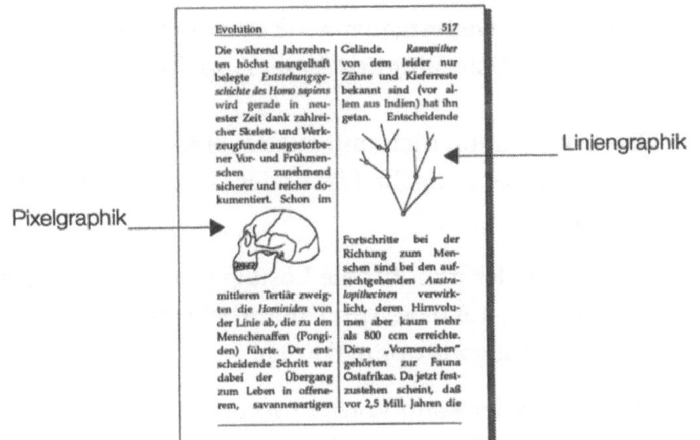

Abb. 3-2
Textdokument mit
textfremden Elementen
(Graphiken)

Da diese Fähigkeit zur Erstellung von Graphiken nicht zum zentralen Einsatzbereich eines Textsystems gehört, ist der Funktionsumfang entweder nicht sehr groß oder das Textsystem gerät zum kaum mehr wartbaren, kaum vollständig bedienbaren, teuren Zwitterwesen.

Für den Hersteller der Applikation hat dies zum Nachteil, daß er sein Produkt mit ständig mehr Funktionalität aufrüsten muß, um wettbewerbsfähig zu bleiben – für den Anwender gerät einerseits die eigentliche Applikation in Größenordnungen, in denen die Bedienbarkeit kaum mehr gegeben ist, andererseits ist er im Fall der monolithischen Programme der Gefahr ausgesetzt, in zwei unterschiedlichen Programmen (Textsystem und Tabellenkalkulation) das gleiche Ziel (Graphik erstellen) nur auf unterschiedlichen Wegen zu erreichen (Graphikeditor des Textsystems und Graphikeditor der Tabellenkalkulation).

Chaotisch wird die Situation, wenn das Textdokument außer Text und Linien-Graphiken auch Pixelgraphiken, Tabellen und Tonanmerkungen enthalten soll oder in der Tabelle auch formatierter Fließtext, Farbbilder und Videosequenzen zur Informationsabrundung benutzt werden sollen.

Nachteile

Sinnvolles Ziel wäre die Erstellung und Bearbeitung von Informationseinheiten mit dedizierten Applikationen und die bedarfsgerechte weitestgehende Kombinations-, Integrations- und Interaktionsfähigkeit dieser Applikationen.

- Eine Applikation dient mit jeweils optimaler Funktionalität nur einer Aufgabe (Text oder Graphik oder Tabelle oder Ton oder …).

- Der Anwender muß für die Lösung jeder Aufgabe (Text, Graphik, …) nur eine Applikation beherrschen und kann damit die Aufgabe optimal lösen.

- Der Anwender kann konzentriert sein Dokument bearbeiten und die zur optimalen Darstellung der Information benötigten Werkzeuge nach Belieben verwenden.

- Der Anwender kann die mit unterschiedlichen Werkzeugen gestalteten Informationseinheiten nahtlos in ein Zieldokument integrieren.

3.2 OLE 1

Es gibt mehrere Ansätze, um Applikationen mit offenen Schnittstellen zu versehen, über die andere, konform zu dieser Schnittstelle entwickelte Applikationen angebunden werden können.

Mit der Microsoft-Technologie *Object Linking&Embedding* wurde unter Windows 3.1 ein Standard geschaffen, der mittlerweile von sehr vielen Applikationen unterstützt wird und mit dem dieses dokumentenzentrierte Arbeiten ermöglicht wird:

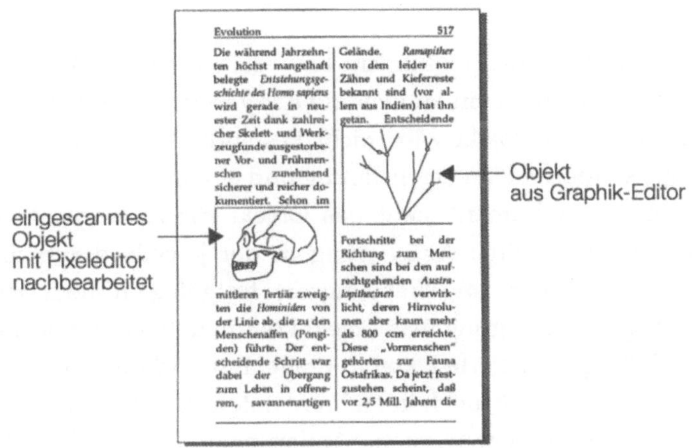

Abb. 3-3
Textdokument mit
Objekten aus anderen
Applikationen

Die unterschiedlichen Typen von Informationseinheiten werden dabei mit dem für sie am besten geeigneten Werkzeug erstellt und bearbeitet und in einem Dokument als Zusammenfassung der Information integriert.

Die einzelnen Informationseinheiten werden dabei als *Objekte* bezeichnet. So stellt in obigem Beispiel ein Graphik-Editor ein Objekt (Liniengraphik) zur Verfügung; ein weiteres Objekt (Pixelgraphik) wurde eingescannt und mit einem Pixeleditor nachbearbeitet.

Objekte sind Informationseinheiten

Im Unterschied zum reinen Einlesen (Import) von externen Text- oder Graphikobjekten geht das OLE-Verfahren einen wesentlichen Schritt weiter: Die Verbindung zum integrierten Objekt „lebt", das integrierte Objekt kann auch nach dem ersten Integrieren am Zielort noch mit der ursprünglichen Anwendung editiert und verändert werden, ohne vorher entfernt und hinterher wieder neu integriert werden zu müssen.

Zwei Verfahren zur Objektintegration sind möglich:

• Linking, im Deutschen meist als Verknüpfung bezeichnet

• Embedding

Linking (Verknüpfung)

Objekt bleibt
eigenständig und
einzigartig.

Vom integrierenden Dokument bzw. der integrierenden Anwendung aus wird ein Verweis auf das verwendete Objekt erstellt, d.h. das Objekt wird nicht Bestandteil des Zieldokuments, sondern bleibt eigenständig und einzigartig.

Im Zieldokument steht das Objekt für Anzeige, Ausdruck oder sonstige Aktivierung in der jeweils durch die Quellanwendung am Ursprungsort festgelegten neuesten Fassung zur Verfügung. Als Objekt kommt dabei nur eine auf Festplatte gespeicherte Datei in Frage. Ein und dasselbe Objekt kann mehrfach, auch in mehrere unterschiedliche Zieldokumente, integriert werden. Änderungen am Quellobjekt sind sofort in allen Zieldokumenten wirksam.

Nachteil bei Linking

Nachteil der Integration durch Linking: Da das integrierte Objekt nicht Bestandteil des Zieldokuments ist, muß dieses sich den Quellort über den absoluten Pfadnamen „merken"; wird die Quelldatei umbenannt, so bricht der Verweis ab und das Objekt steht am Zielort nicht mehr zur Verfügung.

Embedding (Einbettung)

Duplikat des Objekts

Das integrierte Objekt wird als Kopie des Quellobjekts im integrierenden Dokument abgelegt und wird damit Bestandteil des Zieldokuments.

Diese Verbindung ähnelt der Integration durch Import: Das Objekt kann nicht verloren gehen, weil es als Ganzes in der Zieldatei abgelegt wird; die Zieldatei wird dadurch entsprechend groß.

Wie auch beim Linking bleibt jedoch das eingebettete Objekt durch die ursprüngliche Applikation editierbar – das Objekt kennt seine Applikation und diese wird bei Bedarf (normalerweise durch Doppelklick auf das Objekt) aus der Zielanwendung heraus gestartet.

Objekte müssen dabei nicht identisch mit der Datei sein, in der sie von ihrer dedizierten Applikation abgelegt werden, sondern es kann sich auch um Teilbereiche daraus handeln.

Applikationen

Applikationen zeichnen sich aus durch Konzentration auf die Kern-Funktionalität und die Kombinierbarkeit ihrer Daten – der Anwender bearbeitet jede Informationseinheit und jeden Typus von Information mit dem dafür am besten geeigneten Programm und konzentriert diese Einheiten mit Hilfe einer einzigen Applikation in einem einzigen Dokument. Im Idealfall kann dabei jeder applikationsspezifische Dokumententyp sowohl als integrierende Einheit dienen als auch für die Bereitstellung von Objekten herangezogen werden.

Eigene Applikation für jede Informationseinheit – in einem Dokument konzentriert

Für die Bearbeitung seines – fremde Objekte integrierenden – Dokuments hat der Anwender zunächst seine zu diesem Dokumententypus gehörige Applikation, meist ein Textsystem, vor sich. Die Arbeitsweise, die ganze Konzeption dieses Systems, ist dokumentenzentriert.

Ausgehend von dieser Applikation werden diejenigen Anwendungen gestartet, die benötigt werden, um Informationen in anderen Formen darzustellen (Graphik, Bild, Ton), d.h. um spezielle Informationsobjekte zu erzeugen. Beliebige und beliebig viele dieser Anwendungen ergänzen damit nach Bedarf den Funktionsumfang der Kern-Anwendung.

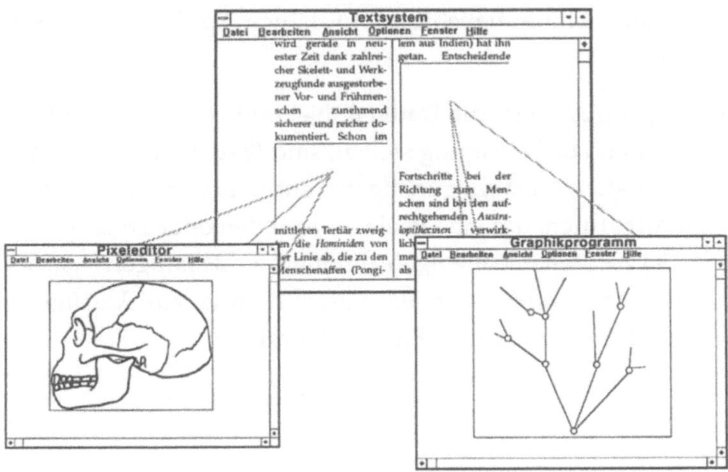

Abb. 3-4
Informationseinheiten werden in eigenen Applikationen editiert.

Erstellt wird bei dieser Technik und dieser Arbeitsweise ein Dokumententyp, der alle Teilobjekte integriert – ein zusammengesetztes Dokument oder *Compound Document*.

Rollen

Applikationen werden unterschieden nach der Funktionalität, die sie im OLE-Konzept bieten bzw. nach der Rolle, die sie einnehmen.

Das Konzept ist aus Anwendersicht ausgerichtet auf das zu erstellende Dokument, das als Zentrum der Informationszusammenstellung dient und sich anderer Applikationen bedient.

In der Terminologie zu OLE 1 und in frühen Dokumentationen zu OLE 2 ist für Container *auch der Ausdruck* Client *anzutreffen.*

- Diese Rolle als Applikation, die die Dienste anderer, Informationsobjekte zur Verfügung stellender Applikationen in Anspruch nimmt, wird durch die Bezeichnung *Container* ausgedrückt. Der Container baut Objekte in seine eigene Dokumentenstruktur ein, legt sie innerhalb seiner eigenen Datei ab, zeigt sie an oder spielt sie ab und druckt sie aus. Applikationen müssen selbst nicht wissen, welche Applikationen aus ihnen heraus aufgerufen werden und wessen Objekte sie damit aufnehmen. Es kann sich um beliebige, OLE-fähige Applikationen handeln.

Der Begriff Server *wird heute zunehmend durch* Objekt *ersetzt, wobei jedoch terminologisch die Grenze zwischen Applikation und Daten verloren geht.*

- Applikationen, die Daten (Objekte) für andere Applikationen zur Verfügung stellen, sind *Server*. Die Server-Applikation wird am günstigsten aus dem Container heraus aufgerufen, um ein Objekt zu erstellen oder zu editieren. Server stehen beliebigen anderen – OLE-fähigen – Applikationen gleichsam als Zusatzmodule zur Verfügung und erweitern deren Funktionsumfang.

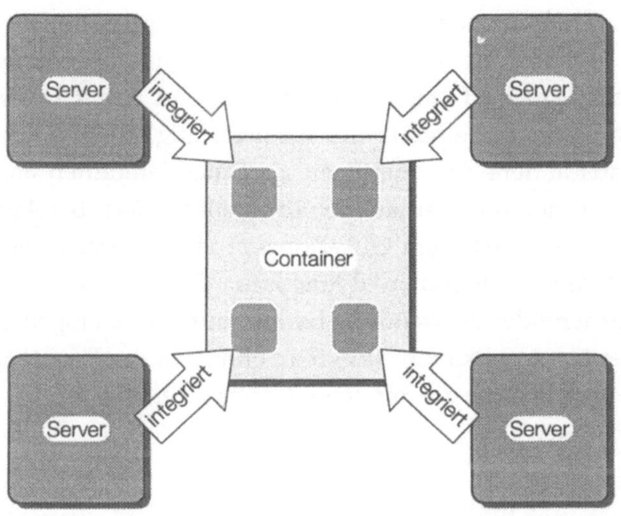

Abb. 3-5
Die
Containerapplikation
erweitert ihre
Funktionalität durch
Integration von Objekten
aus
Serverapplikationen

Es ist dabei nur eine Frage des Vorgehens und eine Frage der Benutzeroberfläche, wie der Server aufgerufen wird.

Aufruf des Servers

- Zum Editieren eines bereits erstellten und integrierten Objekts reicht in der Containerapplikation meist ein Doppelklick auf die Repräsentation des Objekts, um die zugehörige Server-Applikation für das Objekt, gleich ob dieses eingebettet oder verknüpft ist, zu starten.

Editieren

- Zur Integration neuer eingebetteter Objekte kann entweder über einen Menüeintrag (meist »Objekte...«) aus der Container-Applikation heraus die Server-Applikation gestartet werden, die dann wiederum nach Beendigung des Editierens (über den Menüeintrag »Aktualisieren«) zur Container-Anwendung zurückschreibt, oder das Objekt kann in der Server-Anwendung erstellt, in die Zwischenablage kopiert und von dort durch die Container-Applikation integriert werden. Bei der Integration kann über eine Dialogbox ausgewählt werden, ob ein Verknüpfen oder Einbetten erfolgen soll.

neue
Objekte
integrieren

Jede Art von Applikation kann prinzipiell Zentrum der Objektintegration sein. Dokumentenzentrierung bedeutet nicht die Ausrichtung auf Textdokumente, sondern bedeutet die Ausrichtung auf einen Applikations- und damit Dokumententyp, der Mittelpunkt der Benutzertätigkeit ist – aus dem heraus andere Applikationen als Datenlieferanten angestoßen werden und der andere Objekte integriert. Bei Applikationen, die nach dem OLE-Konzept implementiert sind, erfolgt diese Integration dynamisch: Objekte sind, aus der integrierenden Anwendung heraus, durch ihre ursprüngliche Erzeuger-Applikation editierbar, ohne daß der Benutzer wissen muß, welche die Erzeuger-Applikation ist.

Ein Dokumententyp im Mittelpunkt der Arbeit

Objektdarstellung im Container: Standardaktivierung

Nicht für jeden eingebundenen Objekttyp ist die visuelle Darstellung am Bildschirm die angemessene Objektrepräsentation. Da prinzipiell beliebige Applikationen als Quelle für Objekte in Frage kommen, müssen nicht visualisierbare, da durch zeitlichen Verlauf charakterisierte Objekte wie Sprache, Klänge, Musik, Videofilme o.ä. in der Container-Applikation durch Symbole dargestellt werden und die zugehörige Applikation, je nach Realisierung in der Benutzeroberfläche, mit einer objektspezifischen Standardaktion gestartet werden.

Dabei werden Objekte wie die oben genannten als Standardaktion durch ihre Quellapplikation in ihrem zeitlichen Verlauf wiedergegeben, also abgespielt, statische Objekte hingegen werden durch ihrer Quellapplikation zum Editieren bereitgestellt.

Eine mögliche Objektrepräsentation eines Klangobjekts

Rollenbeschränkung

Applikationen können von vorneherein auf bestimmte Rollen innerhalb dieses OLE-Systems beschränkt sein:

- Sie können als reine Container implementiert sein, d.h. nur Objekte aufnehmen, aber selbst keine Objekte mit OLE-Dynamik zur Verfügung stellen (häufig bei Textsystemen).

  nur Container

- Sie können ausschließlich als Objektserver arbeiten, d.h. nur Objekte zur Verfügung stellen, aber selbst keine Objekte mit OLE-Dynamik aufnehmen (oft bei Bitmap-Editoren).

  nur Server

  Diese Reduzierung auf die Implementierung als reiner Objekt-Server kann so weit gehen, daß Applikationen keine eigenen Sicherungs- oder Einlese-Funktionen besitzen und nur in Zusammenhang mit anderen, als Container auftretenden Applikationen existieren können.

- Sie können aber auch beide Rollen in sich vereinen und situationsabhängig sowohl als Container als auch als Server auftreten.

  beide Rollen

Im Idealfall sind verschiedene, auch in unterschiedlichen Anwendungen immer wiederkehrende Funktionen (Textauszeichnung, einfache Liniengraphik, Rechtschreibkorrektur, einfache Diagramme, etc.) in eigenständigen Modulen realisiert und damit nicht nur von einer Anwendung heraus bedienbar, sondern von allen, die den Datenaustausch durch OLE unterstützen.

Einsatzbeispiel

Einen idealen Einsatzbereich finden OLE-Techniken bei spezialisierten Anwendungen wie beispielsweise einer Applikation zur Erstellung und Darstellung von mathematischen Formeln, einem Formeleditor:

Beispiel Formeleditor

Kernfunktionalität
- Ein solches Programm muß sich einerseits auf seine Kernfunktionalität konzentrieren, nämlich alle Arten von mathematischen Formeln in umfangreichen Notierungsvarianten normgerecht darstellen und ausdrucken zu können, diese Formeln vielleicht auch noch berechnen zu können und dem Benutzer die Eingabe der Formeln und damit die Bedienung des Programms so einfach aber dennoch so flexibel wie möglich zu gestalten.

Grundfunktionalität
- Andererseits muß das Programm Grundfunktionalitäten wie Dateioperationen und ähnliches beherrschen.

Zusatzfunktionalität
- Zudem sollte die Applikation eine Vielzahl von „state of the art"-Merkmalen aufweisen können, wie sie in vielen anderen Programmen auch zu finden sind: so vor allem Möglichkeiten zum Editieren und Formatieren von Texten mit Rechtschreibprüfung und Silbentrennung, Fontverwaltung, Graphikunterstützung und Makrosteuerung.

Der Bau einer solchen Applikation zwingt den Entwickler, neben der Neuentwicklung der Kernfunktionalität sehr viel Aufwand in die Entwicklung von Funktionen zu stecken, die er nicht zu seinem Hauptaugenmerk zählt und die anderenorts bereits vielfach existieren.

Der Anwender einer solchen Applikation ist mit dem Problem konfrontiert, mehrere und ggf. vollkommen unterschiedliche Applikationen getrennt voneinander zu bedienen, je nachdem ob er eine stärker textorientierte, formelorientierte oder graphisch orientierte Aufgabe zu lösen hat.

An diesem Beispiel zeigt sich besonders gut, welche Vereinfachung und Erleichterung das OLE-Konzept für den Entwickler und für den Anwender mit sich bringen kann:

Im Rahmen der Applikationsintegrations-Technologie von OLE kann der Formeleditor als reiner OLE-Server gebaut werden – mit Konzentration auf dessen Kernfunktionalität und ohne weiteren Ballast durch Implementierung von Funktionen, die an anderen Stellen schon vielfach existieren: ohne Textfunktionalität, ohne Datei-Funktionen, u.s.w. Die Applikation, in der Formeln dargestellt werden müssen, integriert diese als Objekte aus dem Formeleditor.

Formeleditor als OLE-Server

Der Gewinn vor allem für den Anwender ist enorm:

Gewinn für den Anwender

- Er muß nicht für Texte, die Formeln enthalten, mit einem anderen Programm arbeiten. Für die Erweiterung seiner Standardapplikation um die Möglichkeit, Formeln darzustellen, muß er weder eine andere Benutzeroberfläche bedienen noch eine andere Dateiablage kennenlernen.

- Es muß keine umfangreiche Applikation mit vielen, nicht benötigten Features erworben (und bezahlt, installiert und gewartet) werden, sondern nur ein relativ kleines Programm.

Eine Beispielrealisierung für diese Wechselbeziehungen einer Reihe von prinzipiell unabhängigen, aber durch intensive Ausnutzung der OLE-Technik aufeinander abgestimmten Applikationen stellen die im Paket *Microsoft Office* zusammengestellten Programme dar.

Beispiel MS Office *mit zentralen Applikationen und Integration unterschiedlicher Zusatzfunktionalitäten*

Es besteht einerseits aus zentralen mächtigen Applikationen, nämlich dem Textsystem *Word*, der Tabellenkalkulation *Excel* und dem Präsentationsprogramm *Powerpoint* und zusätzlichen Satelliten-Applikationen wie dem Formeleditor, dem einfachen Pixeleditor *MS Draw*, dem Geschäftsgrafikprogramm *MS Graph* und dem Textauszeichnungsprogramm *Word Art*.

Diese Applikationen können alle, in unterschiedlichen Ausbaustufen, als Server auftreten und stehen damit allen Applikationen, die Container-Fähigkeiten haben, zur Verfügung. Als Container und damit als Anwendungszentrale können die drei Kern-Applikationen fungieren. Jedes dieser drei Zentralprogramme kann sich der Dienste aller anderen Programme, d.h ihrer Objekte, bedienen und seinen eigenen Funktionsumfang damit abrunden.

keine Speichermöglichkeiten

Die Satellitenprogramme können ausschließlich als Server für Embedding arbeiten. Sie können nicht alleine und unabhängig von anderen Programmen aufgerufen werden und besitzen auch keine eigene Möglichkeit zum Abspeichern ihrer Daten – anders ausgedrückt: Sie werden ausschließlich aus Containerapplikationen heraus aufgerufen und legen ihre Daten nur innerhalb des Containerdokuments ab.

Zusammenfassung OLE 1

Die wichtigsten Konzepte im Zusammenhang mit OLE 1:

zentrale Applikation

- Aus einer zentralen Applikation (Container) heraus können andere, untergeordnete Applikationen (Server) gestartet werden, die, je nach Betrachtungsweise, zusätzliche Funktionalität in die Containerapplikation bzw. externe Informationsobjekte in das Containerdokument einbringen.

Dokumentenzentrierung

- Dokumentenzentrierung: Mittels einer zentralen Applikation wird ein Dokument (Compound Document) erstellt, das Objekte aus unterschiedlichen Applikationen enthalten kann.

Editieren in der Quell-Applikation

- Jedes Objekt wird in seiner Quell-Applikation editiert. Diese Quell-Applikation (Serverapplikation, Objektapplikation) wird ggf. aus der Ziel-Applikation (Containerapplikation, Clientapplikation) heraus aufgerufen. Die Applikationen stehen bezüglich der Objekte in einer Client-Server-Beziehung zueinander.

Verknüpfen oder Einbetten

- Objekte können durch Einbettung (Embedding) oder durch Verknüpfung (Linking) integriert werden. Bei Embedding wird das Objekt Bestandteil des Zieldokuments ohne Verbindung zum Quell-Ort; bei Linking bleibt das Objekt einzigartig am Quell-Ort bestehen.

- Für die Bearbeitung unterschiedlicher Objekte (aus ein und dem selben Dokument) muß der Benutzer mit unterschiedlichen Applikationen unter ggf. unterschiedlichen Bedien-Philosophien arbeiten.

unterschiedliche Objekte – unterschiedliche Applikationen

- Die Applikationen müssen OLE-fähig sein, brauchen aber ansonsten nichts voneinander zu wissen. Datenaustausch und Darstellung wird durch OLE über die Objekte selbst geregelt.

unabhängige Applikationen

Ziele und Forderungen

Nach den oben skizzierten Grundgedanken ergeben sich folgende Ziele und Forderungen im Bereich der Applikations-Entwicklung:

- Die Entwicklung muß wegführen von immer größer werdenden, funktionsüberladenen monolithischen Applikationen.

weg von monolithischen Anwendungen

- Ziel sind *schlanke, spezialisierte* und *integrationsfähige* Applikationen, die der Anwender auf *einfache* Weise als *Bausteine* seiner Arbeitsumgebung zur *effektiven* Lösung seiner individuellen Aufgabenstellungen problemlos zusammenstellen kann

schlanke, spezialisierte, integrationsfähige Anwendungsobjekte

- Die Objektintegration muß für den Anwender als intuitiver Vorgang erscheinen.

intuitive Objektintegration

- Die Schnittstelle zwischen integrierten Objekten muß nahtlos erscheinen und der Wechsel von Applikationen muß so unauffällig wie möglich erfolgen. Die Arbeit mit integrierten Anwendungen und folglich mit integrierten Dokumenten darf nicht durch eine verwirrende Vielfalt immer neuer Applikationen am Bildschirm abschrecken.

nahtlose Schnittsttelle

- Benötigt wird hierfür von Seiten des Systems eine sehr umfangreiche, aber gleichzeitig auch sehr diskrete Unterstützung für den Anwender.

- Benötigt wird hierfür aber vor allem auch eine sehr umfangreiche Unterstützung für den Entwickler, dessen Aufgabe es ist, seine Applikation flexibel und eigendynamisch in das Gesamtkonzept einzupassen. Diese Unterstützung muß vom theoretischen Denkansatz über flexible Programmierschnittstellen (API) bis zu Vorschriften zur Gestaltung der Benutzerschnittstelle (Style Guide) reichen.

API und Style Guide

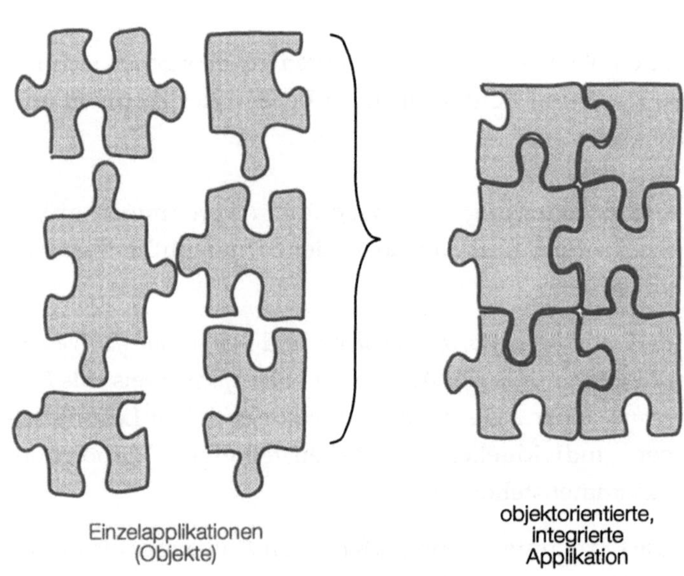

Abb. 3-6
Einzelapplikationen
müssen wie
Puzzlesteine
zusammensetzbar sein.

Mit OLE 2 bringt Microsoft nicht nur eine Erweiterung von OLE 1, sondern, bei Beibehaltung der Kompatibilität zu OLE 1, eine neue, wesentlich umfangreichere Technologie und damit einhergehend einen vollkommen neuen Denkansatz für die Entwicklung von Betriebssystemen wie Applikationen in der Microsoft-Welt.

OLE 1 bildete den ersten Ansatz für das Arbeiten und vor allem auch die Strategie bei der Erstellung von Compound Documents. OLE 1 ist die praktische Implementierung des Konzepts *Compound Documents*. Damit wurde die Grundlage dieses neuartigen Applikations- und Integrationskonzepts gelegt.

Implementierung von Compound Documents

Im herkömmlichen Fall sitzen einzelne Applikationen auf dem Betriebssystem (Windows 3.1), nutzen dessen Dienste und bedienen sich der Funktionen aus Dynamic Link Libraries (DLLs), sind aber ansonsten voneinander, von einfachem Datenaustausch über OLE 1 oder Dynamic Data Exchange (DDE) einmal abgesehen, weitgehend isoliert. Die Nutzung von Teilkomponenten aus anderen Applikationen ist nicht möglich.

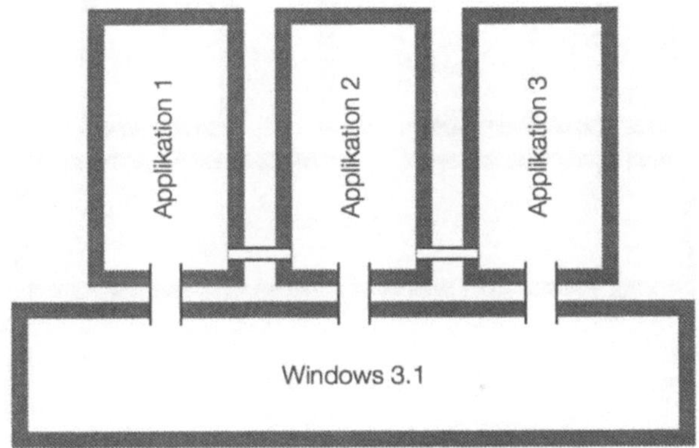

Abb. 3-7
OLE 1 und DDE:
Betriebssystem und
Applikationen sind
weitgehend isoliert.

OLE 2 baut auf diesem Ansatz auf und trägt ihn sehr viel weiter. OLE 2 ist viel mehr als Compound Documents. Es umfaßt weit mehr als nur die im Namen enthaltene Technik des Linking und Embedding. Das Konzept Compound Document, obwohl in seinem Umfang erweitert, macht im Vergleich zum Gesamtumfang von OLE 2 nur noch einen Teilbereich aus.

Heutige Situation

Im Moment findet OLE 2 seine Realisierung durch die Implementierung in einer stetig wachsenden Zahl von Applikationen. OLE 2 ist ein Betriebssystemaufsatz, der den Applikationen die beschriebenen Möglichkeiten der Interaktion und Integration und des Austausches von Objekten bietet.

Die wichtigsten Komponenten und Konzepte von OLE 2 sind noch nicht Bestandteil des Betriebssystems geworden. Das Betriebssystem nutzt die Möglichkeiten, die durch OLE 2 geboten werden, noch nicht aus, sondern bildet nur die Plattform, auf der OLE-Applikationen laufen.

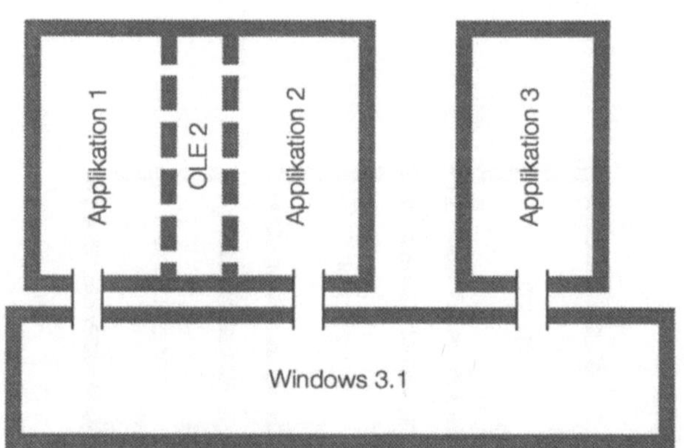

Abb. 3-8
Heutige Situation:
OLE 2 als
Betriebssystemaufsatz
zur
Applikationsintegration

Weitere Entwicklung

Die OLE 2 Technologie wird sehr bald schon in die wichtigsten Anwenderprogramme eingearbeitet werden und neue Entwicklungen sind unter intensiver Ausnutzung der durch OLE 2 verfügbaren Möglichkeiten im Entstehen. In der Entwicklung neuer Betriebssysteme bei Microsoft wird diese Technik intensiv eingesetzt. Mit OLE 2 stehen die wichtigsten Basiskonzepte dieser neuen Betriebssysteme bereits jetzt zur Verfügung, um einerseits in bestehende Applikationen eingearbeitet zu werden und andererseits als Hinweis und Information für die weiteren Entwicklungen bei Microsoft zu dienen. Die Nachfolgeversionen von Windows 3.1 werden auf der durch OLE 2 definierten technologischen Basis aufsetzen.

So ist die Windows-Version 4.0 das erste Microsoft-Betriebssystem, das bereits auf Betriebssystem-Ebene mit OLE 2-Technologie und -Funktionalität arbeitet. Auch die Folgeversion von Windows NT 3.1 arbeitet auf Basis von OLE 2.

Basis aller neuen Betriebssysteme von Microsoft

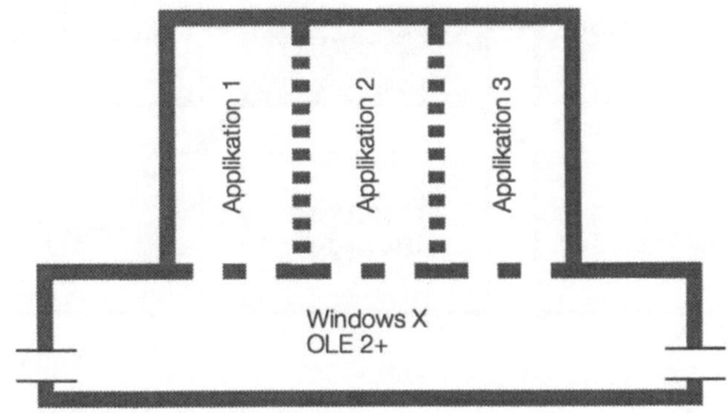

Abb. 3-9
zukünftige Integration von OLE als Bestandteil der Betriebssystem-Dienste; systemübergreifend und netzwerkweit

Betriebssysteme, die bereits auf unterer Ebene unter voller Ausnutzung der Möglichkeiten von OLE 2+ implementiert sind, werden ungleich mächtiger und flexibler bei gleichzeitig einfacherer und anwenderfreundlicherer Bedienung sein als heutige Systeme wie Windows 3.1 oder Windows NT, die noch ohne OLE 2 auf Betriebssystemebene arbeiten.

Überblick Einzelkomponenten

So ist OLE 2 weniger ein Produkt, sondern viel mehr ein neues Konzept und eine neue Technologie – in vielen Dingen sogar nur der Anfang. In OLE 2 sind Komponenten und Konzepte bereits jetzt enthalten, die in die zukünftigen Betriebssysteme von Microsoft integriert sein werden und die andererseits durch ihre Realisierung in Applikationen den Umgang des Benutzers mit dem Computer deutlich verändern werden.

Die wichtigsten Konzepte in diesem Zusammenhang sind:

Abb. 3-10

Die wichtigsten technologischen Bereiche und Features von OLE 2 sind um das Component Object Model zentriert und basieren darauf.

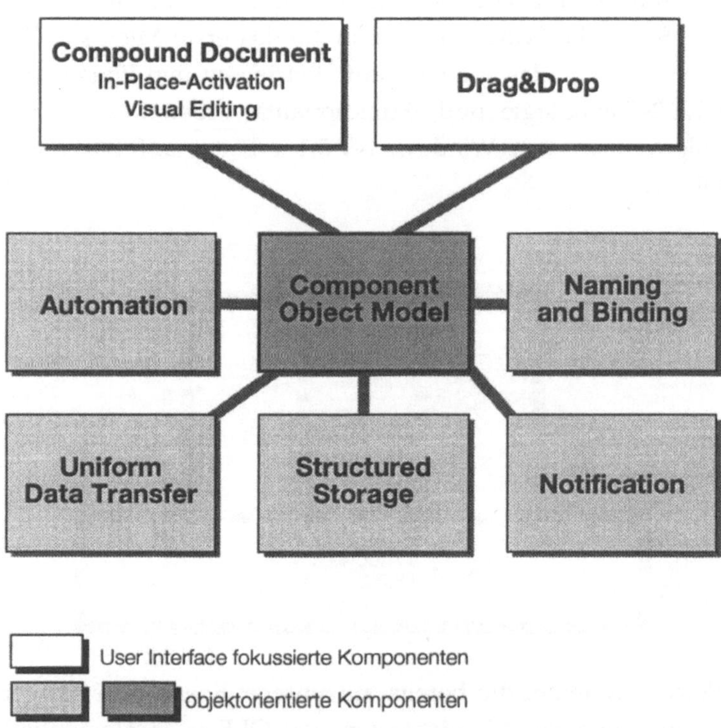

- Component Object Model
  Das Objektmodell als Fundament, das mit OLE 2 in die
  Windows-Welt eingeführt wird und zur Grundlage der
  zukünftigen Applikations- und Betriebssystem-Entwick-
  lung werden soll.

  grundlegendes Objektmodell

- Structured Storage
  Ablage-System für Dokumente, die sich aus Objekten
  unterschiedlicher Herkunft zusammensetzen. Unabhängig vom traditionellen Dateisystem.

  hierarchisches Ablagesystem

- Drag&Drop
  Objekte können aus beliebigen Anwendungen in beliebige Anwendungen verschoben werden und dort definierte Aktionen auslösen.

  Applikationen übergreifender Objekttransfer

- In-Place Activation; Visual Editing
  Editieren eines Objekts innerhalb der integrierenden Applikation bei minimaler Änderung der Benutzeroberfläche.

  Editieren ohne Umgebungswechsel

- Automation, Programmability, Interoperability
  Externe, applikationsunabhängige und -übergreifende
  Steuerung von Applikationen und Objekten mittels einer
  prinzipiell beliebigen Makrosprache.

  Applikationssteuerung

Im folgenden wird ein kurzer Überblick über die zentralen
Einzelkomponenten der OLE-2-Technologie gegeben. Diese
Einzelkomponenten bauen jeweils auf grundlegenderen
Funktionen auf. Der Aufbau kann im Zuge der Weiterentwicklung einer Applikation von Version zu Version stufenweise geschehen. Die teilweise sehr komplexe Technologie
von OLE 2 muß weder auf einmal implementiert werden,
noch muß eine Applikation sämtliche OLE-Komponenten
verwenden.

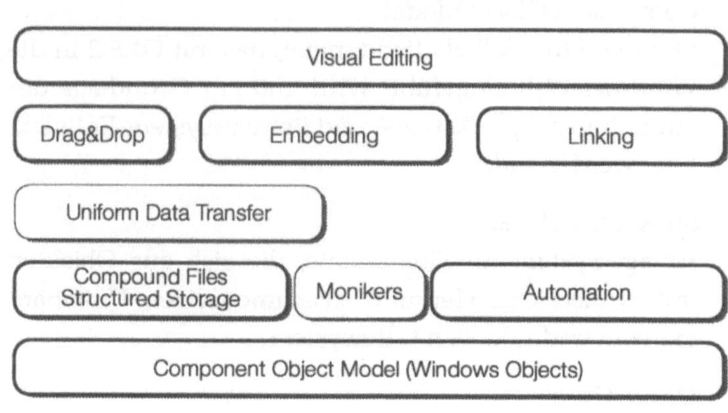

Abb. 3-11
Schichtenweiser Aufbau
der Architektur von
OLE 2 mit dem
Component Object
Model als Grundlage und
darauf aufbauend
weitgehend
unabhängigen
Komponenten

Entwicklungsschritte

So könnte eine Applikation zunächst nur die Basis des Component Object Model implementieren und mit Windows Objects arbeiten und darauf die Ablage über das Modell des *Component* Structured Storage aufbauen. Damit ist zwar auf Anwender*Object Model* seite noch kaum eine direkt sichtbare Veränderung gesche*und* hen, die wichtigsten Komponenten für den Anschluß an die *Structured Storage* Zukunft sind jedoch verfügbar. Durch Structured Storage sind aber bereits Funktionen wie inkrementelles Lesen oder Zurückschreiben einzelner Objekte oder auch Transaktionsorientierung möglich.

Drag&Drop In einem weiteren Entwicklungsschritt könnte *Linking* Drag&Drop und schließlich auch Embedding und Linking *Embedding* implementiert werden. Dabei handelt es sich nun um auch für die Bedienbarkeit durch den Endbenutzer sehr wesentliche Erweiterungen, die deutliche Eindrücke an der Benutzeroberfläche hinterlassen.

Gipfeln wird die Implementierung der OLE-2-Technolo*Visual Editing* gie in der Implementierung von Visual Editing und dem Be*Automation* reitstellen von Schnittstellen für Automation. Mit Visual Editing steht dann die mächtigste Funktion für die Applikationsintegration zur Verfügung.

OLE 2 ist kein eigenständig lauffähiges Programmsystem oder ein Produkt, sondern eine Sammlung von Libraries, die den danach aufgebauten Programmen die OLE-Funktionalität verleihen. OLE 2 ist daher auch nicht als Produkt auf Disketten o.ä. erhältlich – eine Anwenderdokumentation zu OLE 2 existiert nicht.

OLE 2 besteht für den Anwender aus nur aus 8 Dateien (Dynamic Link Libraries; DLL), die für sich alleine genommen keine Funktionalität besitzen. Die Dateien sind frei verfügbar und lizenzfrei kopierbar.

Diese Dateien werden dem Entwickler einer OLE-2-fähigen Applikation mit dem OLE 2 Software Development Kit zur Verfügung gestellt und werden zusätzlich zu den Dateien der eigentlichen Applikation an den Endanwender auf dessen System weitergegeben.

Normalerweise werden diese 8 Dateien, für den Anwender unbemerkt, vom Installationsprogramm der ersten OLE 2 fähigen Applikation, die auf einem System installiert wird, in das `WINDOWS`-Verzeichnis des Zielsystems kopiert. Weitere Applikationen prüfen dann nur noch, ob OLE 2 – erkennbar an diesen Dateien – schon existent ist.

Bei den nächsten Betriebssystemversionen aus dem Hause Microsoft werden die Libraries von OLE 2 nicht nur schon im Lieferumfang des Betriebssystems enthalten sein, sondern die Systeme werden auf deren Basis errichtet sein.

Die OLE 2 DLLs:
COMPOBJ.DLL,
STORAGE.DLL,
OLE2.DLL,
OLE2PROX.DLL,
OLE2DISP.DLL,
OLE2NLS.DLL,
OLE2CONV.DLL,
OLE2.REG

Konzepte des Objektmanagement

OLE kommt von der Einbettung spezialisierter Objekte in Container-Dokumente her, ist also aus einem dokumentenorientierten Ansatz entstanden. OLE 2 legt nun ein objektorientiertes Fundament unter diesen dokumentenorientierten Ansatz und bietet damit nicht nur dokumentenorienterten Anwendungen die Möglichkeit, eine Softwarearchitektur nach einem objektorientierten Modell zu realisieren.

Aus dem mehr abstrakten, allgemeinen Ansatz der Objektorientierung heraus haben sich verschiedene Modelle für eine objektorientierte Architektur herausgebildet. In der ersten Generation waren dies vor allem sprachspezifische Objektmodelle:

Modelle für eine objektorientierte Architektur

- Smalltalk mit seinem spezifischen Objektmodell

- Objective C mit dem Objektmodell von NeXtStep

- Hersteller- und projektspezifische, in C++ realisierte Objektmodelle

Allen diesen Modellen ist gemeinsam, daß sie den Entwickler an die Implementierung in genau einer Programmiersprache binden (Smalltalk bzw. Objective C bzw. C++ zusammen mit einem bestimmten Compiler). Dieses hat auch zur unange-

genau eine Programmiersprache

nehmen Konsequenz, daß die Wiederverwendung von Objekten (oder genauer: von Klassen) nur auf der Basis von Sourcecode erfolgen kann. Die Wiederverwendung von Objekten auf der Basis von Sourcecode verführt jedoch nur den Entwickler dazu, diesen Sourcecode an seine vermeintlichen Bedürfnisse anzupassen und zu verändern, was dem wirklichen Gedanken der Wiederverwendung widerspricht und die Vorteile der Wiederverwendung zunichte macht.

Objektmodell, unabhängig von der Implementierungssprache

OLE 2 verfolgt ein Objektmodell, das unabhängig von der Implementierungssprache ist und die Wiederverwendung von Objekten ohne Verfügbarkeit des Sourcecodes erlaubt. Realisiert ein OLE-2-Objekt darüberhinaus die Interfaces von OLE-Automation, so sind hierüber sogar die verfügbaren Leistungen des Objekts online abfragbar.

Wir betrachten in diesem Kapitel das Objektmodell von OLE 2 in seiner Stellung zu anderen Objektmodellen und die damit zusammenhängenden Fragen des Objektmanagements.

4.1 Objektmodell

Die Object Management Group (OMG) ist ein Zusammenschluß von Herstellern und Softwarefirmen mit dem Ziel, Standards für die Objektorientierung zu schaffen. Es versteht sich dabei von selbst, daß diese Standards nicht abhängig sein dürfen von einer spezifischen Implementierungssprache.

OMG defines the object management paradigm as the ability to encapsulate data and methods for software development. This models the 'real world' through representations of program components called 'objects'.

Objektmodell der OMG

(OMG: Object Management Architecture Guide 1992) Das Objektmodell der OMG baut auf folgende, relativ abstrakte und interpretierbare Grundbegriffe auf:

- Objekt

- Operation

- Typen

- Subtyping

Ein Objekt kann dabei jede Art von Entität modellieren. Operationen werden auf Objekte angewandt und zwar in dem Sinne, daß an solche Objekte Anforderungen geschickt werden. Auch hier handelt es sich um nichts anderes als den bekannten Methodenaufruf.

Typen sind die abstrakte Verallgemeinerung von solchen Objekten und beschreiben die Operationen der Objekte dieses Typs. Typen werden also durch die Menge der zu einem Typ gehörenden Operationen bestimmt. Objekte in diesem Modell sind Instanzen jeweils eines bestimmten Typs. Damit bildet die Typisierung der OMG eine abstrakte Sicht der Klassenbildung, wie sie in objektorientierten Programmiersprachen konkret realisiert ist.

Typen sind die abstrakte Verallgemeinerung von Objekten.

Subtyping ist eine Relation zwischen Typen. Ein Typ A ist Subtyp von Typ B, wenn A alle Operationen von B auch in A realisiert und diese dort benutzbar sind.

Subtyping

Im Objektmodell der OMG finden sich demnach die klassischen Grundbegriffe der Objektorientierung auf einem abstrakten Definitionslevel wieder:

- Objekt

- Klasse

- Methode

- Vererbung

Dabei ist zu beachten, daß das Objektmodell der OMG sprachunabhängig ist. Ferner macht der Begriff des Subtypings (als Analogon zur Vererbung) keine Vorschriften über die Art der Implementierung oder Implementierungsunterstützung. Im Vordergrund steht lediglich das Vorhandensein der gleichen Operationen (Methoden). Das Objektmodell der OMG läßt dabei auch multiples Subtyping (Mehrfachvererbung) zu.

multiples Subtyping

Die OMG benutzt den Begriff der Vererbung lediglich notationell, um beispielsweise einen Typ A durch die Beschreibung eines Typs B teilweise zu definieren.

Das Objektmodell von OLE 2 läßt sich konform auf das abstrakte Objektmodell der OMG abbilden:

Tab. 4-1

Objektmodelle

bei OMG und OLE 2

Objektmodell der OMG	Objektmodell bei OLE 2 (COM)
Objekt	Objekt
Operation	Methode innerhalb eines Interface
Typ	Interface eines Objekts
Subtyping	Aggregtion

Form des Subtypings:

Aggregation

OLE 2 realisiert dabei nicht einen Vererbungsmechanismus wie man ihn in objektorientierten Sprachen findet. Darauf hat man zugunsten der Sprachunabhängigkeit verzichtet. OLE 2 realisiert eine schwächere Form des Subtypings: Aggregation. Mittels der Aggregation lassen sich komplexe OLE-2-Objekte aus einfacheren OLE-2-Objekten „zusammenbauen". Dabei müssen die einfacheren Objekte für die Aggregation eingerichtet sein, sie müssen aggregierbar implementiert sein. Die Prinzipien und Mechanismen der Aggregation werden im Kapitel „Component Object Model" näher erläutert.

4.2 Object Request Broker

Um in einer objektorientierten Architektur Methodenaufrufe von einem Objekt auf ein anderes durchzuführen, reicht innerhalb eines Prozesses der Mechanismus des einfachen Prozeduraufrufs. Um Methodenaufrufe über Prozess- oder gar über Rechnergrenzen hinweg durchzuführen, sind Kommunikationsmechanismen zu bedienen. Diese Aufgabe wird in modernen Softwarearchitekturen von der Implementierung

Methodenaufrufe über

Prozess- oder gar

Rechnergrenzen hinweg

der eigentlichen Anwendung, der Objekte, getrennt. In objektorientierten Architekturen übernimmt ein Object Request Broker die Aufgabe, möglichst transparent den eigentlichen Aufruf des Serverobjektes einschließlich der Kommunikation und eventueller Konvertierungen durchzuführen.

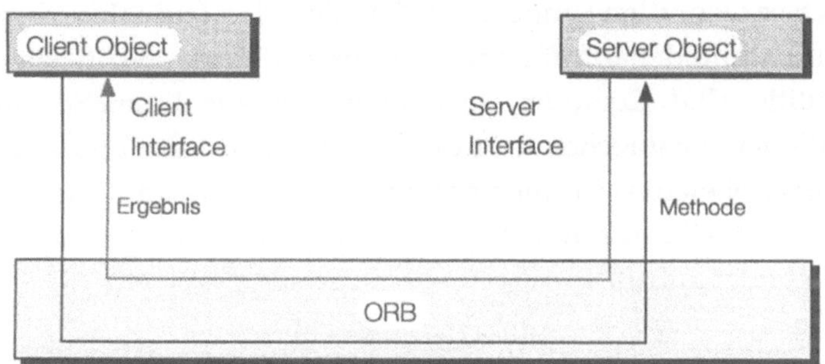

Abb. 4-1
Rolle des Object
Request Brokers

Das Architekturmodell der OMG weist dem Object Request Broker (ORB) folgende Aufgaben zu:

- Name Service
  besorgt das Mapping der Objektnamen aus dem Domain des Client-Objektes in das Domain des Server-Objektes und umgekehrt.

- Request Dispatch
  bestimmt, welcher konkrete Aufruf auf einen Methodenrequest hin erfolgen soll.

- Parametercodierung

- Ablieferung von Request und Ergebnissen

- Synchronisation

- Aktivierung
  von persistenten Objekten

- Exception Handling

- Security-Mechanismen

CORBA

Die OMG hat über diese allgemeine Rolle des ORB in einer objektorientierten Architektur hinaus eine Spezifikation für ORBs zusammen mit X/Open unter dem Titel „Common Object Request Broker Architektur (CORBA)" herausgegeben. Bedeutendste Komponente in dieser Spezifikation ist die Interface Definition Language (IDL). Die IDL erlaubt, Interfaces zum Methodenaufruf neutral in dieser IDL zu spezifizieren. Utilities (IDL-Compiler) generieren dann aus diesen Spezifikationen entsprechende Stubs für die Client-Seite und zugehörige Skeletons für die Server-Seite. Über diesen Code und die Laufzeitumgebung des ORB erfolgt dann der eigentliche Methodenaufruf.

Spezifikation für ORBs
zusammen mit X/Open

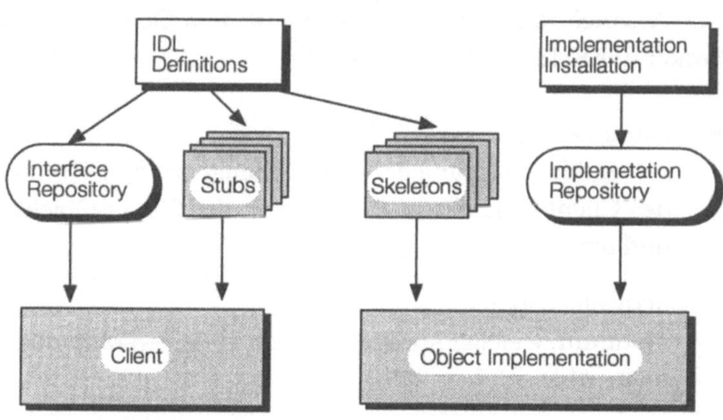

Abb. 4-2
Rolle der Interface
Definition Language

Daneben werden aus der IDL-Spezifikation Informationen sowohl für das Interface Repository, aus dem dann Informationen über Interfaces abgefragt werden können, als auch Informationen für das Implementation Repository generiert. Diese Informationen dienen vor allem für Situationen, in denen Interfaces zur Laufzeit aktiviert und dynamisch aufgerufen werden sollen (ohne vorherige Generierung von Stubs und Skeletons).

Interfaces zur Laufzeit
aktiviert und dynamisch
aufgerufen

Der Methodenaufruf kann nach CORBA dann entweder über die generierten Stubs und Skeletons oder dynamisch nach entsprechender Abfrage des ORB Service Interface erfolgen.

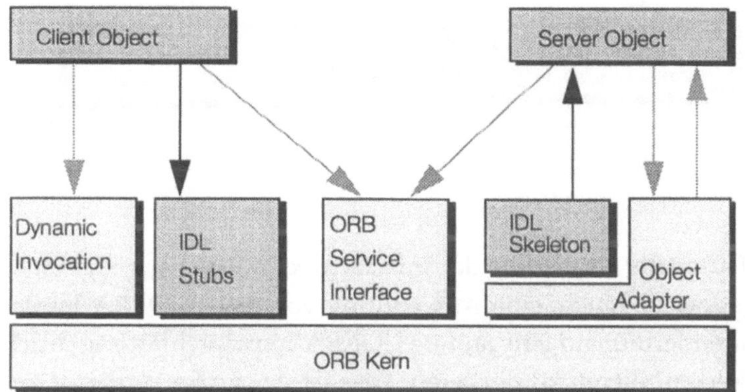

Abb. 4-3
Methodenaufruf bei
CORBA

CORBA ist keine Implementierung eines ORB. CORBA ist eine Spezifikation eines ORB, die realiv große Freiheiten für die Implementierung läßt. Inzwischen gibt es einige Prokukte mit ORB-Funktionalität, die CORBA-konform sind (z.B. Distributed System Object Model, DSOM von IBM).

Größter Nachteil von CORBA ist, daß zwei verschiedene Implementierungen von ORBs, die beide CORBA-konform sind, nicht notwendig interoperabel sind, d. h. ein Methodenaufruf kann nicht auf der Client-Seite von der einen ORB-Implementierung entgegen genommen werden und über den Transportweg dann von der anderen ORB-Implementierung auf der Serverseite dem Serverobjekt übergeben werden.

CORBA-Implementierungen sind nicht interoperabel.

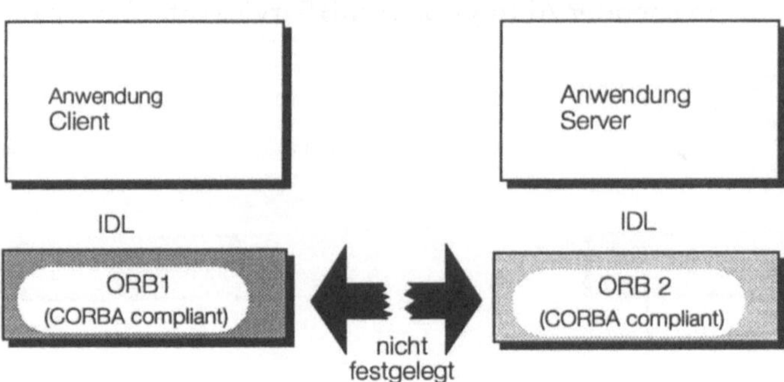

*Abb. 4-4
CORBA-
Implementierungen sind
nicht notwendig
interoperabel.*

Durch die Festlegung der Interface Definition Language ist es jedoch möglich, eine Anwendung von einer CORBA-Implementierung auf eine andere CORBA-Implementierung durch Recompilieren zu portieren. Dies ist der große Verdienst zunächst von CORBA. Es ist zu hoffen, daß bald auch eine Festlegung über CORBA hinaus erfolgen wird, die die Interoperabilität verschiedener ORB garantiert.

*Portieren durch
Recompilieren*

DSOM

Distributed System Object Model (DSOM) ist eine ORB-Implementierung, die inzwischen CORBA-konform ist.

DSOM ist zunächst entstanden als System Object Model allein für OS/2 und war damit auch nicht rechnerübergreifend, in diesem Sinn also kein vollwertiger ORB. Heute existieren SOM- und DSOM-Implementierungen für OS/2 und AIX. SOM ist konzipiert und implementiert worden zur Unterstützung des Objektmodells von OS/2 im Rahmen der Workplace Shell (WPS).

SOM und auch DSOM sind nicht wirklich sprachenunabhängig wie OLE. Aber SOM ist in eingeschränktem Umfang sprachenneutral, d.h. SOM hat Interfaces für die Sprachen

*DSOM ist nicht wirklich
sprachenunabhängig.*

- C

- C++

- Smalltalk

- OORexx

- COBOL

Auf der anderen Seite unterstützt SOM das Konzept der Vererbung, und zwar nicht nur wie OLE in Form von Aggregationen. Vielmehr können in SOM abgeleitete Objekte Eigenschaften und Methoden erben und auch überschreiben. Da dies ohne Recomplieren möglich ist, erfordern die Nutzung der Vererbung und das Überschreiben von Methoden eine erhebliche Disziplin von den Entwicklern. In OLE 2 hat man den sichereren, damit aber etwas weniger direkten Weg der Aggregation gewählt.

    Vererbung

DSOM basiert hinsichtlich des Methodenaufrufs über Rechnergrenzen hinweg auf

- IPX/SPX oder

- TCP/IP oder

- NetBIOS

Der Name Service und damit das Auffinden von Objekten auch im Netz basiert heute auf DSOM-eigenen Mechanismen. Es ist jedoch geplant, in Zukunft hierfür den Name Service von Distributed Computing Environment (DCE) der OSF zu nutzen.

OLE-Automation als Object Request Broker

OLE 2 unterstützt in der jetzigen Fassung noch keine rechner-übergreifenden Methodenaufrufe. Dennoch stellt OLE 2 mit seinen objektorientierten Komponenten (ohne die auf die Benutzerschnittstelle fokussierten Komponenten) innerhalb eines Windows-System die Funktionalitäten eines ORB bereit. Alle im Rahmen des Objektmodells der OMG von einem Object Request Broker geforderten Aufgaben werden von OLE 2 innerhalb des Windows-Systems unterstützt.

Ferner unterstützt OLE 2, wie in CORBA spezifiert, sowohl die Generierung von Container- und Objekt-Zusatzsoftware (bei CORBA den Stubs und Skeletons) als auch Dynamic Invocation über die Automation Interfaces. OLE 2 ist jedoch nicht CORBA-konform.

Die Rolle des ORB ist bei OLE 2 vor allem in OLE-Automation realisiert (und für den weiteren Ausbau in der Zukunft vorgesehen). In OLE-Automation sind damit die Funktionen des Objektmanagements verankert.

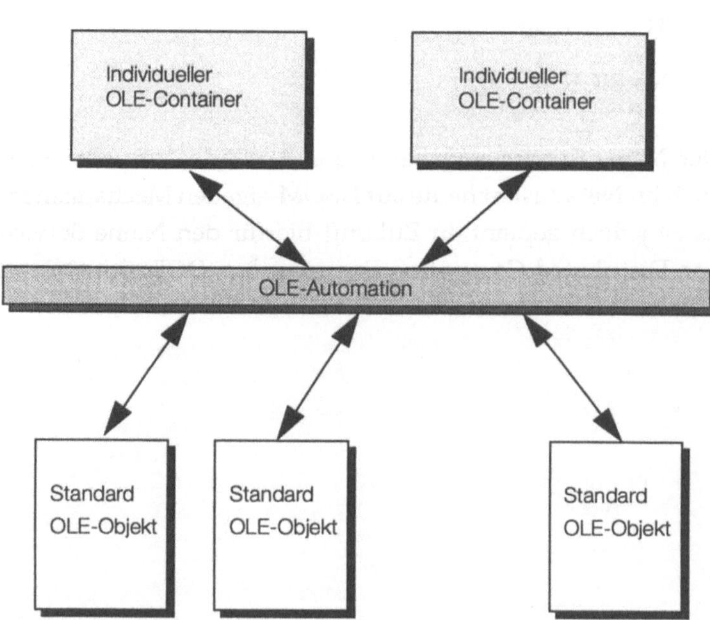

Abb. 4-5
*Rolle von OLE-
Automation als ORB*

So lassen sich Standard-OLE-Objekte, gleich welcher Herkunft, mit individuell geschriebenen OLE-Objekten über Automation integrieren. Die individuellen OLE-Objekte können dabei als Container implementiert sein und die Standard-OLE-Objekte einbetten. Dies kann natürlich völlig ohne jegliche Integration am User Interface geschehen und sich damit rein auf der Ebene der objektorientierten Architektur vollziehen. Damit übernimmt Automation die Rolle des Object Request Brokers.

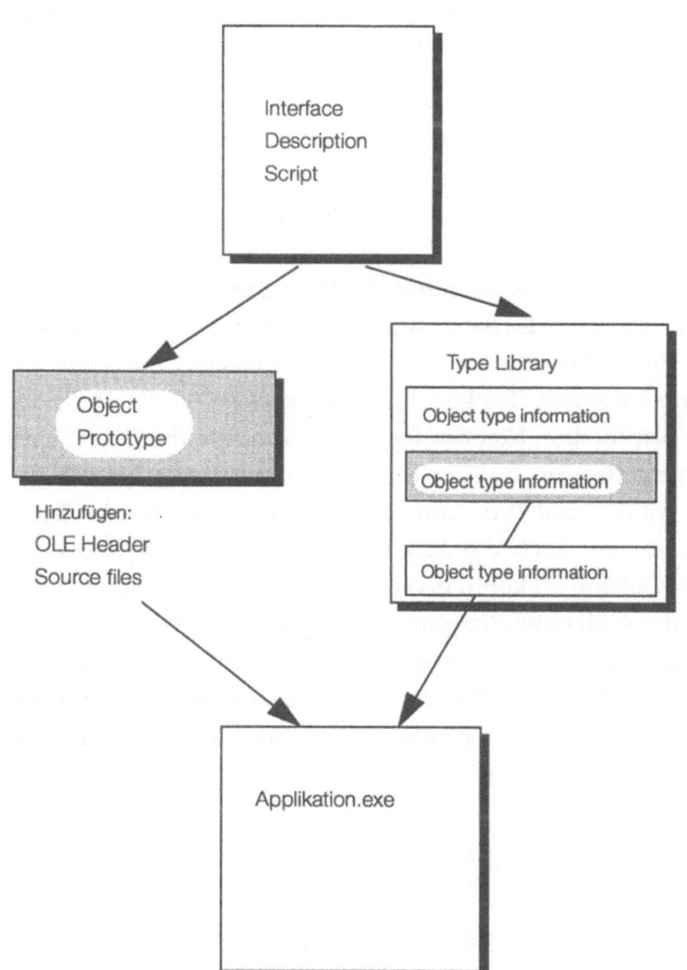

Abb. 4-6
Erzeugung von Teilen
des Objektes aus
Interface Descritption

Interface-Description

*Microsoft Object
Description Language
(MODL)*

Type Library

Automation enthält aber auch noch andere Komponenten eines Object Request Brokers. In der Terminologie ist in Automation auch die Rolle des Interface Repository angelegt. Für ein Automation-fähiges OLE-Objekt ist eine Interface Description zu erstellen.

In der heutigen Version (2.0) von OLE geschieht dies in Form von bestimmten, zu exportierenden Daten der Applikation. Vom Konzept her aber ist vorgesehen und zur Implementierung geplant, daß die Interface Description in der „Microsoft Object Description Language" (MODL) erfolgt. Aus dieser „Type Information" wird eine Type Library aufgebaut. Aus der Interface Description werden von dem Tool `MkTypLib` ein

- Object Prototype und eine

- Object Type Information in der Type Library generiert.

Der Object Prototype enthält die Interfaces `IClassFactory` und `IDispatch` (siehe Kapitel über Automation). Dem Object Prototype müssen dann die OLE Header Files und der Sourcecode des Objektes hinzugefügt werden. Beim Binden der Applikation fügt der Resource Compiler die Object Type Information aus der Type Library hinzu.

MODL und Type Libraries mit den ensprechenden Interfaces bieten auch die Möglichkeit, spezialisierte Tools, die OLE-Objekte zu komplexen Applikationen integrieren, möglichst visuell ohne Programmierung, zu entwickeln. OLE-Automation kommt also einerseits der Großteil der Aufgaben eines Object Request Brokers in OLE zu als auch die Aufgabe, anderen Tools OLE-Objekte zur Verwendung und Integration anzubieten.

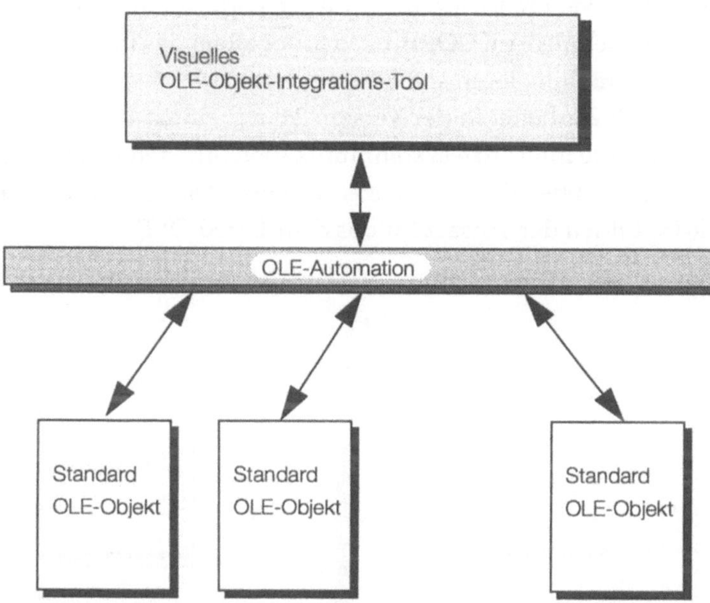

Abb. 4-7
OLE-Automation als
Basis für
Integrationstools

Für die objektorientierte Architektur in Windows-Systemen
hat damit OLE-Automation die absolut zentrale Rolle, abge-
stützt auf die Grundlage des Component Object Model. In der
vorliegenden Version von OLE (2.0) wird dies, auch in der
Dokumentation, nur wenig deutlich. Automation ist jedoch
der Dreh- und Angelpunkt für die wichtigen, weiteren Entwicklungen auf der Basis von OLE in zukünftigen Windows-
Versionen. OLE-Automation ist die Basis für die Realisierung
von objektorientierter Architektur in der Windows-Anwen-
dungssoftware. Es ist die Basis für die Generation von visuellen Integrationstools, die dann den Nutzen für den Anwender aus der objektorientierten Architektur generieren.

OLE-Automation als
Basis für die
Realisierung
objektorientierter
Architektur

Client-Server-Architektur: Distributed OLE

OLE-Automation wird wohl auch die zentrale Rolle in der
Weiterentwicklung von OLE 2 zu einem Distributed OLE ein-

nehmen. Wie SOM zu DSOM weiterentwickelt wurde, so wird auch OLE 2 zu einer verteilten Variante eines Distributed OLE weiterentwickelt. In dieser Form kann OLE sogar Einfluß nehmen auf CORBA 2, das vor allem das Problem der Interoperabilität lösen soll.

OLE 2 arbeitet in der Version 2.0 mit einem Lightweight RPC für die Interprozesskommunikation und den Aufruf von Methoden über Prozessgrenzen hinweg. Die Interfaces von LRPC bilden den Ansatz für das distributed OLE.

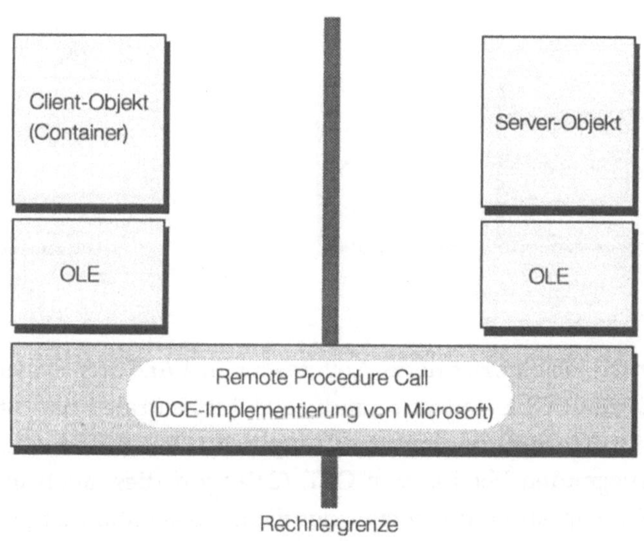

Abb. 4-8
DCE als Basis für
Distributes OLE

Der LRPC wird durch die DCE-Implementierung von Microsoft ersetzt, die nicht vollständig mit der Implementierung der OSF identisch ist. Name Service und Security werden zunächst aus den entsprechenden Komponenten von Windows NT verwendet. Die DCE-Implementierung von Microsoft ist jedoch im verbindungsorientierten Modus in der Lage, RPCs mit anderen DCE-Produkten auszutauschen. Hierüber bietet sich ein Weg, OLE zukünftig rechnerübergreifend, in heterogenen Umgebungen zu implementieren und einzusetzen, zumindest bezogen auf die ORB-Funktionalität.

Implementierung von OLE in heterogene Umgebungen

4.3 OpenDoc

Eine Alternative zu OLE sowohl für den dokumentenorientierten Teil als auch für die objektorientierte Basis soll mit OpenDoc entstehen. OpenDoc wird von einem Zusammenschluß von Herstellern und Softwareunternehmen unter dem Namen „Component Integration Laboratories" forciert und entwickelt.

Die Basistechnologien für OpenDoc sind

*   Bento
    als Pendant zum Component Object Model von OLE

*   DSOM
    als Pendant zum OLE-Objektmodell und zu OLE-Automation.

Bento realisiert über die Persistenz von Objekten hinaus auch eine Versionskontrolle der Objekte, wobei die Anzahl der überwachten Versionen konfigurierbar ist, ein Feature, daß OLE erst in zukünftigen Windows-Versionen realisieren wird.

Versionskontrolle der Objekte

Bento setzt auf einen Root-Objekt-Ansatz: Jedes Objekt in Bento erbt von dem Root-Objekt ein Set von 14 Grundmethoden. Polymorphismus erlaubt, diese Basismethoden durch objektspezifische Methoden zu überschreiben. Eine Basismethode `MoveToNextItem` kann dann von einer Textverarbeitung als `MoveToNextWord`, von einer Tabellenkalkulation aber als `MoveToNextCell` implementiert werden.

Root-Objekt-Ansatz

DSOM erkauft sich mit der oben erwähnten, eingeschränkten Sprachneutralität einen stärkeren Vererbungsmechanismus, über dessen Notwendigkeit man geteilter Meinung sein kann.

stärkerer Vererbungsmechanismus

OpenDoc wird interoperabel mit OLE-Objekten sein. Durch ein Mapping in OpenDoc ist es OLE-Containern möglich, OpenDoc-Objekte zu integrieren. Umgekehrt soll es ebenso möglich sein, daß OpenDoc-Container OLE-2-Objekte aufnehmen. Aufgrund der ähnlichen, objektorientierten Architektur in beiden Konzepten dürfte das Mapping für den

OpenDoc interoperabel mit OLE-Objekten

Methodenaufruf relativ einfach zu realisieren sein. Die Komponenten, die die Benutzerschnittstelle zweier Objekte integrieren, sind jedoch sicher schwieriger aufeinander abzubilden.

Aspekte der Benutzeroberfläche

Die umfangreichen Änderungen und Erweiterungen, die mit der Version 2 von OLE eingeführt wurden, führen auch zu Änderungen an der Benutzeroberfläche: Insgesamt wurde ein direkter und intuitiver Umgang mit der Objektintegration erreicht.

direkt und intuitiv

Neben der einfachen, zugleich aber mächtigen Bedienung der unterschiedlichen Techniken der Objektintegration betreffen die wichtigsten Neuerungen vor allem folgende Punkte:

Neuerungen

- Editieren eingebetteter Objekte vor Ort, d.h. in der einbettenden Anwendung, durch Visual Editing

- Übernehmen von Objekten aus der Server-Applikation und Ablegen an Ort und Stelle in der Container-Applikation durch Drag&Drop

Das gesamte Benutzermodell von OLE 2 ist stärker als bisher dokumentenorientiert ausgelegt: Das Dokument ist Zentrum des Bearbeiter- wie des Entwickler-Interesses; im Dokument als Container werden Informationen gebündelt. Um dies zu erreichen, wird dieses eine Dokument mit ggf. mehreren unterschiedlichen Werkzeugen (Applikationen) erzeugt. In einem Dokument werden unterschiedliche Objekte (Informationseinheiten) zusammengesetzt.

Dokument ist im Zentrum

Daraus ergeben sich eine Reihe von Punkten, die im Hinblick auf ihren Einfluß auf die Umsetzung an der Benutzeroberfläche einer näheren Betrachtung bedürfen:

- Objekte aus Benutzersicht

- Objektstadien und Benutzerfeedback: Kenntlich machen und Auszeichnen von Objekten in unterschiedlichen Zuständen innerhalb eines Dokuments

- Möglichkeiten und Vorgehensweisen um Objekte in ein Dokument zu integrieren

- Editieren von integrierten Objekten in einem Dokument

- Erhaltung der Konsistenz der Verbindung zwischen integrierten Objekt und der zugehörigen Applikation

5.1 Benutzermodell

Leitfaden für die Ausgestaltung der Benutzerschnittstelle für die Objektintegration sind eine Reihe von Festlegungen über die Interaktion eines Benutzers mit Informationen in integrierten Dokumenten: das Benutzermodell. Der Benutzerschnittstelle des OLE 2 Systems liegt folgendes Benutzermodell zugrunde:

Benutzermodell in OLE 2

Ein Benutzer erstellt und verändert unterschiedliche Typen von Information (Objekte), die in einem Dokument zusammengefaßt sind.
Wenn der Benutzer seine Aufmerksamkeit einem bestimmten Objekt zuwendet, werden die damit verbundenen Kommandos und Werkzeuge verfügbar und erlauben dem Benutzer innerhalb des zusammenfassenden Dokuments eine direkte Interaktion mit dem Objekt (in-place activation). Objekte können unter Beibehaltung ihrer Editier- und Anwendungsfunktionalität innerhalb von Dokumenten und über Dokumentgrenzen hinweg umgesetzt werden (embedding). Zusätzlich kann Information verknüpft werden, so daß Änderungen eines Objekts automatisch auch in einem anderen sichtbar werden (linking).

Intention des Benutzers

Damit in engem Zusammenhang zu sehen, ist auch die Vorstellung, die der Anwender von seinen Arbeitsinhalten, den Informationen, hat:

- Der Benutzer erstellt und bearbeitet eine eigenständige Informationseinheit – ein Objekt.

- Diese Informationseinheit, das Objekt, hat, festgelegt durch seinen Typ, ein eigenständiges Verhalten.

- Kommandos und Werkzeuge werden über das Objekt dem Benutzer zugänglich gemacht, wenn der Benutzer sein Bearbeitungs-Augenmerk darauf richtet.

Aus Benutzersicht ist ein OLE-2-Objekt eine Informationseinheit, die in ein Dokument integriert ist und deren Verhalten immer gleich ist, ungeachtet der Umgebung, in der es sich befindet. Das Verhalten eines Objekts wird ausschließlich durch das Objekt selbst bestimmt und nicht durch den Container, in dem es enthalten ist.

Der Benutzer arbeitet mit Objekten, die er bei Bedarf aktiviert und die ihm daraufhin die nötigen Werkzeuge zur Bearbeitung zur Verfügung stellen. Er arbeitet in diesem Sinne mit einer objektorientierten Benutzeroberfläche.

Objekte bieten Werkzeuge nach Bedarf an

Solche Informationseinheiten, Objekte, können Ausschnitte von Dateien aus unterschiedlichsten Applikationen sein: Text, Absätze, Tabellen, Darstellungen, Graphiken, Bilder, Ton, aber auch beliebige andere Information-, Aktions- oder Daten-Träger sein.

In einer integrierenden Applikation und deren Dokumenttypus, dem Container, werden die Einheiten zusammengefaßt.

Beispieldokument

Ein solches Dokument, das verschiedenste Objekte aus anderen Applikationen enthält, zeigt folgendes Beispiel.

Einzelne Objekte sind in ein Textdokument als Container integriert – die Textapplikation dient als Containerapplikation und nimmt Informationseinheiten aus anderen Applikationen auf.

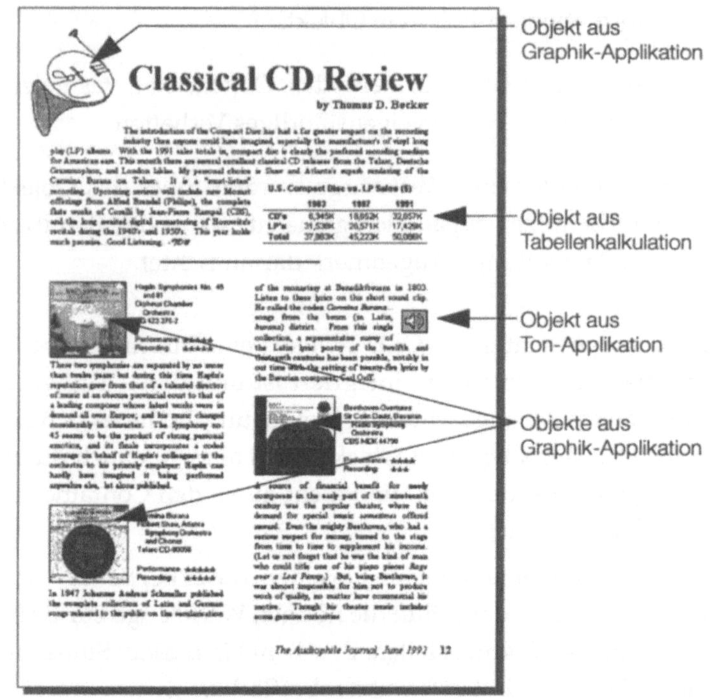

Abb. 5-1
Integriertes Dokument mit Objekten aus unterschiedlichen Applikationen

Integriert werden in dieses Dokument vor allem Objekte im Dokumentenformat eines Pixel-Editors, die in dieser Applikation als Serverapplikation erzeugt (Horn) oder eingescannt (CD-Cover) wurden und die ggf. auch durch diese Applikation editiert werden.

Abb. 5-2
Grafikobjekte

Ein weiteres in das Textdokument integriertes Objekt ist ein Ausschnitt aus einem Musikstück. Da dieses nicht wie bei Grafikobjekten direkt visualisierbar ist, muß es durch ein

Symbol oder Icon dargestellt werden. Nur auf eine explizite Aktivierung hin kann es in der ihm eigenen Form dargestellt – abgespielt – werden. Natürlich kann das Abspielen des Musikstücks oder allgemein die Aktivierung eines nicht visualisierbaren Objekts auch durch ein beliebiges anderes Symbol ausgelöst werden – so etwa durch die Graphik des Horns. Wird das Dokument auf einem Drucker ausgegeben, so geht natürlich diese Funktionalität verloren. Dennoch sind seine Daten, genau wie die erwähnten Graphiken, Teil des Dokuments.

Abb. 5-3
Visualisierungen
für ein eingebettetes
Klangobjekt

Das Dokument enthält zudem ein Objekt aus einer Tabellenkalkulation, das sich aus einigen in Reihen und Spalten angeordneten Zellen zusammensetzt.

U.S. Compact Disc vs. LP Sales ($)

	1983	1987	1991
CD's	6,345K	18,652K	32,657K
LP's	31,538K	26,571K	17,429K
Total	37,883K	45,223K	50,086K

Abb. 5-4
Objekt aus einer
Tabellenkalkulation

Im – neutralen – Zustand der reinen Anzeige entspricht es einer Tabelle, wie sie auch mit Mitteln des Textsystems hätte erzeugt werden können. Der große Vorteil dabei, diese Tabelle als Objekt aus einer Tabellenkalkulation zu integrieren, besteht darin, daß sie dabei „am Leben bleibt": In der Tabelle können nach wie vor Berechnungen vorgenommen werden, indem das Objekt aktiviert und daraufhin dessen Bedienoberfläche (die Serverapplikation) zugänglich wird.

5.2 Objektdarstellung

neutraler Zustand
ohne Markierung

Die obige Darstellung zeigt die einzelnen Objekte im neutralen Zustand – keines der Objekte ist optisch ausgezeichnet oder befindet sich in einem hervorgehobenen Zustand. Dieses Erscheinungsbild tragen die Objekte, wenn das Containerdokument nur angezeigt wird oder der Bearbeiter gerade Änderungen am Text selbst als Datentyp des Containerdokuments vornimmt.

Show Objects

Anzeige von Objekten
aus anderen
Applikationen

Um auch in diesem Fall der reinen Anzeige des Dokuments sehen zu können, welche Teile des Dokuments nicht generisch aus der Containerapplikation, sondern als Objekte aus anderen Applikationen stammen, ist für Containerapplikationen als Menüpunkt das Kommando *Show Objects* vorgesehen.
Wird *Show Objects* angewählt, so werden alle Objekte mit einem dünnen schwarzen Rahmen umgeben angezeigt.

- Handelt es sich um eingebettete Objekte, so ist die Linie des Rahmens durchgezogen.

- Handelt es sich um ein verknüpftes Objekt, so ist die Linie des Rahmens gepunktet dargestellt.

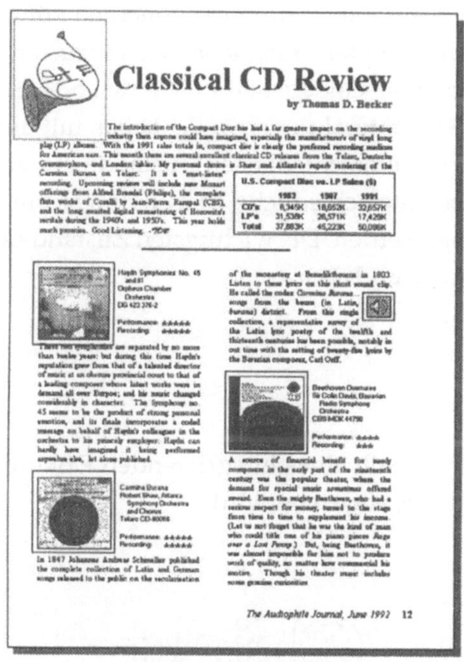

Abb. 5-5

Dokument mit über
Show Objects aktivierter
Objektmarkierung

Damit kann ohne direkte Interaktion mit einem Objekt schnell festgestellt werden, welche Teile eines integrierten Dokuments von außen kommen und auf welche Weise sie eingebunden wurden: verknüpft (linked) oder eingebettet (embedded). Tritt bei verknüpften Objekten der Fall auf, daß ihre Aktualität durch den Container nicht garantiert werden kann, so wird dies durch eine graue gepunktete Linie um das Objekt dargestellt.

graue, gepunktete Linie
für
„Aktualität des Links
nicht gewährleistet"

Der Schalter »Show Objects« wirkt immer auf alle integrierten Objekte. Auf den Zustand eines Objekts hat diese Anzeige daher keinen Einfluß. Insbesondere werden die Objekte dadurch nicht selektiert oder aktiviert. (Schon alleine die gleichzeitige Aktivierung von mehr als einem Ton-Objekt ist von benutzerergonomischer Seite her schwer vertretbar.)

5.3 Objektzustände

Bei der Arbeit mit integrierten Dokumenten können die Objekte in mehreren unterschiedlichen Objektzuständen auftreten. In diesen unterschiedlichen Zuständen oder Stadien sind unterschiedliche Interaktionsmöglichkeiten mit den Objekten gegeben. Diese unterschiedlichen Zustände müssen dem Benutzer durch unterschiedliche Markierungsformen für Objekte angezeigt werden. Die wichtigsten Zustände sind: *inactive, selected, active* und *open*.

incactive,
selected,
active,
open

Inactiv

Ein Objekt innerhalb eines integrierenden Dokuments ist *inaktiv*, wenn es nur angezeigt wird.

Abb. 5-6
Objekt im Zustand
inactiv

Der Anwender arbeitet in anderen Bereichen des Dokuments und hat seine Aufmerksamkeit nicht dem Objekt gewidmet. Ggf. ist ein anderes Objekt gerade im Zentrum des Bearbeiterinteresses oder er ist mit Operationen an der Benutzeroberfläche des Containerdokuments befaßt.

Ein inaktives Objekt trägt am Bildschirm keinen Rahmen oder sonstige Markierungen. Durch das Container-Kommando »Show Objects« (siehe oben) kann zwar ein Rahmen um Objekte angezeigt werden, dieser dient jedoch nur der Markierung und damit der Anzeige, daß es sich um ein integriertes Objekt handelt. Die Anzeige dieses Rahmens hat auf den Zustand des Objekt keinen Einfluß.

presentation data

Die Anzeige eines inaktiven Objekts erfolgt in seiner Präsentationsform, d.h. zur Anzeige gebracht werden die dem Container zugänglichen *presentation data*. Bei graphisch darstellbaren Daten (Bilder, Tabellen) geschieht die Anzeige durch eine geeignete Repräsentation der Daten, bei graphisch

nicht (z.B. Ton oder Steuerkommando) oder nur eingeschränkt (z.B. Video) darstellbaren Daten wird die Anzeige
über ein graphisches Symbol realistiert.

Durch Klicken in einem beliebigen Dokumentbereich
außerhalb des Objekts kann von jedem anderen Objektzu-
stand wieder in den inaktiven Zustand zurückgewechselt
werden.

Selected

Durch einen einfachen Mausklick kann ein Objekt selektiert
werden. Die Tatsache, daß ein Objekt selektiert ist, wird optisch in der gleiche Weise dargestellt, in der die Containerapplikation normalerweise alle seine Selektionen anzeigt: mit
einer durchgezogenen Linie umrandet und mit Selektionspunkten versehen.

Abb. 5-7
selektiertes Objekt mit
charakteristischen
Selektionspunkten

In einem Container können auch mehrere Objekte gleichzeitig selektiert sein, was auf die Darstellung keinen Einfluß hat,
wohl jedoch für den Satz der für die Selektion anwendbaren
Aktionen.

Im selektierten Zustand kann eine Objektdarstellung mit
Mitteln der Containerapplikation bearbeitet werden: Es kann
verschoben werden, es kann durch Ziehen mit der Maus an
den Selektionspunkten in der Größe verändert und es kann
kopiert werden.

Bearbeitung mit
Mitteln der
Containerapplikation

Standardkommandos

Zudem kann die Containerapplikation Kommandos (*verbs*)
bereitstellen, die auf das Objekt angewandt werden können.
Welche Kommandos dies sind, ist vom jeweiligen Objekttyp

abhängig und kann von der Containerapplikation über die zentrale Registratur abgefragt werden. Normalerweise sind dies bei graphisch darstellbaren Objekten die Kommandos *Edit* »Edit« und »Open«, bei anderen Objekttypen u.a. Komman-*Open* dos wie »Play«. Diese im selektierten Zustand möglichen *Play* Kommandos werden entweder über ein dynamisch modifi-ziertes Pulldown-Menü des Containers (normalerweise *Objekt-Popup durch* »Edit«) bereitgestellt, oder sie werden durch ein Popup-*rechte Maustaste* Menü zugänglich, das durch Drücken der rechten Maustaste auf dem Objekt erscheint.

Durch Ausführen eines dieser Kommandos wird ein Objekt normalerweise in den aktiven Zustand versetzt.

5.4 Editierzustände

Serverapplikation Die Objektzustände *active* und *open* unterscheiden sich in den *geladen* damit eröffneten Einflußmöglichkeiten auf die Objektdaten kaum, in ihrer Präsentation für den Bediener hingegen sehr deutlich. In beiden Fällen öffnet das Objekt seine Benutzer-schnittstelle und damit steht die Editierfunktionalität für das Objekt zur Verfügung.

active • Bei *active* ist die Benutzerschnittstelle in diejenige der Containerapplikation integriert und es wird kein zusätz-liches Fenster am Bildschirm angezeigt. Diese Visualisie-rung der Objektbearbeitung wird auch als In-Place Acti-vation oder Visual Editing™ bezeichnet.

In diesem Zustand können nur eingebettete Objekte versetzt werden.

open • Bei *open* wird die Benutzerschnittstelle des Objekts in ei-nem getrennten, neuen Fenster zur Verfügung gestellt. Die Serverapplikation wird getrennt von der Container-applikation in einem anderen Fenster aktiviert.

Verknüpfte Objekte können nur in diesem Zustand editiert werden.

Der aktive Zustand eines Objekts, d.h. die Tatsache, daß die Editierfunktionalität dem Bearbeiter innerhalb der Containerapplikation zugänglich ist, wird markiert, indem das Objekt umrandet wird mit einer durchgezogenen Linie, die an den Außenseiten Selektionspunkte trägt. An der Außenseite dieser Linie läuft eine Umrahmung in der gleichen Breite wie die Selektionspunkte, die aus parallelen, schräg nach oben laufenden Linien besteht (*hatch border*).

Abb. 5-8

Aktives Objekt mit

hatch border

Wenn es für Editieraktionen auf das Objekt sinnvoll erscheint, kann das Objekt auch weitere Dekorationsstücke seiner Benutzeroberfläche zusätzlich zu dieser Standardmarkierung für aktive Objekte mit anzeigen, die ggf. auch angrenzende, nicht aktive Bereiche überdecken. Bei einem Objekt aus einer Tabellenkalkulation können dies z.B. die Bezeichnungen für Reihen und Spalten sein.

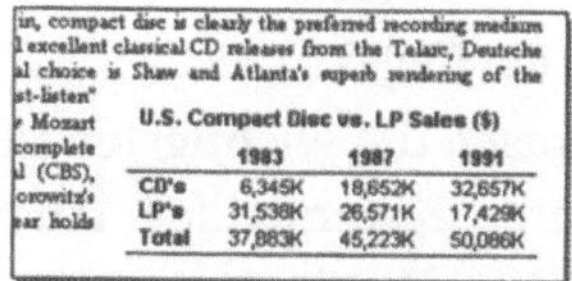

Abb. 5-9

Aktiviertes Objekt zeigt

zusätzliche

Editierhilfsmittel.

Innerhalb des auf diese Weise markierten Bereichs sind die Kommandos gültig und anwendbar, die im Moment von der Benutzeroberfläche angezeigt werden. Wird der Mauszeiger ohne Klicken über diese Fläche bewegt, so nimmt er die für die Serverapplikation des Objekts typische Form an; wird innerhalb dieses Rahmens geklickt, so gelten diese Mausklicks der Serverapplikation, wird außerhalb der Markierung geklickt, so werden die Mausklicks von der Containerapplikation interpretiert.

Aktivierung

Primary Verb

Ein Objekt kann aktiviert werden, indem sein *primary verb* ausgeführt wird – das in der zentralen Registratur eingetragene Standard-Kommando (meist `edit` oder `play`). Es kann, abhängig von Containerapplikation und Objekttyp, mehrere Möglichkeiten geben, ein Objekt mittels dieses Verbs in den aktiven Zustand zu versetzen. Diese Möglichkeiten, um ein Objekt zu aktivieren, sind:

active

- Doppelklick
  auf das inaktive oder selektierte, eingebettete Objekt

- Menüfolge »Edit«→»<Objekttyp> Object«→»Edit«
  in der Benutzeroberfläche der Containerapplikation nach Selektieren des Objekts.

  Dieser Menüpunkt und sein Untermenü wird mit dem Selektieren des Objekts dynamisch in das Pull-down-Menü »Edit« der Benutzeroberfläche der Containerapplikation eingetragen.

- Menü-Eintrag »Edit« über rechte Maustaste
  auf dem inaktiven oder selektierten Objekt.

  Dieses Menü enthält dynamisch die wichtigsten für das jeweilige Objekt anwendbaren Kommandos. Auch hier steht der Menüpunkt »Edit« zur Verfügung.

- Taste *Enter* oder Alt+Enter
  bei selektiertem, eingebetteten Objekt.

Bedeutung

Der aktive Zustand und seine beschriebene Markierung stehen für das Objekt, auf das Visual Editing™ (In-Place Activation) angewandt wird! Dabei wird das Objekt an Ort und Stelle, ohne Änderung seiner Größe oder Darstellung, ohne Änderung seiner Position am Bildschirm und ohne Brüche im Bearbeitungsfluß des Anwenders editierbar. Hierfür werden temporär (solange sich das Objekt im aktiven Modus, markiert durch obige Darstellung, befindet) die Editierkommandos der für das Objekt zuständigen Serverapplikation in die Menüstruktur und Benutzeroberfläche der Containerapplikation nahtlos eingebaut.

*aktive Markierung bei
Visual Editing*

Ladeverhalten

Ein sehr wichtiger Faktor bei der Aktivierung eines Objekts ist das Ladeverhalten und die Ladezeit der Benutzerschnittstelle des Objekts, d.h. der Serverapplikation. Die Serverapplikation muß „glatt" und gleitend geladen werden; ohne ein Titelfenster oder andere deutliche Hinweise auf die Änderung der Umgebung, und seine Integration in die Benutzerschnittstelle der Serverapplikation darf nicht mit Inkonsistenzen der Menüstruktur oder Zuckungen des Bildschirmaufbaus einhergehen. Die Aktivierung des Objekts muß so reibungslos und unscheinbar wie möglich erfolgen.

*gleitendes und
reibungsloses Laden der
Serverapplikation ohne
Bruch in der
Benutzerschnittstelle*

Beenden

Der aktive Zustand wird verlassen und damit die Benutzeroberfläche eines integrierten Dokuments wieder auf die der Containerapplikation umgeschaltet, indem an beliebiger Position im Containerdokument außerhalb des Objekts geklickt wird. Da während der aktiven Phase des Objekts alle daran vorgenommenen Änderungen sofort Bestandteil der Objektdaten im Containerdokument werden, sind Aktionen wie explizites Updaten der Änderungen nicht nötig und werden folglich beim Beenden der Serverapplikation auch nicht abgefragt.

*Beenden durch
Klicken außerhalb
des Objekts*

*kein expliziter Update des
Objekts nötig*

5.5 open

Im Zustand *open* steht die Benutzeroberfläche eines Objekts in einem eigenen, von der Containerapplikation getrennten Fenster zur Verfügung. In diesem Fenster läuft die Serverapplikation und bietet die Funktionen zum Editieren des Objekts, das ebenfalls im anderen Fenster angezeigt wird, an. Das Editieren von OLE-1-Objekten und von verknüpften Objekten ist nur in einem getrennten Fenster möglich.

Zwei unterschiedliche Formen

Der Zustand *open* beschreibt genau genommen zwei geringfügig unterschiedliche Zustände und kennt daher auch zwei unterschiedliche Markierungen: Ein Objekt, das mit seiner Benutzerschnittstelle in einem getrennten Fenster angezeigt wird, kann in der Containerapplikation deselektiert werden, ohne daß dadurch die Serverapplikation beendet würde.

open (selected)
open (not selected)

Daher sind die Zustände *open (selected)* und *open (not selected)* zu unterscheiden. Der Zustand der Editierbarkeit, der erste Zustand, der nach Anwendung der entsprechenden Kommandos eingenommen wird, ist der Zustand *open (selected)*.

open (selected)

Ein geöffnetes Objekt, dessen Benutzerschnittstelle in einem getrennten Fenster zugänglich ist, wird in der Containerapplikation markiert, indem es mit einer schräg nach rechts oben verlaufenden, aber transparenten, Schraffur überdeckt wird.

Trotz der transparenten Überdeckung durch die Schraffur sind Änderungen, die über die Benutzerschnittstelle in dem getrennten Fenster am Objekt vorgenommen werden, sofort auch unterhalb der Schraffur in dem Objekt im Containerdokument sichtbar. Das Update während Editieraktionen erfolgt in Echtzeit.

Abb. 5-10
Markierung geöffneter
Objekte: open (selected)

Open (not selected)

Nur über den Zustand *open (selected)* erreichbar ist der Zustand *open (not selected)*. Dieser Zustand, d.h. seine Markierung, bedeutet, daß die Serverapplikation zwar mit den zu bearbeitenden Objektdaten geladen ist und in einem eigenen Fenster am Bildschirm läuft, das Objekt in der Containerapplikation jedoch gerade deselektiert ist. Die Markierung dieses Zustands sieht ähnlich aus wie bei open, nur daß die Selektionszeichen (Umrandung und Selektionspunkte) fehlen.

Serverapplikation
geladen,
jedoch nicht aktiv

Abb. 5-11
open (not selected)

Im Gegensatz zu active können beliebig viele Objekte gleichzeitig im Zustand open sein, da sie ja in getrennten Fenstern am Bildschirm bearbeitet werden. Zu einem gegebenen Zeitpunkt kann jedoch immer nur ein Objekt open (selected) sein, andere Objekte wechseln dann in den Zustand open (not selected).

Das Editieren von verknüpften Objekten erfolgt standardmäßig, durch das Primary Verb, immer im Zustand open, d.h. in einem getrennten Fenster. Damit wird dem Benutzer bedeutet, daß er im Container nicht die eigentlichen Objektdaten verfügbar hat, sondern diese an einer *anderen Stelle* liegen und im Container nur angezeigt werden. Zum Editieren werden die Daten an der *anderen Stelle* geöffnet.

Aber auch für eingebettete Objekte sollte die Möglichkeit, sie durch »open« in einem vom Container getrennten Fenster zu öffnen und zu editieren, ggf. zusätzlich zu Visual

Editing gegeben sein, da die damit geladene Serverapplikation noch umfangreichere Editiertools zur Verfügung stellen kann als sie bei Visual Editing angeboten werden können. Bei Objekten, die Visual Editing bereitstellen, sollte dies jedoch nicht die Standardaktion sein.

Aktivierung

Die Möglichkeiten, ein Objekt zum Editieren in den Zustand *open* zu versetzen, sind:

open
- **Doppelklick**
  auf das inaktive oder das selektierte, verknüpfte Objekt

- Menüfolge »Edit«→»<Objekttyp> Object«→»Open«
  in der Benutzeroberfläche der Containerapplikation nach Selektieren des Objekts.

- Menü-Eintrag »Open« über rechte Maustaste
  auf dem inaktiven oder selektierten Objekt.

- Taste *Enter* oder Alt+Enter
  bei selektiertem, verknüpftem Objekt.

Sichtweise

Das Editieren eines Objekts im Zustand open gleicht der Objektbearbeitung unter OLE 1: Die Objektdaten werden von der dafür zuständigen Serverapplikation in einem getrennten Fenster editiert.

Es besteht jedoch ein wesentlicher Unterschied zwischen dem Editieren eines Objekts bei OLE 1 und dem Öffnen eines Objekts bei OLE 2: Während bei OLE 1 der Benutzer den Eindruck hat, während des Editierens das Objekt gleichsam doppelt vor sich zu haben, einmal im Container und einmal in der Serverapplikation und er auch die Veränderungen und Auswirkungen seiner Editieraktionen im Containerdokument nicht unmittelbar sehen kann, hat er bei OLE 2 unveränderlich den Eindruck, das Objekt tatsächlich im Container zu bearbeiten – nur eben über ein etwas besseres „Sichtgerät" und mit umfangreicheren Hilfsmitteln.

Jegliche Änderungen am Objekt werden bei OLE 2 unmittelbar und sofort am Objekt, das unter der Markierungsschraffur im Containerdokument liegt, sichtbar. Dies geschieht automatisch und ohne Zutun des Benutzers! Es ist daher bei OLE 2 insbesondere nicht nötig, explizit über ein Kommando einen Update des Containerdokuments durchzuführen.

Der Zustand open kann beendet werden, indem in der Serverapplikation das Kommando »close« abgesetzt wird.

5.6 Statusübergänge

Die bisher beschriebenen Objektzustände und die Regeln und Kommandos, nach denen diese Objektzustände geändert werden können, entsprechen der Standardregel von OLE 2 zur Objektaktivierung: der *outside-in* Regel.

* Die Outside-In-Regel zur Objektaktivierung bedeutet, daß einem Laden der Benutzeroberfläche eines Objekt und damit dem Starten des Servers eine explizite Benutzeraktion vorausgehen muß: ein Doppelklick oder die Anwahl eines Menüpunktes.

  Da Objektserver normalerweise eine gewisse Zeit in Anspruch nehmen, sollen sie nicht versehentlich aktiviert werden können, sondern nur auf explizite Anforderung hin.

  Alle OLE-2-Objekte sollten nach der Outside-In-Regel aktiviert werden.

* Die Inside-Out-Regel für die Aktivierung wird für Kontrollelemente verwendet, die innerhalb kürzester Zeit ein Benutzerfeedback bieten können. Die Aktivierung sollte über einfachen Mausklick möglich sein. Typischerweise zeigt der Container eines integrierten Dokuments ein In-

side-Out-Verhalten, da seine Benutzerschnittstelle und Bedienung über einfache Mausaktionen verfügbar ist.

Die Statusübergänge nach der in OLE 2 zur Objektaktivierung standardmäßig angewandten Outside-In-Regel hier noch einmal im Überblick:

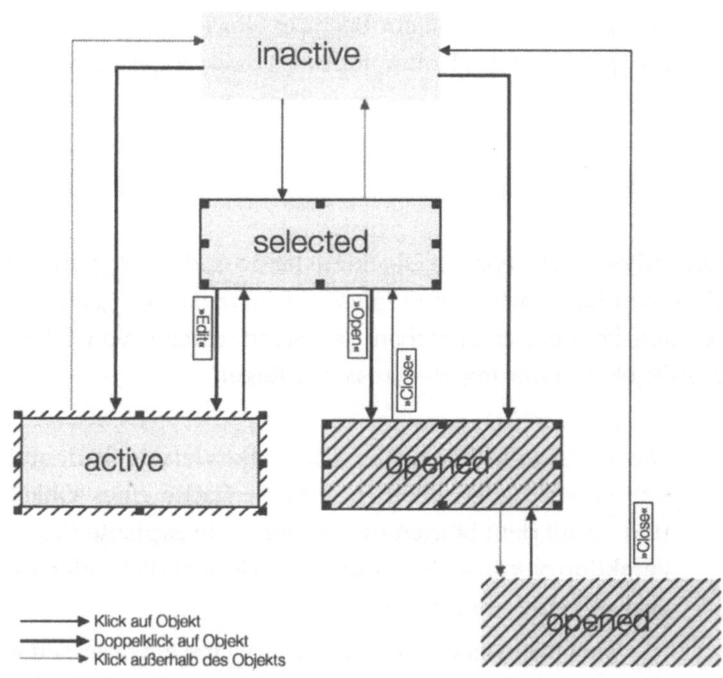

*Abb. 5-12
Statusübergangs-
Diagramm
(outside-in)*

5.7 Übersicht: Objektmarkierungen

Die folgende Tabelle zeigt ein Objekt in allen seinen möglichen Markierungsformen innerhalb eines Containerdokuments:

- neutral; Objekt nicht aktiv;
- keine Markierung

- *Show Objects*: eingebettetes Objekt
- Objekt ist umrahmt mit durchgezogener Linie.

- *Show Objects*: verknüpftes Objekt
- Objekt ist umrahmt mit gepunkteter Linie.

- *Show Objects*: verknüpftes Objekt (Aktualität nicht gewährleistet)
- Objekt ist umrahmt mit grauer, gepunkteter Linie.

- selected state; Objekt selektiert
- Objekt ist mit durchgezogener Linie mit Ansetzpunkten innen umrahmt

- active state;
- Objekt in-place editierbar (Visual Editing)
- Objekt ist umrahmt mit durchgezogener Linie (ggf. mit Ansetzpunkten außen) und schraffiertem Rahmen außen.

- open (selected) state
- Objekt wird in getrenntem Fenster editiert
- Objekt ist mit Schraffur transparent überdeckt und mit durchgezogener Linie und Ansetzpunkten innen umrahmt.

- open (not selected) state
- Objektserver ist in getrenntem Fenster geladen, jedoch gerade nicht aktiv.
- Objekt ist mit Schraffur transparent überdeckt.

Tab. 5-1

Objektzustände und Markierungsformen

5.8 Vorgehensweise zur Objektintegration

Bei der Erstellung von integrierten Dokumenten ist für den Benutzer wichtig, wie, d.h. mit welchen Arbeitsabläufen und Bildschirm-Dialogen Objekte, die an anderer Stelle auf dem System bereits existieren oder die neu zu erstellen sind, in ein Containerdokument integriert werden können.

Neben der Realisierung der Benutzeroberfläche für das Editieren von integrierten Objekten ist dies ein weiterer elementarer Bereich, in dem dem Endbenutzer die sehr komplexe OLE-2-Technologie übersichtlich aufbereitet und konsistent nahegebracht werden muß. Nicht zuletzt die Ergonomie *Ergonomie* der Vorgehensweise zur Integration von Objekten wird darüber entscheiden, wie weit sich die OLE-2-Technologie der integrierten Dokumente durchsetzen kann.

In OLE 2 stehen mehrere Möglichkeiten und damit auch *Dialogfolgen* mehrere Bildschirm-Interaktionsfolgen zur Verfügung um, ausgehend von einer Containerapplikation, Objekte einzubauen. Diese Hauptbereiche sind:

»Insert Object...«
- Dialogfolge *»Insert Object...«*
  die universellste Vorgehensweise, die es erlaubt, neue Objekte mit registrierten Servern zu erstellen, Objekte aus Dateien per Verknüpfung oder Einbettung zu übernehmen und Objekte auch als Icon im Container darzustellen

Clipboard und
»Paste Special...«
- Clipboard und Dialogfolge *»Paste Special...«*
  traditionelle Vorgehensweise des Objekttransfers zwischen Applikationen über *Copy-Paste* auf das Clipboard mit ähnlichem Einfüge-Dialog wie bei »Insert Object«; auch innerhalb eines Containers

Drag&Drop
- Methode *Drag&Drop*
  die eleganteste und vermutlich intuitivste Möglichkeit des Objekttransfers zwischen Applikationen, bei der ein Objekt einfach mit der Maus von einer Applikation in eine andere (oder auch innerhalb eines Containers) verschoben werden kann

Ziel bei allen Aktionen zum Objekttransfer ist das Container-dokument, da durch OLE 2 das dokumentenzentrierte Arbeiten unterstützt werden soll. Im günstigsten Fall wird die Aktion zur Objektintegration aus dem Container heraus ausgelöst – wo sie dann auch wieder ihr Ziel findet (»Insert Object«). Die anderen beiden Möglichkeiten (Copy–Paste und Drag & Drop) haben den Beginn der Objekttransfer-Aktion in der Serverapplikation und enden in der Containerapplikation.

5.9 Objektintegration über »Insert Object ...«

Über »Insert Object« wird ein sehr flexibler, dennoch aber übersichtlicher und einfacher Dialog zur Objektintegration eröffnet: Objekte können sowohl per Verknüpfung als auch per Einbettung in den Container integriert werden. Ein eingebettetes Objekt kann von einer Datei geholt oder neu erstellt werden. Die Repräsentation des integrierten Objekts kann durch ein Symbol (Icon) oder durch volle Darstellung erfolgen.

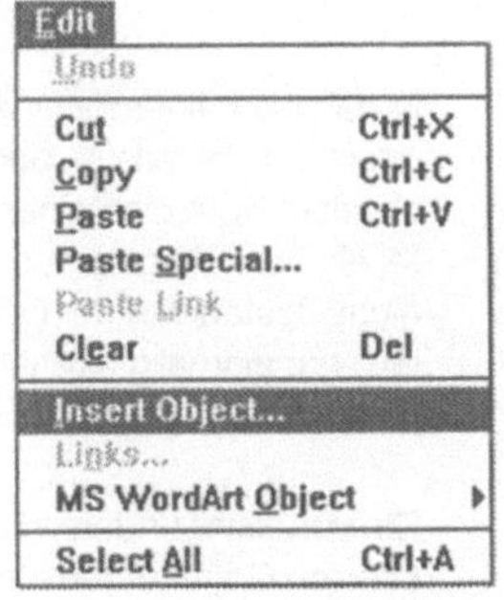

Abb. 5-13
Auslösen des
»Insert Object...«-
Dialogs aus dem
»Edit«-Menü

Der Menüpunkt »Insert Object« als Ausgangspunkt von Aktion und Dialog wird normalerweise in das Pulldown-Menü »Edit« eingehängt, wenn nicht von der Containerapplikation ein anderes, dafür günstiger erscheinendes Menü wie z.B. »Objects...« oder »Insert...« zur Verfügung gestellt wird. Unter dem gleichen Pulldown-Menü sollten jedoch auch die anderen Menüpunkte zur Objektverwaltung erscheinen.

Die folgenden Möglichkeiten und Paramterkombinationen sind bei der Objektintegration über »Insert Object...« erreichbar:

Tab. 5-2

Wahlmöglichkeiten über

den

»Insert Object...«-Dialog

Create New	Ausgehend von der Containerapplikation wird mit Hilfe einer Serverapplikation ein neues Objekt erstellt und in den Container integriert. Entspricht einer funktionellen Erweiterung der Möglichkeiten der Containerapplikation.
Create New Display as Icon	Das neu erstellte Objekt wird als Icon im Containerdokument angezeigt.
Create from File	In das Containerdokument wird ein Objekt integriert, das bereits an anderer Stelle als Datei existiert. Das Objekt wird in das Containerdokument eingebettet und seine Daten werden Bestandteil der Containerdatei.
Create from File Display as Icon	Die von einer anderen Stelle integrierten (eingebetteten) Objektdaten werden im Container als Icon angezeigt.
Create from File Link	In das Containerdokument wird ein Objekt integriert, das bereits an anderer Stelle als Datei existiert. Vom Container aus wird auf diese Datei ein Verweis gelegt, so daß die Objektdaten nicht Bestandteil der Containerdaten werden und nur einmalig existieren.
Create from File Link Display as Icon	Die von einer anderen Stelle als Verweis integrierten Objektdaten werden im Container nur als Icon angezeigt.

Der Menüpunkt »Insert Object« eröffnet zunächst eine Dialogbox *Insert Objects*, die im Aufbau allen anderen Dialogboxen zur Objektverwaltung gleicht.

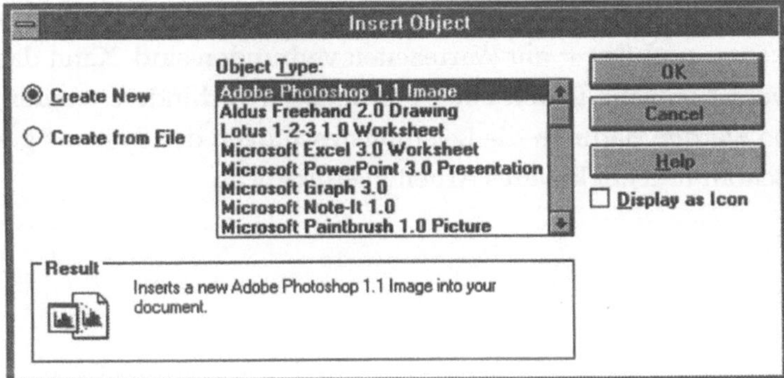

Abb. 5-14
Ausgangs-Dialogbox zu
»Insert Object...«

Result Box

Als neues Gestaltungselement einer Dialogbox sind viele Dialogboxen zur Objektverwaltung mit einer *Result Box* ausgestattet, die eine Erleichterung der Benutzerführung bietet und vergleichbar ist mit der Benutzerführung in der Statuszeile einer Applikation.

Create New

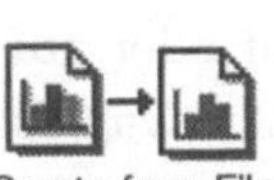
Create from File

Display as Icon

Abb. 5-15
Graphische Symbole für
die Objektintegration

In der Result Box wird mittels eines graphischen Symbols und eines kurzen Textes die Auswirkung der momentanen Einstellung der Dialogbox auf das Containerdokument erklärt, noch bevor die Dialogbox tatsächlich durch »OK« bestätigt wurde. Jede Veränderung der Einstellung in der Dialogbox führt zu einer neuen Erklärung in dieser Result Box. Damit kann der ungeübte Benutzer nicht mehr erst hinterher feststellen, welche Aktionen duch bestimmte Einstellungen ausgelöst werden, sondern er kann die gewünschte oder auch nur mögliche Aktion einfach und interaktiv erfahren.

Diese Information vor Auslösen einer Aktion ist umso wichtiger, als die objektbezogenen Aktionen meist in Bezug auf die Leistungsfähigkeit des Rechnersystems ziemlich aufwendig sind und häufig mit dem Laden einer anderen Applikation und damit mit Wartezeiten verbunden sind. Kann das versehentliche Laden einer Applikation verhindert werden, so werden dadurch die Leistungsressourcen des Systems geschont und effektiveres Arbeiten ermöglicht.

Verhindern unnötiger Aktionen und Ladezeiten

Create New

○ Create New
○ Create from File

Über diese Dialogbox »Insert Object« kann zunächst einmal ausgewählt werden, ob ein neues Objekt erstellt oder ein bereits in einer Datei abgelegtes Symbol geladen werden soll. Standardmäßig ist der Auswahlpunkt *Create New* aktiviert.

In einer Scroll-Liste werden alle auf dem System verfügbaren Applikationen angeboten, die als OLE-Server agieren können. Dazu zählen entsprechende OLE-1-Applikationen wie auch OLE-2-Applikationen. Nach diesen verfügbaren OLE-Servern werden die damit erstellten Objekte in Typen eingeteilt. Die Information über die am jeweiligen System verfügbaren OLE-Server wird der Registrierdatenbasis entnommen.

OLE 1 und OLE 2

Wird »OK« angewählt oder auf den gewünschten Objekt-Typ (Server) in der Auswahlliste doppelt geklickt, so wird die Serverapplikation gestartet und ein neues Objekt kann damit erstellt werden. Der Server wird *In-Place* gestartet, falls Container und Server für Visual Editing eingerichtet sind; ansonsten läuft der Server während der Erstellung des Objekts in einem getrennten Fenster.

sofort sichtbar

Bereits während der Erstellung des Objekts sind alle Änderungen, die daran vorgenommen werden, auch in der Containerapplikation sichtbar – das Objekt ist, während die Serverapplikation aktiv ist, mit der angesprochenen Schraffur-Markierung im Container zu erkennen.

Nachdem die Erstellung des gewünschten Objekts abgeschlossen ist, wird die Serverapplikation beendet. Die Objektdaten müssen dabei nicht von der Serverapplikation abgespeichert werden: Sie sind integrierter Bestandteil des Containers und liegen in dessen Ablagestruktur. Das Objekt wurde in die Containerapplikation eingebettet.

kein getrenntes Abspeichern nötig

Display as Icon

Alle Dialogboxen im Bereich der Integration von Objekten erlauben die Steuerung der Objektdarstellung auf zwei unterschiedliche Arten: die oben bereits angesprochene Standard-Darstellung, bei der graphisch darstellbare Objekte auch permanent in ihrer vollen graphischen Repräsentation dargestellt werden und die Objektdarstellung durch ein Symbol oder Icon.

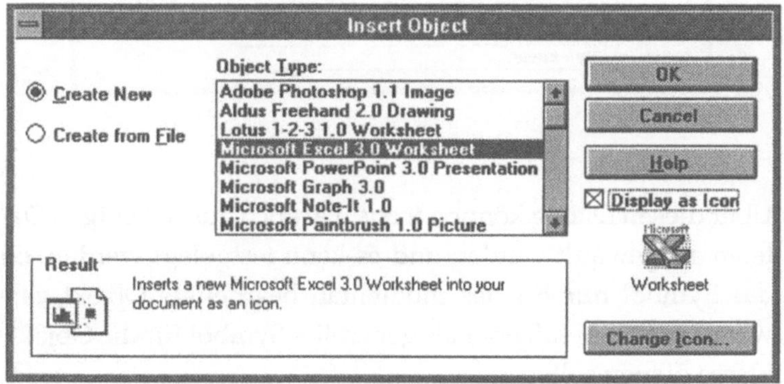

Abb. 5-16
Create New
Display as Icon

⊠ Display as Icon

[Change Icon...]

Prinzipiell können alle Objekte auch als Symbol dargestellt werden – bei nicht visualisierbaren Objekten wie z.B. Klang ist die Symboldarstellung die einzig mögliche Darstellung.

Wird der Auswahlpunkt »Display as Icon« angewählt, so ändert sich die Dialogbox und zeigt in einer Vorschau das Symbol an, unter dem das Objekt in den Container integriert wird. Zusätzlich wird das Auswahlfeld »Change Icon« angezeigt, über das eine neue Dialogbox zur Änderung des Symbols zugänglich wird.

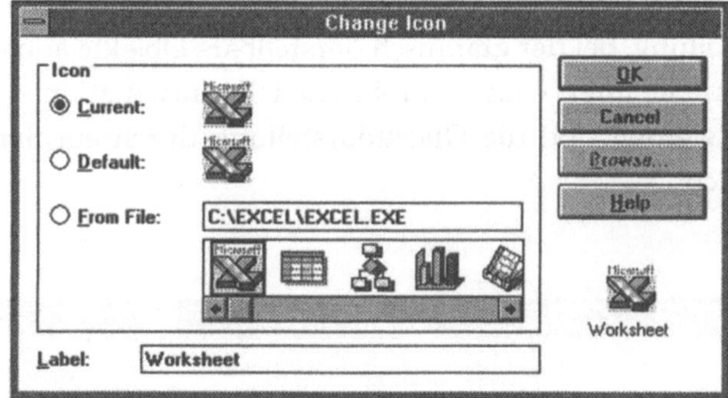

Abb. 5-17

Dialogbox im Rahmen der »Insert Object...«- Dialogfolge zum Ändern des im Container angezeigten Symbols

Über diesen Dialog können Icons u.a. auch aus beliebigen Dateien ausgewählt werden und es kann festgelegt werden, ob das Symbol nur für das momentan bearbeitete Objekt verwendet werden soll oder als generelles Symbol für die Objektklasse dienen soll.

Insbesondere kann über diese Dialogbox die Beschriftung, die unterhalb des Symbols eingeblendet wird, geändert und den Bedürfnissen angepaßt werden.

Durch den Auswahlpunkt »Display as Icon« wird das Programm PACKAGER.EXE unnötig, das bei OLE 1 unter Windows 3.1 die Aufgabe innehat, die Funktionalität eines Objekts in ein Symbol einzupacken.

Create from File

Neben der Möglichkeit, aus einem Container heraus über den Menüpunkt »Insert Object...« neue Objekte zu erstellen und dabei auch gleich zu integrieren, ist es über diesen Menüpunkt und die darauf folgende Dialogbox (siehe auch oben) möglich, bereits bestehende Dateien oder Teile daraus als Objekte zu integrieren.

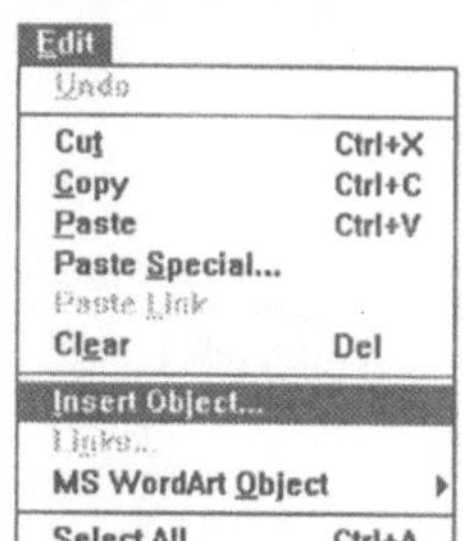

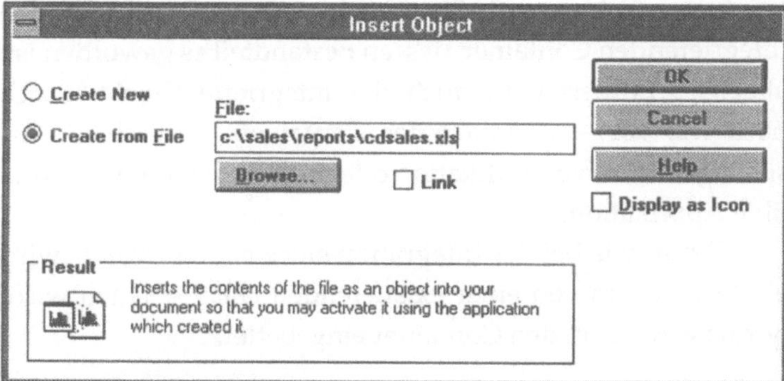

Abb. 5-18
Create from File

Wir der Menüpunkt »Create from File« angewählt, so ändert sich der mittlere Bereich der Dialogbox und statt der Auswahlliste der registrierten und verfügbaren Objekttypen/Serverapplikationen erscheint eine Möglichkeit zur Angabe eines Dateinamen bzw. zur Auswahl eines Dateinamens über eine »Browse«-Dialogbox. Hiermit kann systemweit ein Dateiname ausgewählt werden, dessen Inhalt als Objekt in die Containerdatei integriert wird.

Kopie

Bei der Objektintegration von einer Datei existiert im Gegensatz zur Neuerstellung das Objekt bereits. Durch den Vorgang der Integration wird das Objekt kopiert und seine Daten existieren zwei Mal: einmal die unveränderte Originaldatei, die auch nichts davon „weiß", daß ihre Daten in eine andere Datei integriert wurden, und einmal im Datenbereich des Containers. Die beiden Kopien der Objektdaten sind voneinander völlig unabhängig geworden – Editieraktionen betreffen nur eine von beiden. Das aus einer Datei integrierte Objekt besitzt

Ablage im Container

keine eigene Ablage als Datei mehr, sondern wird über den integrierenden Container, dessen Bestandteil es geworden ist, abgelegt. Editiert wird auch das integrierte Objekt jedoch nach wie vor – innerhalb des Containers – durch die ursprüngliche Serverapplikation oder eine hierzu datenkompatible Applikation.

Genau wie bei der Integration eines neuen Objekts wird ein Objekt, das von einer existierenden Datei geladen wird, normalerweise in den Container eingebettet.

Link

Links sind nur auf Dateien möglich

Bei der Objektintegration von einer Datei erscheint nun auch, im Gegensatz zur Objektintegration über »Create New« die Möglichkeit, das Objekt nicht nur fest in den Container einzubetten, sondern nur einen Verweis, einen Link, auf das eigentliche Objekt zu legen.

Als Link können nur Objekte integriert werden, die aus existierenden Dateien stammen.

☒ Link

Wird ein Link auf ein Objekt gelegt, so werden die Objektdaten nicht kopiert, sondern sie existieren nach wie vor nur einmal: in der Quelldatei. Durch das in den Container integrierte Objekt besteht nur eine Art „Sichtfenster" auf die Daten in der Quelldatei. Ändern sich diese Quelldaten, so erscheint die Änderung auch im integrierenden Container.

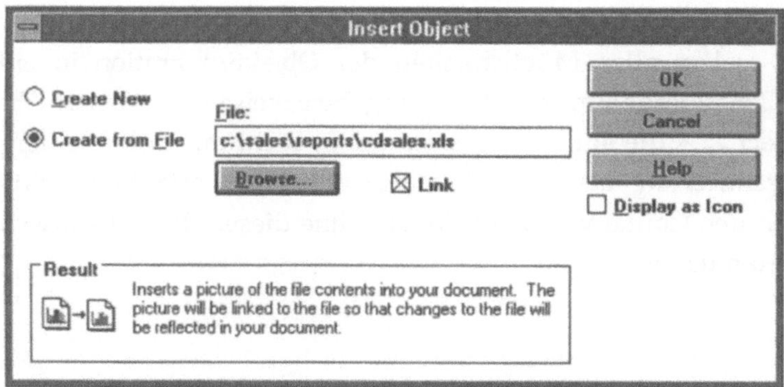

Abb. 5-19
Dialogbox zum
Integrieren eines
Objekts als Link aus einer
existierenden Datei

Dokumentenzentrierte Applikationserweiterung

Die Objektintegration über »Insert Object ... « ist die wichtigste Art der Realisierung eines grundlegenden Konzepts von OLE 2: Vor allem durch diese Methode wird echtes dokumentenzentriertes Arbeiten möglich, da eine Applikation nicht mehr verlassen werden muß, um Objekte, die mit dem Leistungsumfang der Applikation nicht mehr erstellt werden können, zu integrieren.

Durch »Insert Object ... « wird indirekt das Funktionalitätsspektrum einer Applikation erweitert, da über »Create New« die Möglichkeit eröffnet wird, beliebige Serverapplikationen an die Containerapplikation anzuschließen und damit neue Funktionalität in diese einzubringen. Der Benutzer braucht sein Containerdokument nicht mehr zu verlassen, um Funktionen zu benutzen, die von anderen Applikationen geliefert werden.

Erweiterung der Funktionalität einer Applikation, ohne diese zu verlassen.

Funktionell identisch, jedoch aus der Sicht des Benutzers eine noch engere Anbindung eines Servers an einen Client ist es, den »Insert Object ... « Dialog, verbunden mit dem sofortigen Laden eines definierten Objektservers, an einen Button in der Kontrolleiste anzubinden. Durch Anklicken des Buttons kann dann bereits ein bestimmtes Objekt als leeres Objekt eingefügt und anschließend zur Bearbeitung aktiviert werden.

Laden durch Button in der Containerapplikation

Dadurch erhält das Textsystem einen Scanneranschluß mit OCR, der Klangeditor eine Möglichkeit, Bitmaps zu erstellen und die Tabellenkalkulation eine Messdatenerfassung.

Von allen Möglichkeiten der Objektintegration in ein Containerdokument ist die Vorgehensweise über »Insert Object … « die am konsequentesten in Richtung Dokumentenzentrierung ausgerichtete, da sie als einzige erlaubt, Objekte in den Container einzubringen, ohne diesen dafür verlassen zu müssen.

konsequenteste
Dokumentenzentrierung

5.10 Objektintegration über das Clipboard

Die Objektintegration über das Clipboard entspricht in der Vorgehensweise dem althergebrachten und seit geraumer Zeit verfügbaren Ausschneiden einer Selektion aus einer Applikation und Einfügen dieser Daten in einer anderen Applikation. Datenausstausch auf diese Weise ist, wenngleich auch meist nur statisch, ungeachtet des Betriebssystems und der graphischen Oberfläche, bei nahezu allen Applikationen verfügbar. Keine Problem stellt dabei das Ausschneiden oder Kopieren und Einfügen innerhalb der gleichen Applikation dar: Das Problem, daß die einfügende Applikation die Daten nicht verwenden kann, scheidet dabei aus.

Ausschneiden/Kopieren
und
Einfügen

Zum Ausschneiden oder auch Kopieren eines Bereiches aus einer Applikation wird dieser Bereich mit der Maus selektiert und das applikationsspezifische Kommando »Cut« oder »Copy« darauf angewandt. Unter Windows-3.1-Applikationen ist dies neben den dafür vorgesehenen Menüpunkten auch nahezu immer einheitlich mit den Tastenkombinationen Ctrl-X für *Cut* und Ctrl-C für *Copy* möglich.

Ctrl-X
Ctrl-C

Die Daten werden damit in das Clipboard als applikationsübergreifender Zwischenablage übertragen.

Die Daten des Clipboards, die aus einer Applikation ausgeschnitten oder kopiert wurden, können in der gleichen oder in einer anderen Applikation, normalerweise durch die Tastenkombination Ctrl-V, wieder eingefügt werden.

Ctrl-V

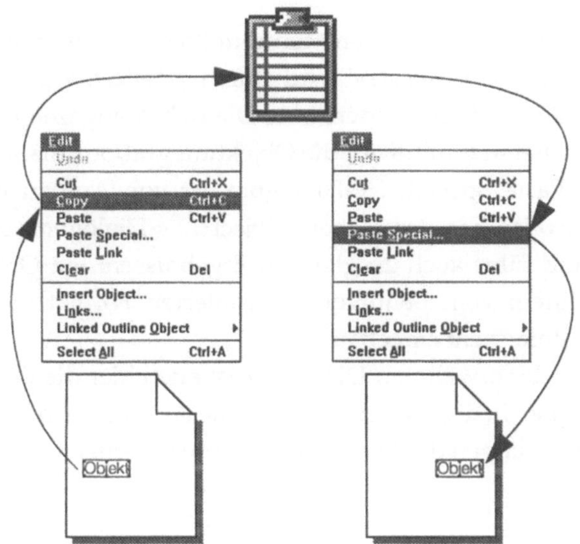

Abb. 5-20

Objekttransfer von der Serverapplikation zur Containerapplikation über das Clipboard

Das Einfügen (Paste) ist auf einige unterschiedliche Weisen und auch – applikationsabhängig – in einigen unterschiedlichen Formaten möglich. Dafür existieren meist folgende Menüpunkte in der Containerapplikation:

Einfügen vom Clipboard

- »Paste«
  einfaches Einfügen im Format der Containerapplikation und ohne OLE-Funktionalität

- »Paste <object type>«
  Einbetten des Objekts vom Clipboard in das Containerdokument

- »Paste Link <object type>«
  Integrieren des Objekts vom Clipboard in das Containerdokument als Link

- »Paste Special... «
  Integrieren des Objekts vom Clipboard in das Containerdokument mit Steuerungsmöglichkeit ähnlich »Insert Object...« in eigener Dialogbox

»Paste Special ...«

Im Gegensatz zu den anderen Menüpunkten zum Integrieren von Objekten über »Paste« wird durch »Paste Special... « nicht sofort eingefügt, sondern eine Dialogbox angezeigt, die umfangreicheren Einfluß auf die Objektintegration zuläßt.

ähnlich
»Insert Object...«

Die »Paste Special... «-Dialogbox ist von Aufbau und Funktionsweise her der »Insert Object... «-Dialogbox sehr ähnlich und führt auch zu gleichen Ergebnissen: Ein Objekt wird in einem vom Benutzer kontrollierten Format in ein Containerdokument eingebaut.

Wie in der erwähnten Dialogbox ist auch hier die Result Box verfügbar, in der erklärt wird, welche Aktion die momentanen Einstellungen der Dialogbox auslösen werden.

Abb. 5-21
Ausgangs-Dialogbox zu
»Paste Special..«

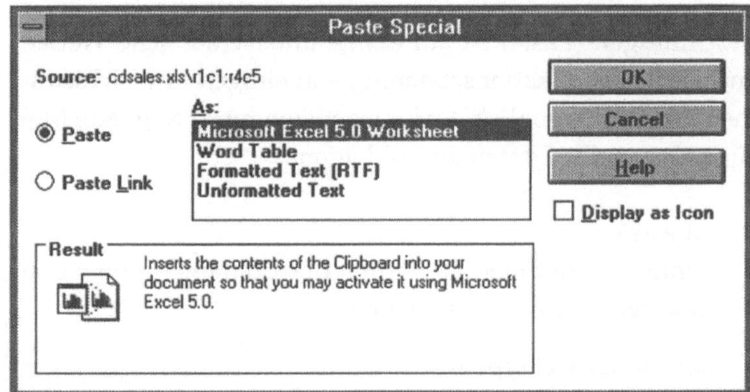

Auch in dieser Dialogbox kann eingestellt werden, ob das zu integrierende Objekt eingebettet wird oder mit einem Link auf die Quelle versehen wird.

Und auch hier kann festgelegt werden, ob das Objekt in der Containerapplikation ausgezeichnet oder als Icon erscheinen soll.

Formate

Das Einfügen eines Objekts vom Clipboard über »Paste Special…« kann in verschiedenen Formaten erfolgen, die in einer Auswahlliste angeboten werden.

Die Zusammensetzung und Länge der Auswahlliste ist abhängig von den Möglichkeiten, die das Objekt zu bieten hat und von den Fähigkeiten des Containers, die Daten des Objekts zu integrieren und darzustellen.

Meist bezeichnet der erste Eintrag in der Liste ein Integrationsformat in OLE-Qualität, d.h. mit den Merkmalen eines OLE-Objekts. Die weiteren Einträge in der Liste (siehe Abbildung 5-21) sind Formate, die der aufnehmende Container versteht und in die er die Objektdaten konvertieren kann. *OLE-Objekt* Damit macht er sie zu von ihm selbst kontrollierten Daten. *oder* Die OLE-Fähigkeit dieser Daten geht verloren – es sind keine *konvertierte Formate* Objekte mehr mit der charakteristischen Möglichkeit, ihre eigene Serverapplikation zu kennen und ggf. zu aktivieren. Diese Daten werden mit den Mitteln der Containerapplikation editiert und kontrolliert.

Quellenangabe

Ein Feld, das es in der Dialogbox »Insert Object…« nicht gibt, zeigt die Quelle des Objekts in einer für die Serverapplikation eindeutigen Form an. Soll ein Zellbereich aus einer Excel-Tabelle als Objekt integriert werden, so erfolgt die Angabe der Quelle mit vollem Pfadnamen zur Datei und innerhalb der *Pfadname,* Datei mit Bezeichnung des daraus kopierten Bereichs. Unter *Dateiname,* einer derartigen Bezeichnung, genannt *Moniker*, wird in *Dateiausschnitt* OLE 2 die Beziehung eines Links zu seiner Quelle aufrechterhalten:

    Source: C:\DATEIEN\OLE\TESTS\TAB.XLS\Z2S1:Z5S2   *Moniker zur Quellangabe*

Link

Wird über den »Paste Special … « Dialog ein Objekt als Link eingefügt, so ändert sich die Dialogbox hierfür nicht: Ein Link kann hier immer eingerichtet werden, da die Quelle des Links zumindest zum Zeitpunkt der Erzeugung des Links existiert.

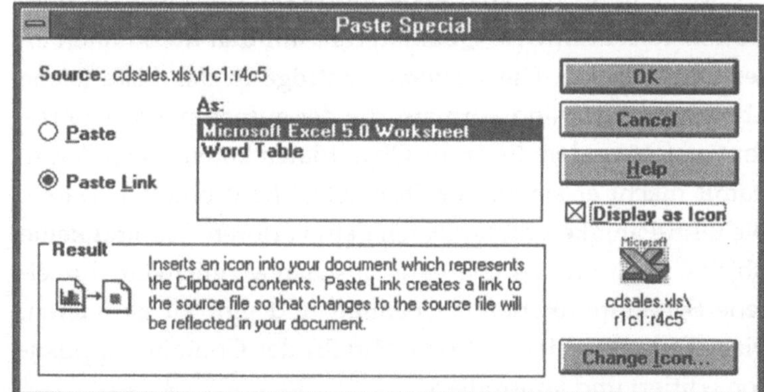

Abb. 5-22
Dialogbox
»Paste Special ..«
bei
Einfügen als Link

Wird »Paste Link« angewählt und damit festgelegt, daß die Objektdaten nicht als Kopie in den Containerbereich abgelegt werden, sondern vom Container aus nur ein Verweis auf die Originaldaten erstellt wird, so verkürzt sich natürlich auch die Liste der möglichen Darstellungsformate: Das Objekt kann dann nur noch als Objekt eingefügt, genauer gesagt: im Container abgebildet werden. Da es durch seine Eigenschaft als Link nach wie vor vom Server kontrolliert werden muß(!), scheidet eine Konvertierung in das Format des Containers aus.

5.11 Objektintegration über Drag&Drop

Der Objekttransfer, über Drag&Drop ist sicher die eleganteste und für einen Benutzer intuitivste Möglichkeit, mit Objekten unterschiedlichster Art am Bildschirm zu hantieren. Bei keiner anderen Methode hat der Benutzer so deutlich das Gefühl, ein Objekt tatsächlich „in der Hand" zu haben und Aktionen damit auszuführen, ohne ein einziges Kommando zu verwenden.

Objekte
in der Hand halten

Drag&Drop bedeutet ganz allgemein, daß ein Anwender beliebige Objekte, die er in seiner Arbeitsumgebung auf dem Bildschirm sieht, mit der Maus „nehmen" und verschieben kann und sie auf anderen, zu den selektierten Objekten in sinnvoller Beziehung stehenden Objekten ablegen kann – und zwar so, daß die Ziel-Objekte „wissen", was mit dem abgelegten Objekt zu tun ist.

Beispiel

Ein Beispiel hierfür ist das Symbol einer Datei, die ausgedruckt wird, wenn es auf das Symbol des Druckers gelegt wird, die per Telefax verschickt wird, wenn sie auf das Symbol eines Faxgerätes gelegt wird, die vorgelesen wird, wenn es auf das Symbol des Lautsprechers gelegt wird und die weggeworfen wird, wenn es auf das Symbol des Papierkorbs gelegt wird.

Datei
ausdrucken,
per Fax versenden,
vorlesen,
wegwerfen.

Was für den Benutzer erfreulich einfach aussieht, ist höchst aufwendig, was schon daran sichtbar wird, wenn das Beispiel geringfügig erweitert und genauer betrachtet wird:

Wird eine Klangdatei auf den Lautsprecher gelegt, so sollten die darin enthaltenen Töne abgespielt werden – also eine gänzlich andere Art der Interpretation des Dateiinhalts. Was geschieht, wenn die Klangdatei auf den Drucker oder das Faxgerät gelegt wird? Was geschieht, wenn Textdateien gänzlich unterschiedlichen Dateiformats auf das Ausgabegerät gelegt werden?

Was geschieht schließlich, wenn der Drucker auf das Dateisymbol gelegt wird – das Faxgerät auf den Drucker oder der Papierkorb auf den Lautsprecher?

Es kann also nicht die Aufgabe des Ablageziels sein, die richtige Aktion einzuleiten, sondern das „Wissen", wie es in unterschiedlichen Situationen zu behandeln ist, muß im abgelegten Objekt enthalten sein. Am Beispiel der Klangdatei auf dem Drucker oder Faxgerät dargestellt, könnte dies durchaus dazu führen, daß das Notenbild des Klanges ausgegeben wird.

Virtueller Schreibtisch

virtueller Schreibtisch durch Symbole und Drag&Drop

Die Drag&Drop-Technologie in Zusammenhang mit graphischen Symbolen auf dem Bildschirm wird oft als Realisierungsmöglichkeit des „virtuellen Schreibtisches" im Computer gesehen. Die Objekte der alltäglichen Arbeitsumgebung werden auf dem Bildschirm als „Objekte in Software" nachgebildet und damit die Bedienung der Software analog zur Bedienung realer Objekte ermöglicht. Ziel ist die unvoreingenommene und intuitive Ausführung von komplexen Arbeitsabläufen am Rechner.

Solange der Versuch, komplexe Software durch graphische Elemente einfach bedienbar zu machen, nicht im Extremfall zu dem Versuch führt, auf dem Bildschirm ein Arbeitsleben aus der Zeit vor der Verbreitung des Computers nachzubauen, muß die objektorientierte Drag&Drop-Technologie sicher als die wichtigste Ergonomie-Verbesserung seit Einführung graphischer Oberflächen gesehen werden.

In OLE 2 ist Drag&Drop nicht auf Einheiten wie Datei oder Systemresourcen wie Drucker beschränkt, sondern kann für beliebige Objekte eingesetzt werden. Objekte können mittels Drag&Drop innerhalb eines Dokuments oder auch über Applikationsgrenzen hinweg verschoben werden.

Quelle und Ziel

Zur Ausführung einer Drag&Drop-Operation sind vor allem die Identifikation einer Quelle für Drag und eines entsprechend sensitiven Ziels für Drop nötig. Nicht jedes Objekt ist so ausgestattet, daß es per Drag verschoben werden kann und nicht jede Stelle eignet sich als Drop-Ziel.

Um dem Anwender zu signalisieren, was er mit der Maus verschieben kann und wo er ein Objekt ablegen kann und ob es sich dabei um eine Verschiebe- oder Kopier-Operation handelt, wird der Ablauf einer Drag&Drop-Operation durch eine Reihe von visuellen Markierungen begleitet.

Selektion

Die Selektion eines Objekts, das mit einer Drag&Drop-Operation verschoben werden soll, wird mit den Mitteln der Quellapplikation, d.h. des zuständigen Servers, vorgenommen. Dies geschieht meist durch einfaches Anklicken, wenn es sich bei dem Objekt um eine selbständige Einheit handelt, oder durch Umfassen eines Bereiches mit der Maus, wenn es sich bei dem Objekt um einen Ausschnitt aus einer größeren Einheit wie z.B. Text, Bitmap-Graphik oder einem Zellbereich einer Tabelle handelt.

Selektion durch Quellapplikation

Anklicken
Umfahren

Ebenfalls mit visuellen Mitteln der Quellapplikation geschieht die Markierung des selektierten Objekts und es wird eine Möglichkeit angeboten, das Objekt zu ergreifen und mit gedrückter Maustaste festzuhalten.

Markierung

Modifier

Normalerweise resultiert ein Drag&Drop in einer Verschiebeoperation, d.h. die Daten werden von der Quell-Stelle entfernt und am Zielort eingebaut. Nur unter bestimmten Umständen, wie z.B. einem Drop auf einem Ausgabegerät, wenn ein reines Verschieben der Daten wenig sinnvoll ist, wird der Zielort einer Operation diese als Kopie interpretieren.

Es wird daher eine Reihe von Tastenkombinationen (*Modifier*) definiert, die während des Verschiebens gedrückt werden und mit denen ein bestimmtes Verhalten einer Drag&Drop-Operation erzwungen werden kann:

Abb. 5-23

Tastenkombinationen bei Drag-Operationen

	Linke Maustaste	Ctrl-Taste	Shift-Taste	Alt-Taste	
Move	●				Cut/Paste
Copy	●	●			Copy/Paste
Link	●	●	●		Copy/Paste Link
Move (forced)	●			●	Cut/Paste

Im Ergebnis entspricht eine Drag&Drop-Operation der in der obigen Übersicht zusätzlich aufgeführten Clipboard-Operation – mit dem Unterschied, daß bei Drag&Drop die Daten nicht auf das Clipboard gelangen. Auch ein Einfügen des Objekts als Symbol (Icon) ist nicht erzwingbar.

Mauszeiger

Während des Verschiebens symbolisiert der Mauszeiger die Art der Datenbewegung und zeigt an, ob es sich um Move, Copy oder Link handelt. Folgende Zeigerformen werden verwendet:

Move

Copy

Link

Drag Scroll

Impossible
Target

Abb. 5-24
Mauszeiger während der
Drag&Drop-Operation

Bei Drags innerhalb einer Applikation sind auch andere, applikationsspezifische Ausprägungen des Mauscursors anzutreffen.

Drop Situationen

Wurde, wie oben erwähnt, ein Objekt aus einer Serveranwendung selektiert und mit der Maus an der Stelle erfaßt, die eine Drag-Operation auslöst, so werden im Laufe dieser Operation folgende Situationen je nach der Position des Mauszeigers unterschieden:

Container-Bereich	Aus einem eingebetteten Objekt heraus kann ein Drag in die einbettende Containerapplikation durchgeführt werden.
Auf der Auswahl	Ein Drop auf die Position der ursprünglichen Selektion annulliert die Drag&Drop-Operation.
Aktives Objekt	Ein Drag innerhalb eines eingebetteten Objekts wird vollständig von der zugehörigen Serverapplikation abgehandelt.
Ablage nicht möglich	Bereiche, die einen Drop nicht annehmen können, führen dazu, daß der Mauszeiger die „verboten"-Form annimmt.

Abb. 5-25
Mögliche
Ablagesituationen
bei Drag&Drop

Inkonifiziertes Symbol eines Systemdienstes	Objekte können auf Symbole von Systemdiensten gelegt werden, wodurch diese die dem abgelegten Symbol entsprechenden Aktionen einleiten.
Anderes Dokument	Objekte können in ein anderes Dokument gleichen oder anderen Typs übertragen werden und dort als Objekt eingebettet oder verknüpft werden. Eine durch ein Icon repräsentierte Integration ist nicht explizit steuerbar.

Drag Scrolling

Ein Drag kann durchgeführt werden:

- innerhalb des sichtbaren Fensters,

- innerhalb des aktuellen Dokuments, aber außerhalb des sichtbaren Fensters oder

- über die Fenstergrenze hinweg in ein anderes Dokument.

Bei einem Drag muß daher unterschieden werden, ob der Fensterrand überschritten werden soll oder ob das Dokument im Fenster gescrollt werden soll. Diese Unterscheidung wird *Geschwindigkeit der* über die Geschwindigkeit, mit der sich der Mauscursor dem *Mausbewegung* Fensterrand nähert, getroffen:

- Braucht der Mauszeiger länger als 50 ms um die letzten 11 Pixel (VGA) vor dem Fensterrand zu durchqueren, nähert er sich dem Fensterrand also relativ langsam, so *Drag Scroll bei* wird die Aktion als Drag innerhalb des Dokuments zu ei-*weniger als 11 Pixel* ner Position außerhalb des sichtbaren Bereiches interpre-*in 50 Millisekunden* tiert und das Dokument im Fenster so lange gescrollt, wie der Mauszeiger im 11 Pixel Bereich verweilt.

- *Drag Leave bei* Wird der Mauszeiger relativ schnell auf den Fensterrand *schneller* zubewegt, braucht er als weniger als 50 ms für die letzten *Mausbewegung* 11 Pixel, so wird das Fenster nicht gescrollt und die Drag-Operation kann das Fenster verlassen.

Innerhalb dieses 11-Pixel-Bereiches ist der Mauszeiger schwarz gefüllt dargestellt.

Systembedienung über Drag&Drop

Objekthandling über Drag&Drop ist nicht nur auf den Objektaustausch zwischen zwei Applikationen beschränkt, sondern wird in Zukunft eine sehr wichtige Erweiterung der gesamten Systembedienung bilden. Die im Moment rudimentär vorhandene Drag&Drop-Funktionalität einiger Tools in MS Windows 3.1 wird sich auf alle Systemdienste ausweiten.

einfaches Drag&Drop bei Windows 3.1

Obwohl die Objektintegration über Drag&Drop das dokumentenzentrierte Arbeiten nicht unterstützt, sondern in jedem Fall mindestens eine Serverapplikation (Quelle, Drag) und eine Container-Applikation (Ziel, Drop) offen sein muß, zählt Drag&Drop zu den herausragenden Objektintegrationstechniken, da es aufgrund seiner intuitiven Benutzbarkeit die Grenzen zwischen Applikationen verschwimmen läßt.

5.12 Konsistenz von Verknüpfungen

Für einen Anwender sollte so gut wie kein Unterschied zwischen eingebetteten und verknüpften Objekten im Containerdokument bestehen: beide Arten von Objekten zeigen die Informationen die der Benutzer benötigt, an der gewünschten Stelle im Container an. Intern besteht dennoch ein gravierender Unterschied:

- Bei einem eingebetteten Objekt sind die Daten tatsächlich Bestandteil des Containers: Sie werden mit dem Containerdokument gesichert, kopiert und geladen. Nur editieren kann die Containerapplikation die Daten nicht – dafür wird die Serverapplikation des Objekts benötigt.

eine Datei

- Bei einem verknüpften Objekt liegen die Objektdaten zur Gänze in einer anderen, externen und vom Containerdokument vollkommen unabhängigen eigenen Datei. In

mehrere Dateien

der Containerdatei werden die Daten nur angezeigt, nicht jedoch abgespeichert.

Das Objekt in der Containerdatei enthält einen Verweis auf den Namen (und ggf. den Ausschnitt) der Datei der Serverapplikation, der Link-Quelle.

Source: C:\DATEIEN\OLE\TESTS\TAB.XLS\Z2S1:Z5S2

Verweis auf andere Dateien

Von einer Link-Quelle können beliebig viele Links zu unterschiedlichen Containerdokumenten ausgehen. Eine Link-Quelle kann gleichzeitig bereits selbst Ziel eines Links sein. Die Serverapplikation ist dafür zuständig, den Container über Veränderungen am Objekt auf dem Laufenden zu halten, d.h. eine Neu-Anzeige der Objektdaten zu veranlassen.

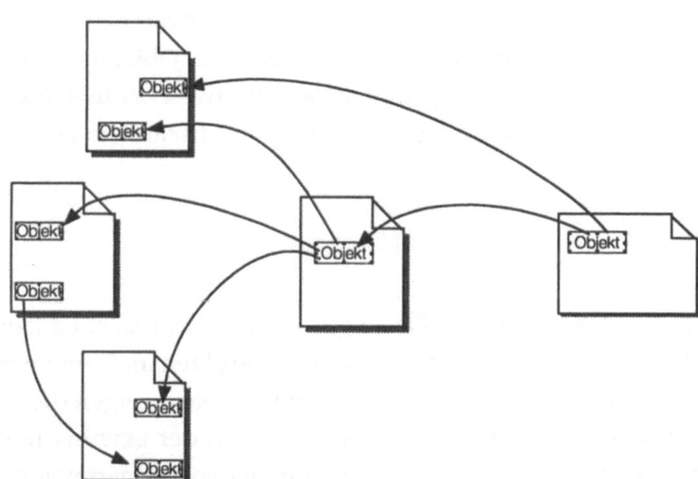

*Abb. 5-26
Verknüpfungen aus einer Quelldatei. Diese kann selbst wiederum Ziel eines Links sein.*

Durch diese Aufteilung von Containerdaten und Objektdaten auf mehrere Dateien, deren einzige Verbindung der Namensverweis ist , kann der Fall auftreten, daß die Objektanzeige im Container und der tatsächliche Zustand des Objekts nicht mehr übereinstimmen – daß das Objekt nicht mehr aktuell ist oder der Link abbricht.

Hauptgrund für dieses Abbrechen eines Links ist eine Änderung am Namensverweis, über den sich der Container die Position der Link-Quelle merkt. Dies kann z.B. durch Umbenennen der Datei oder eines der Directories auf dem Pfad zur Datei geschehen.

»Links...«

Die Benutzerschnittstelle von OLE 2 sieht über eine Dialogbox eine umfassende Wartungsmöglichkeit für Links vor. Diese Dialogbox wird aufgerufen durch den Eintrag »Links...« im Pulldown-Menü »Edit« der Container-Applikation. Der Eintrag »Links...« sollte dabei in der Nähe der anderen Menü-Einträge stehen, die zum Themenbereich Objektintegration gehören.

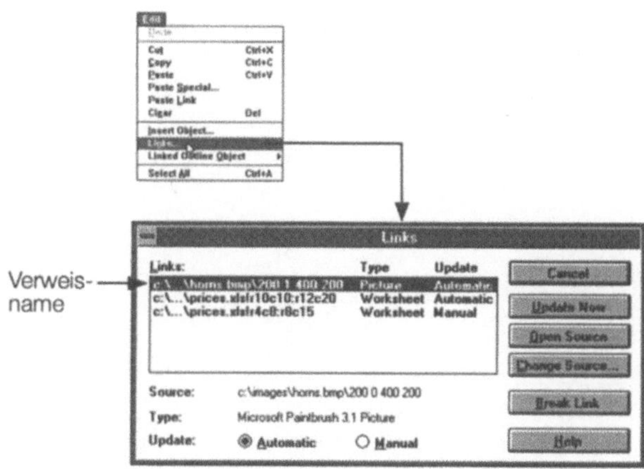

Abb. 5-27
Der Dialog »Links...«
zur Wartung der
Verknüpfungen eines
Containerdokuments

Eine Verknüpfung auf einen Container, kann entweder automatisch oder manuell aktualisiert werden.

Ein automatischer Link wird ohne Zutun des Benutzers, ggf. sogar ohne daß der Benutzer dies überhaupt merkt, aktualisiert, wann immer die Daten in der Serverdatei, der Link-Quelle, geändert werden. Links sind standardmäßig immer automatisch und Hinweise an den Benutzer sind nicht vorgesehen.

- Ein manueller Link wird nur dann aktualisiert, wenn der Benutzer dies explizit anfordert. Durch einen manuellen Link ist es möglich, Daten kontrolliert zu aktualisieren.

- Da ein Link zunächst immer automatisch ist, muß er über die »Links...«-Dialogbox explizit auf manuell umgeschaltet werden.

- Ist der Link gebrochen, weil der Quelldateiname verändert wurde und der Verweisname nicht mehr korrekt auf die Quelle verweist, so kann dieser über eine Dateiselektionsbox wieder neu eingestellt werden. Handelt es sich bei dem Link um einen Ausschnitt aus einer Datei, so kann auch dieser neu eingestellt werden.

Bei eingebetteten Objekten kann der Fall, daß Objektdaten nicht mehr gefunden werden, nicht auftreten, da sämtliche Objektdaten Bestandteil der Containerdatei sind und die Serverapplikation nur für deren Bearbeitung, nicht aber für deren Bereitstellung zuständig ist.

Es kann jedoch der Fall auftreten, daß die für ein Objekt zuständige Serverapplikation, die zum Editieren des Objekts benötigt wird, nicht verfügbar ist, weil:

Server nicht verfügbar

- die Containerdatei in eine andere Rechnerumgebung versetzt (kopiert) wurde, oder

- die Serverapplikation in der ursprünglichen Rechnerumgebung nicht mehr existiert.

Wird ein Objekt aktiviert, so wird mit Hilfe der Information, die in der zentralen Registrierdatenbasis verfügbar ist, die zum Objekt gehörige Serverapplikation gestartet. Existiert die Containerdatei aber nicht mehr in der Umgebung, in der sie erstellt wurde, weil sie auf einen anders konfigurierten Rechner kopiert wurde oder per Mail in eine andere Umgebung versandt wurde, so kann möglicherweise die Serverapplikation nicht gestartet werden.

Bei OLE 2 gibt es für diese Konstellation zwei Lösungsansätze, die beide jedoch nicht ausschließlich von OLE alleine abwickelt werden können, sondern entscheidend von den beteiligten Applikationen abhängen:

- *Conversion*
  Das zu aktivierende Objekt, dessen ursprüngliche Serverapplikation nicht mehr zur Verfügung steht, wird von einer alternativen Serverapplikation editiert und dauerhaft in deren eigenes Format umgewandelt.

Abb. 5-28

Konvertierung

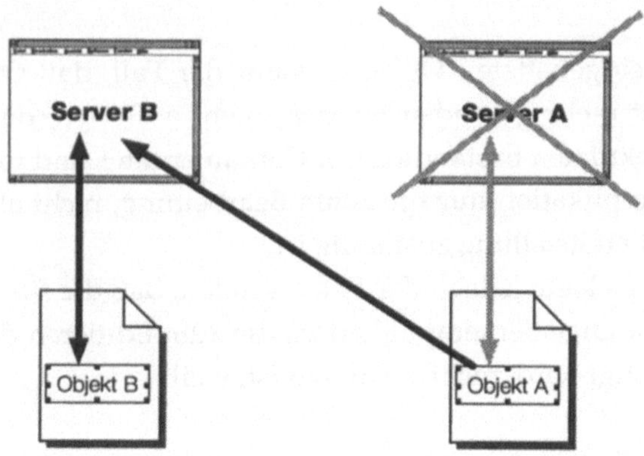

- *Emulation*
  Das zu aktivierende Objekt wird nur während der Bearbeitung durch eine alternative Serverapplikation geladen, bleibt jedoch bei der Ablage unverändert im ursprünglichen Typ bestehen.

Abb. 5-29

Emulation

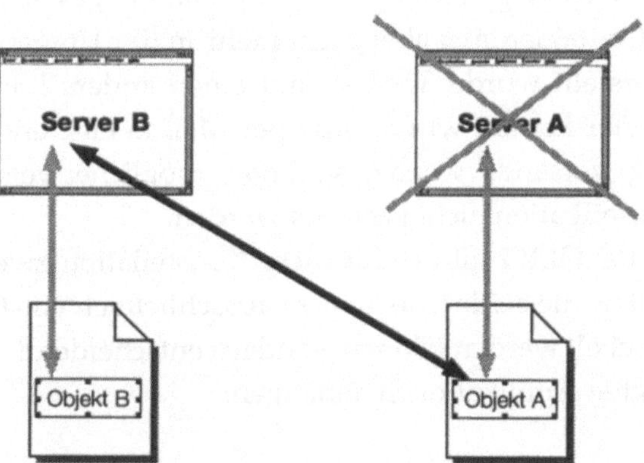

Konstellationen

Der Benutzer hat in unterschiedlichen Situationen und Konstellationen umfangreichen Einfluß auf die Verwendung von Objekten, für die die ursprüngliche Serverapplikation nicht verfügbar ist. Dabei kann auch immer mit angegeben werden, ob eine Konvertierung oder Emulation nur für ein Objekt oder für die gesamte Objektklasse vorgenommen werden soll.

Der Informationsaustausch über vorhandene Objekte und Server, deren Typ und Version und deren Fähigkeiten, Daten aus anderen Applikationen als Konvertierung oder Emulation zu übernehmen, wird über die zentrale Registrierdatenbasis abgewickelt. In dieser systemweiten Datenbasis sind alle wichtigen Informationen über die Server- und Objekt-Beschaffenheit abgebildet.

*Informationen aus der
Registrierdatenbasis*

Die Notwendigkeit, ein Objekt zu konvertieren oder emulieren und der damit verbundene Benutzerdialog treten in folgenden Konstellationen auf:

- Eine Serverapplikation wird neu auf einem System installiert.

- Ein Objekt, dessen ursprüngliche Serverapplikation nicht mehr verfügbar ist, soll aktiviert und editiert werden.

- Der Benutzer wünscht explizit eine Konvertierung oder Emulation für ein ausgewähltes Objekt.

*Gründe für
Konvertierung oder
Emulation*

Bei der Installation

Handelt es sich bei einer neu zu installierenden Serverapplikation um eine neue Version einer auf dem System bereits existierenden Applikation oder um eine Applikation, die die Daten einer bereits existierenden Applikation editieren kann, so kann die neue Applikation im Verlauf ihrer Installation fragen, wie die Objekte der bereits existierenden Serverapplikation zu verwenden sind:

- unberücksichtigt lassen
  Die ursprüngliche Applikation existiert weiterhin und die Daten sollen nicht konvertiert werden. Beide Serverapplikationen existieren parallel und arbeiten auf getrennten Daten.

*bei Installation einer
neuen Version*

- emulieren
  Die Daten der existierenden Applikation werden durch die neue Applikation editiert, aber im Format der alten Applikation abgelegt.

- konvertieren
  Daten der existierenden Applikation werden jeweils bei ihrer nächsten Aktivierung automatisch in das Format der neuen Applikation umgewandelt und im neuen Format auch abgelegt.

Wurde bei der Installation einer neuen Serverapplikation keine Konvertierung vorgenommen, kann die Verarbeitbarkeit der Daten auch später noch durch eine der anderen Methoden hergestellt werden.

Bei der Aktivierung

Wird ein Objekt nach einer der Eingangs beschriebenen Methoden (Doppelklick; Popup durch rechte Maustaste; Pulldown-Menüleiste) aktiviert und existiert die für dieses Objekt ursprünglich zuständige Serverapplikation nicht (mehr), so erhält der Benutzer einen Hinweise auf die Fehlersituation und die Möglichkeit, eine Emulation oder Konvertierung des Objektes vorzunehmen.

Abb. 5-30

Dialogbox zur Objekt-Konvertierung

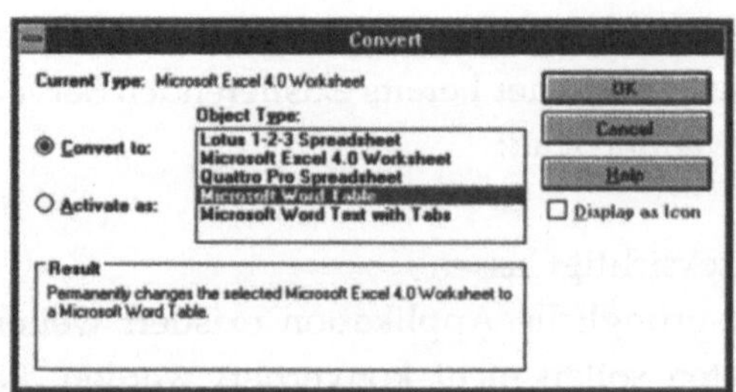

Die Liste der möglichen Objekttypen, in die eine Konvertierung vorgenommen werden kann, ist eine Abbildung der auf dem System verfügbaren Serverapplikationen, die Objekte aus dem Ausgangsformat editieren und dann im eigenen Format ablegen können. Dabei ist zu beachten, daß diese Konvertierung irreversibel sein kann: besteht eine Konvertierungsmöglichkeit in der einen Richtung, so ist damit noch nicht gesagt, daß diese Konvertierung auch in der anderen Richtung möglich ist.

Die Konvertierung der Daten ist keine Leistung von OLE 2, sondern eine Funktionalität der beteiligten Applikationen. OLE 2 bietet über seine Registrierdatenbasis nur die Information und Kommunikation. Applikationen können dort Informationen über die von ihnen verstandenen Objektformate ablegen und diese Information damit anderen Applikationen zugänglich machen.

Für die Konvertierung verwendbare Serverapplikationen sind aus der Registrierdatenbasis bekannt.

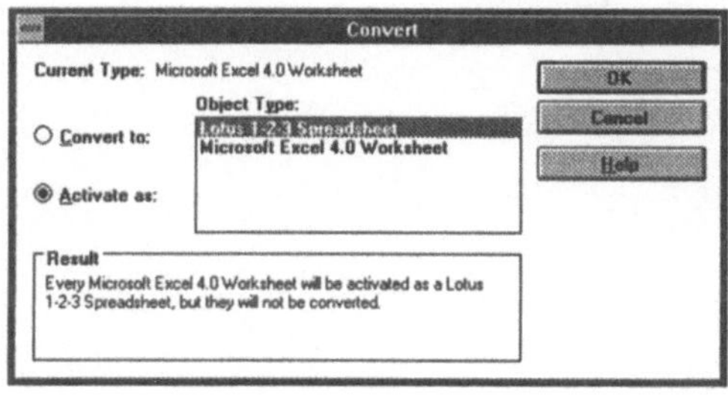

*Abb. 5-31
Dialogbox
zur
Objekt-Emulation*

Wird in der Convert-Dialogbox *Activate As* ausgewählt, so wird der neue Objekttyp nur emuliert. Die Liste ist dann normalerweise auch kürzer, weil weniger Applikationen zu dieser Emulation in der Lage sind.

Explizites Kommando

Dieser Benutzerdialog, d.h. die Abfrage, ob eine Konvertierung oder Emulation durchgeführt werden soll, kann vom Anwender auch explizit angestoßen werden.

Bei selektiertem Objekt ist sowohl über das Pulldown-Menü »Edit« als auch durch das Popup-Menü, das sich durch Klicken der rechten Maustaste öffnet, das Kommando »Convert…« verfügbar, durch das der gezeigte Dialog eingeleitet wird.

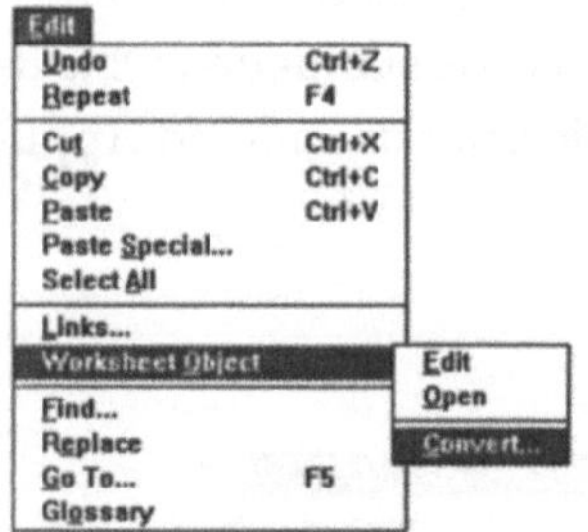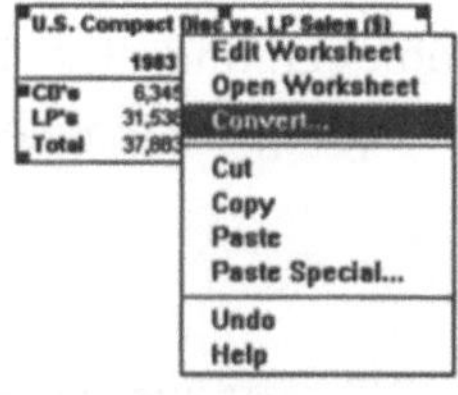

Abb. 5-32

Explizites Anstoßen von Konvertierung und Emulation aus Pulldown-Menü «Edit» oder aus Popup-Menü über rechte Maustaste

5.14 Zusammenfassung

Die Leistung der einzelnen Bereiche der Benutzeroberfläche von OLE 2 liegt vor allem darin, daß alles zusammen höchst unscheinbar ist. Die OLE-2-Benutzeroberfläche zeichnet sich aus durch:

* Visual Editing™ als großem Schritt nach vorne in der Technologie graphischer Oberflächen und logischer Folge der Technik der Applikationsintegration (siehe nächstes Kapitel),

* Drag&Drop von Objekten zwischen Applikationen als intuitiver Form der Objekttransferierung,

* konsistente Objektmarkierung mit Real Time Update,

* einfache und durch „Was-geschieht-wenn"-Erklärungen ausgestattete Dialogboxen zur Verwaltung von integrierten Objekten.

Die wichtigsten Leistungen der Benutzeroberfläche

Diese Benutzeroberfläche erscheint dem Anwender trotz der Tatsache, daß dadurch gänzlich neuartige Technologie praktisch umgesetzt wurde, von Anfang an ergonomisch bedienbar und überschaubar. Der Anwender muß für die Bedienung der weitaus meisten und alltäglichen Bereiche von OLE 2 nichts neu lernen und kann das komplexe OLE-2-System intuitiv bedienen.

ergonomisch und überschaubar

Vor allem durch die Funktionalität des Drag&Drop und durch die objektspezifischen Popup-Menüs realistert OLE 2 die wesentlichen Merkmale einer objektorientierten Benutzeroberfläche. Diese Objektorientierung der Benutzeroberfläche ist der Grund für die wesentlich verbesserte Bedienbarkeit unter OLE 2.

Dem Entwickler stellt OLE 2 frei, welche Möglichkeiten er für den Benutzer vorsieht und in welchem Umfang er die Funktionalität von OLE 2 realisiert. Im Sinne der objektorientierten Benutzeroberflächen sollten objektspezifische Popup-Menüs oberste Priorität haben.

Kapitel 6

Editieren von Objekten

Werden in ein Containerdokument Objekte aus anderen Anwendungen eingebunden, angezeigt, editiert oder in anderer Form aktiviert, so muß für diese Editieraktionen die ursprüngliche Serverapplikation oder eine Applikation mit ähnlichen Fähigkeiten gestartet werden.

Das eingebundene Objekt weiß, welche Editierfunktionalität es benötigt und von welcher Serveranwendung es ursprünglich erzeugt wurde und damit editiert werden kann. Mit einem Doppelklick auf das Objekt oder mit einem anderen Aktivierungskommando wird die Serverapplikation gestartet – die Containerapplikation tritt vorübergehend inaktiv in den Hintergrund.

Wissen aus der Registrierdatenbasis

6.1 Problem des Paradigmenwechsel

Diese Applikation wird normalerweise in einem neuen Fenster gestartet und zeigt das zu bearbeitende Objekt herausgelöst aus seinem ursprünglichen Kontext an. Eine aus einem Textsystem heraus gestartete Graphikapplikation zeigt nur die Graphik an, die nach der Änderung wieder an die Textapplikation „zurückgeschickt" und dort aktualisiert werden muß.

Objekt wird aus dem Kontext herausgelöst

Die nun laufende Applikation bringt für den Anwender einen weitgehenden Paradigmenwechsel mit sich: ein weiteres Applikationsfenster am Bildschirm, ein anderes Aussehen der Benutzerschnittstelle, andere Einträge in der Menüleiste, u.s.w.

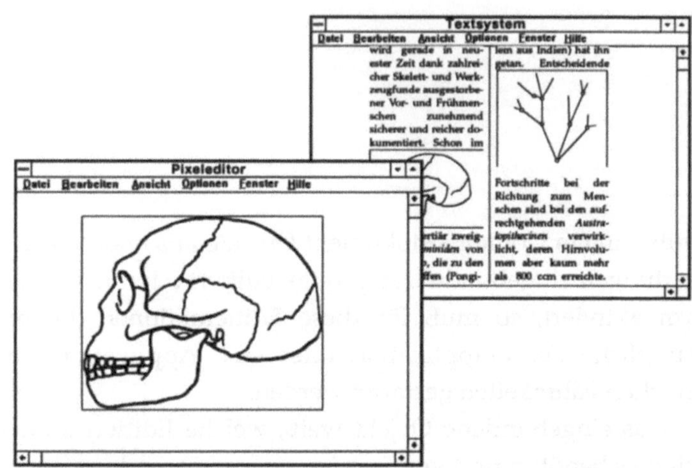

Abb. 6-1

Umgebungswechsel beim Editieren eines integrierten Objekts in der zugehörigen Serverapplikation in einem getrennten Fenster

6.2 Neue Darstellungstechnik

OLE 2 bietet die Möglichkeit, eingebundene Objekte zu editieren, dabei aber diesen Paradigmenwechsel weitestgehend zu vermeiden. Ein Objekt kann sozusagen „vor Ort" editiert werden.

Beim Aktivieren des Objekts – normalerweise durch Doppelklick auf das Objekt – wird die Serverapplikation nicht in einem neuen Fenster gestartet, sondern sie „übernimmt" (aus Anwendersicht) anstelle der Containerapplikation den Fensterinhalt zum Editieren. Der Anwender merkt kaum, daß er die von ihm benutzte Applikation gerade gewechselt hat, sondern kann mit nur geringfügiger Änderung in der Bedienschnittstelle weiterarbeiten. Er sieht den Inhalt seines Dokuments nahezu unverändert vor sich und nicht nur das eine zu editierende Objekt.

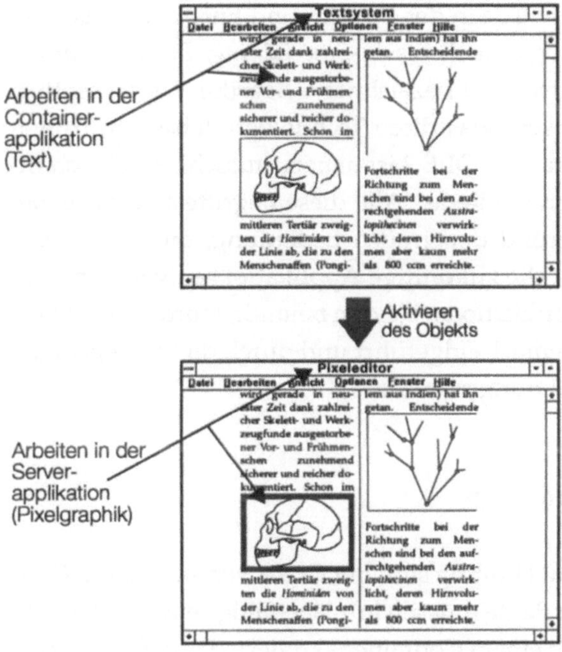

Abb. 6-2

Editieren eines

integrierten Objekts ohne

Umgebungswechsel

Die Containerapplikation wird temporär um die benötigte Funktionalität der Serverapplikation erweitert, die Editiermaßnahmen werden durchgeführt und danach, wiederum mit einer kaum sichtbaren Veränderung für den Benutzer, zur Haupt-Applikation zurückgekehrt. Je mehr unterschiedliche Serverapplikationen an einem Container beteiligt sind, um so wichtiger wird die Möglichkeit, zwischen diesen ohne Bruch in der Bedienschnittstelle hin und her wechseln zu können.

Die Serverapplikation stellt der Containerapplikation die benötigten bzw. definierten Editierfunktionen zur Verfügung, die die Containerapplikation temporär in seine eigene Bedienoberfläche einbaut. Dazu gehören Menüleisten wie -Inhalte, Toolbars und Toolboxen oder Farbpaletten.

Bezeichnung

Visual Editing wurde in der Design- und Entwicklungsphase dieser Technologie auch als *In-Situ Editing*, *In-Place Editing* und *In-Place Activation* bezeichnet – Begriffe, die wesentlich besser ausdrücken, was diese Technologie leistet. In frühen Dokumentationen zu OLE 2 ist nahezu ausschließlich von In-Place Activation die Rede. Alle diese Begriffe sind gleichbedeutend. Aufgrund der großen Bedeutung, die man dieser Technologie für die zukünftige Applikationsentwicklung mit integrierten Applikationsobjekten beimißt, wurde Visual Editing™ als Trademark eingeführt und durch diesen Begriff die anderen Bezeichnungen ersetzt.

In-Situ Editing
In-Place Editing
In-Place Activation
Visual Editing™

Zwei Seiten beteiligt

An diesem Visual Editing sind der Objektserver und der Container beteiligt: Beide müssen in-place-fähig sein! Wird ein *In-Place-Server* von einem Container aktiviert, der nicht in-place-fähig ist, so verhält er sich in diesem Punkt wie ein OLE-1-Server: Er wird in einem eigenen Fenster geladen. Das gleiche gilt auch umgekehrt.

Beide beteiligten Applikationen müssen in-place-fähig sein

Effektivität und Ergonomie

Vor allem hier ist eine besonders effektive Implementierung der Benutzerschnittstelle notwendig, da der Hauptvorteil für die Verwendung von Visual Editing gerade darin liegt, daß der Benutzer so gut wie nichts merkt.

Eine besondere Startmeldung der Serverapplikation oder ähnliche explizite Hinweise auf den Wechsel der Applikation würden den positiven Effekt dieser Technologie zunichte machen. Auch darf der Wechsel der Applikationen nicht zu lange dauern oder der Bildschirmaufbau mit „Zuckungen" o.ä. verbunden sein.

unmerklicher Applikationswechsel

Der Benutzer soll objektzentriert, d.h. in den meisten Fällen auch dokumentzentriert und eben nicht applikationszentriert arbeiten können. Für den Benutzer muß im ersten Augenschein der Eindruck gewahrt bleiben, als bliebe er innerhalb des selben Kontexts.

Untersuchungen haben ergeben, daß der Benutzer diese Arbeitsweise als sehr natürlich empfindet und auch dem geübten Benutzer mehrerer herkömmlicher nebeneinander liegender Applikationen normalerweise nicht sofort auffällt, wenn er in-Place die Applikation wechselt. Jeder, der durch Visual Editing verbundene Applikationen anwendet, wird diesen ergonomisch frappierenden Effekt einer vollkommen nahtlosen Applikationsintegration bestätigen.

nahtlose
Applikationsintegration

6.3 Editier-Möglichkeiten

Wie bereits erwähnt, gibt es zwei visuell unterschiedliche Möglichkeiten, integrierte Objekte zu editieren – abhängig von den Fähigkeiten des Containers, des Servers und natürlich den Wünschen des Anwenders. Diese beiden Möglichkeiten werden im Container durch die Markierungen für active und open unterschieden. Die beiden Möglichkeiten sind:

- Visual Editing:
  Die zum Editieren aufgerufene Serverapplikation mischt die wichtigsten Elemente ihrer Benutzeroberfläche in die Benutzeroberfläche der Containerapplikation ein und kontrolliert mit seinen Editiertools das Objekt während des Editierens.
  Das Objekt ist im Container als active markiert.

- Open Editing:
  Die Serverapplikation läuft in einem eigenen, neuen Fenster, in dem auch das Objekt geladen ist.
  Das Objekt ist im Container als open (selected) markiert.

6.4 Visual Editing

Eine der bedeutendsten Neuerungen durch OLE 2 und sicher die wichtigste Neuerung im Bereich der Benutzeroberfläche stellt die Technik des Visual Editing dar.

Visual Editing ist die Technik und Darstellungsmethode, die es erlaubt, den Container, der das zentrale Dokument hält, und die Serverapplikationen, die Informationen in Form von Objekten zu diesem Dokument beisteuern, je nach Bedarf ineinander verwoben in *einem*, das Containerdokument kontrollierenden, Fenster am Bildschirm darzustellen. Der Benutzer wechselt zum Editieren unterschiedlicher Teile seines Dokuments nicht in unterschiedliche Anwendungen, sondern die unterschiedlichen Anwendungen wechseln in der Kontrolle des Containerdokuments.

Visual Editing nimmt in mehrfacher Hinsicht eine herausragende Rolle im gesamte OLE-2-System ein:

Anwender
- Visual Editing ist für den Anwender der deutlichste Schritt zum dokumentenzentrierten Arbeiten, da er sein Dokument und die zugehörige Editierumgebung nicht verlassen muß, um auf die Funktionalität anderer (Server-)Applikationen zuzugreifen und deren Objekte zu editieren.

Entwickler
- Für den Entwickler ist Visual Editing die mit am aufwendigsten zu realisierende Komponente von OLE 2, da sowohl der Container als auch der Server umfangreich dafür vorbereitet sein müssen.

  Server und Container müssen Teile der Benutzeroberfläche gemeinsam nutzen und daher Kommunikations- und Verhandlungsstrategien implementieren, mit denen sie sich entsprechend einigen können.

Die Anwendungssituation im Visual Editing geht davon aus, daß der Benutzer in seiner Containerapplikation ein Dokument geladen hat, das eine Reihe von Objekten aus anderen Applikationen enthält. Diese eingebetteten Objekte sollten editiert werden. Dazu wird durch eine der oben besprochenen und hier nochmals aufgelisteten Möglichkeiten das Objekt aktiviert, indem es mit seinem dafür vorgesehenen Verb aufgerufen wird:

- durch Doppelklick auf das Objekt wird dessen Primary Verb ausgeführt, oder

- durch Drücken der rechten Maustaste auf dem Objekt wird ein Popup-Menü aufgeblendet, das als ersten Eintrag »Edit« enhält, oder

- durch Selektieren des Objekts und Auswahl der Menüfolge »Edit→<Objekttyp>Objekt→Edit« im Container.

Dadurch wird nun kein neues Fenster geöffnet, sondern das Container-Fenster wird in den für die Editieraktionen wichtigen Funktionen, Menüpunkten und ggf. Kontrollfeldern durch die Serverapplikation übernommen.

In dem gezeigten Beispiel ist ein Ausschnitt aus dem bereits mehrfach gezeigten Musterdokument in die Containerapplikation Word for Windows geladen. Keines der integrierten Objekte ist selektiert. Der Mauszeiger steht im Textbereich und signalisiert Texteingabe-Bereitschaft. Menüs, Toolbars und alle weiteren Kontrollelemente gehören der Containerapplikation.

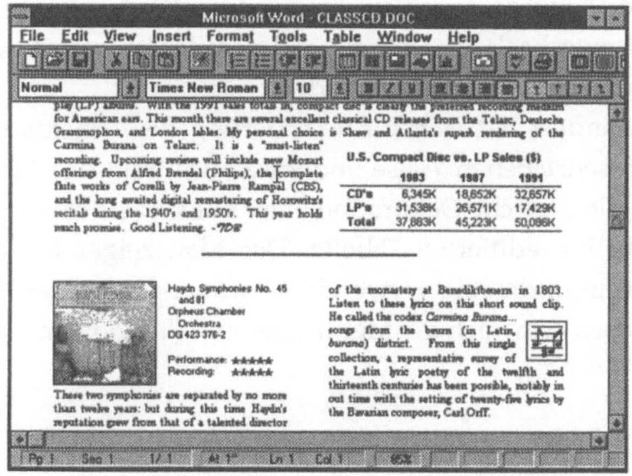

Abb. 6-3

Visual Editing

(Ausgangszustand)

Containerdokument in

Word for Windows

geladen

Objekt aktivieren

Wird die eingebettete Tabelle als aus der Tabellenkalkulation Excel integriertes Objekt per Doppelklick o.ä. aktiviert, so ändert nur das den momentanen Dokumentenausschnitt umgebende Fenster sein Aussehen – andere Bereiche des Bildschirms bleiben völlig unverändert.

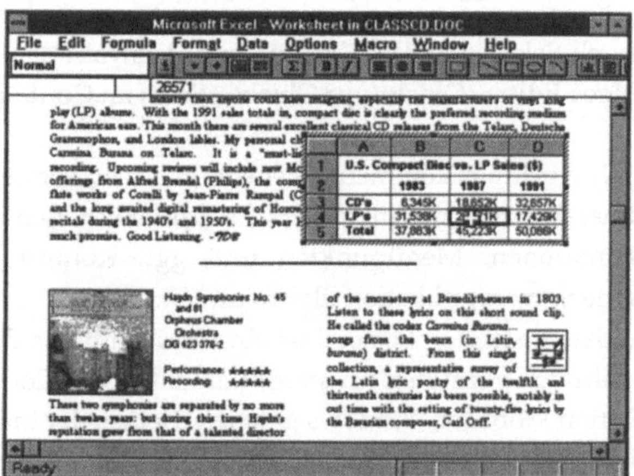

Abb. 6-4

Visual Editing

(Tabellenobjekt aktiviert)

Bei aktivem Visual Editing hat Excel die Kontrolle über das Dokument übernommen

Der Bildschirmausschnitt bleibt nahezu unverändert. Es wird auch nichts ausgeblendet und nichts vergrößert hervorgehoben – dies würde beim Benutzer nur den Eindruck eines Umgebungswechsels verstärken und gerade das soll durch Visual Editing ja vermieden werden.

Geändert hat sich die Markierung des Objekts in der oben beschriebenen Weise und zusätzlich trägt das Tabellenobjekt die typische Dekoration einer in Excel als erzeugender Applikation editierten Tabelle. Der Mauszeiger hat die in Excel standardmäßig verwendete Form angenommen. Geändert haben sich auch die Menüleiste und die Toolbar.

Dort wo vorher die Kontrollelemente von Word aufgereiht waren, sind jetzt die von Excel zugänglich. Da Excel standardmäßig eine kleinere Toolbar als Word verwendet , ist auch am oberen Dokumentenrand geringfügig mehr vom Dokument zu sehen.

Das als *active* markierte Tabellenobjekt kann nun mit allen Editierkommandos aus Excel bearbeitet werden. Es braucht jedoch nicht explizit gesichert oder im Container upgedatet werden. Durch Klicken in einem beliebigen anderen Bereich des Dokuments wird das Editieren des Tabellenobjekts wieder beendet und die Kontrolle an die Containerapplikation Word zurückgegeben.

Beenden durch Klicken außerhalb des Objekts

Graphikobjekt aktivieren

Eine ähnliche Veränderung der unmittelbaren Arbeitsumgebung vollzieht sich, wenn eines der integrierten Graphikobjekte durch Visual Editing aktiviert wird:

Auch dabei wird nicht die Graphik in die zugehörige Serverapplikation geladen, sondern die Serverapplikation übernimmt anstelle der Containerapplikation die Arbeitsumgebung und ermöglicht mit seinen Werkzeugen das Editieren des Objekts

Abb. 6-5
Visual Editing
(Graphikobjekt aktiviert)

Das gesamte Containerdokument wird in Paintbrush angezeigt.

Unauffälliger Wechsel

Der Wechsel der kontrollierenden Applikation muß bei Visual Editing so unscheinbar wie möglich vor sich gehen und die Editierarbeit des Anwenders darf nicht gestört werden – er soll im günstigsten Fall nicht einmal merken, daß gerade die Applikation gewechselt wurde!

In der Tat haben Usability-Tests bei Microsoft ergeben, daß sowohl ungeübte als auch geübte Anwender diesen Applikationswechsel kaum bemerken. Auch geübte Anwender haben dabei nach dem Applikationswechsel, bei Visual Editing, zunächst weitergearbeitet und erst hinterher verblüfft festgestellt, daß sie plötzlich eine andere Applikation bedienen.

Probleme

Jedes Objekt zeigt bei Visual Editing im aktiven Zustand seine eigene Benutzeroberfläche mit seinen eigenen Kommandos an. Was, wie beschrieben, zum Segen für den Benutzer werden kann, wenn es wohlorganisiert aufgebaut ist, kann die Verwirrung des Benutzers zu einem Höhepunkt treiben, wenn von Entwicklerseite aus einige Grundregeln außer acht gelassen werden.

konsistente Organisation

Da für Visual Editing die Benutzeroberfläche mit jeder Aktivierung eines Objekts dynamisch umgebaut wird und Oberfläche von Container und Server ineinander verwoben werden, müssen Vorkehrungen getroffen werden und vom Entwickler Regeln und Konventionen eingehalten werden, um zu vermeiden, daß der positive Effekt des Visual Editing, nämlich die immer gleiche oder zumindest ähnliche Editierumgebung, nicht zum negativen Effekt der permanent veränderten Menüstruktur gerät.

Menükategorien

Um derartige Regeln und Konventionen aufbauen zu können, werden die Menüs entsprechend ihrer Rolle in Bezug auf das Dokument eingeteilt. Die Menüs werden unterschieden in:

* Workspace Menus
  Menüs der Contaierapplikation, die normalerweise auch bei Visual Editing nicht ersetzt werden. Dazu gehören Kommandos zur Kontrolle der Datei (Laden oder Sichern) im Pulldown-Menü »File« und des Fensteraufbaus im Pulldown-Menü »Window«.

* Active Editor Menüs
  Menüs, die bei Visual Editing in die Menüleiste eingehängt werden und die die große Menge von Editierkommandos, bezogen auf den Inhalt des aktiven Objekts, beinhalten.

Ein Workspace Menü wird bei Visual Editing ggf. erweitert, nicht jedoch ersetzt oder weggelassen.

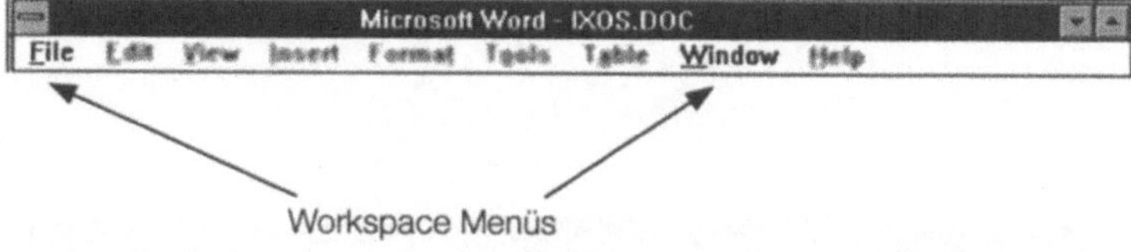

Abb. 6-6
*Workspace-Menüs bei
Word als Container*

Das geöffnete Pulldown-Menü »File« bei einer durch Visual Editing aktivierten Excel-Benutzeroberfläche zeigt, daß die gesamte Containerdatei und damit dieses Workspace Menü dennoch von Word kontrolliert wird. Obwohl Excel aktiv ist, wie in der restlichen Menüleiste deutlich zu sehen, beziehen sich die dateiorientierten Menükommandos und das Kommando »Exit« nach wie vor auf Word. Der Objekteditor, in diesem Fall Excel, wird dadurch beendet, daß in die Dokumentenfläche außerhalb des Objekts geklickt wird:

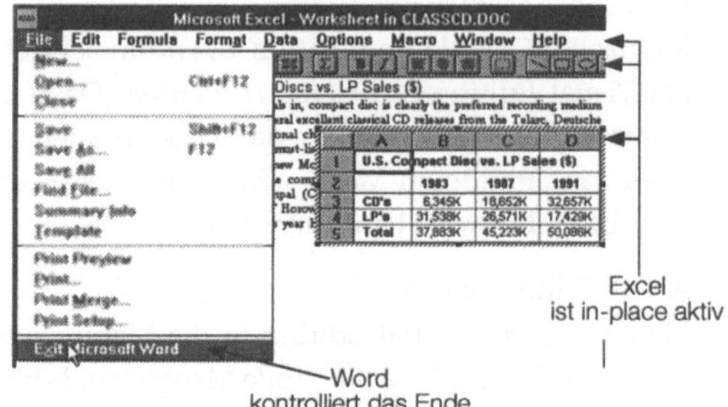

Abb. 6-7

Dateioperationen und Beendigung der Applikation wird auch bei Visual Editing durch die Containerapplikation kontrolliert.

Der Bereich der Active-Editor-Menüs ist im Gegensatz zu den Workspace-Menüs großen Änderungen bei Visual Editing unterworfen. Dieser Bereich ist es, der je nach aktiviertem Objekt umgebaut wird und die Menüs aufnimmt, die das Objekt als seine Benutzeroberfläche mitbringt. Im Bereich der Active-Editor-Menüs trägt die Serverapplikation, die zum In-Place-Editieren eines Objekts aufgerufen wurde, seine Menüs ein.

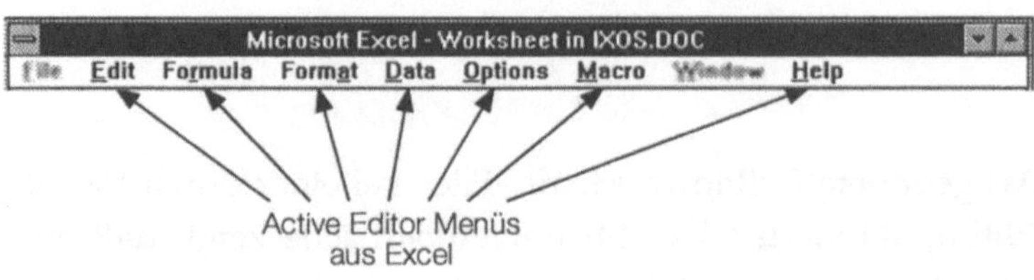

Abb. 6-8

Active Editor Menüs bei Word als Container und Excel als in-place-aktiver Serverapplikation

Einbettung vs. Verknüpfung

Die hier besprochenen besonderen Merkmale des Visual Editing gelten nur bei eingebetteten Objekten – Objekte, deren Daten zum integrierten Bestandteil des Dokuments und auch dessen Ablage geworden sind. Diese Tatsache, daß Dokument und Objekt eine integrierte Einheit geworden sind, versucht das Visual Editing dadurch zu unterstreichen, daß auch Container- und Serverapplikation zu einer integrierten Einheit an der Benutzeroberfläche werden.

Visual Editing als Ausdruck der gemeinsamen Ablage von eingebetteten Objekten

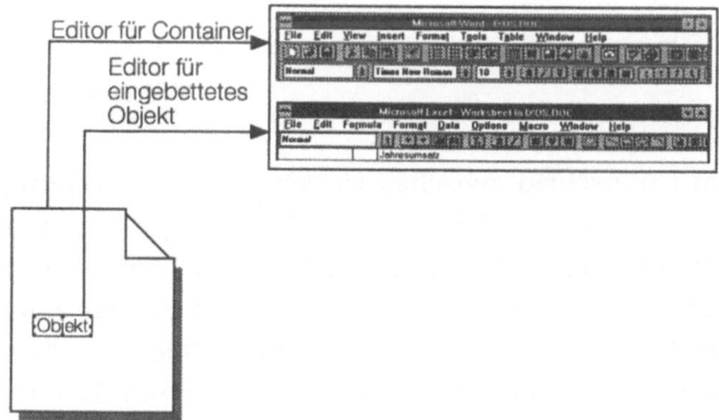

Abb. 6-9 Eingebettete Objekte werden in-Place editiert

Sind Objekte nicht in ein Containerdokument eingebettet, sondern per Link mit dem Container verknüpft, so liegen seine Ablagedaten auch nicht in einer gemeinsamen Datenablage mit dem Container, sondern an anderer Stelle. Die verknüpften Daten sind von der Existenz und der Veränderung des Containers vollkommen unabhängig – führen sozusagen unter der Kontrolle der für sie zuständigen Applikation ein Eigenleben. Ihre Integration in einen Container führt dort nur zur Anzeige.

getrennte Datenbereiche getrenntes Editieren

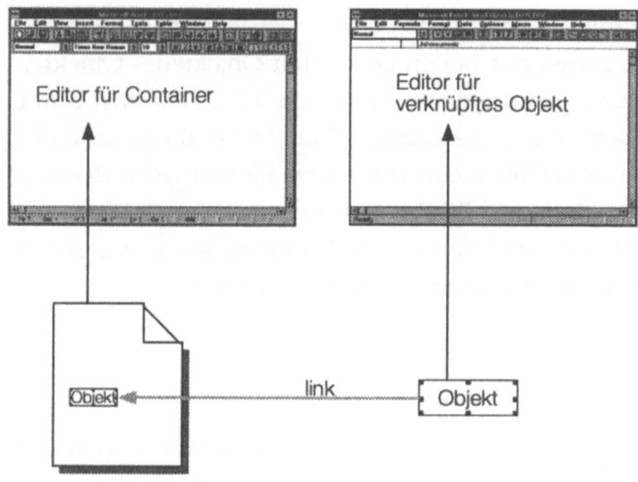

Abb. 6-10
Verknüpfte Objekte
werden getrennt editiert

Diesem Unterschied zwischen eingebetteten und verknüpften Objekten wird in OLE 2 dadurch Rechnung getragen, daß verknüpfte Objekte prinzipiell nicht durch Visual Editing, sondern – konventionell – in einem eigenen Fenster editiert werden. Visual Editing auf ein verknüpftes Objekt würde den Widerspruch bedeuten, daß Daten, von denen nur die visuelle Repräsentation vor Ort verfügbar ist, dennoch vor Ort (inplace) editiert werden. Was bei eingebetteten Objekten nur natürlich erscheint, würde bei verknüften Objekten bezugslos aussehen. Die Daten liegen getrennt, also werden sie auch getrennt editiert.

kein Visual Editing bei
verknüpften Objekten

Zukünftige Rolle

Die Rolle von Visual Editing für die Arbeit mit graphischen Oberflächen ist die logische Folge und entwicklungsgeschichtliche Nachfolge der Technologie der Informationsdarstellung und -verarbeitung in mehreren Fenstern. Applikationen, die über Visual Editing zusammenspielen, beenden das mitunter große Chaos vieler, sich teilweise überdeckender Fenster mit unterschiedlicher Funktionalität und Bedienung zugunsten eines Fensters mit wechselnder Funktionalität, aber einheitlicher Bedienung und einheitlicher Informationsdarstellung.

ein Fenster mit einheitlicher Darstellung und einheitlicher Bedienung aber wechselnder Funktionalität

Es ist nicht mehr der Anwender, der sich, wenn er die Dienste eines geeigneten Editors für ein in seinem Dokument enthaltenes Objekt benötigt, auf den Weg zu diesem Editor machen muß, sondern es ist der Editor, der auf dem Weg über das selektierte Objekt zum Anwender kommt. Der Anwender braucht sein Dokument als Basis seiner Informationszusammenstellung nicht mehr zu verlassen.

In der Zukunft der Gestaltung graphischer Oberflächen wird die Integration von Anwendungsobjekten über die Technik des Visual Editing eine herausragende Rolle einnehmen.

6.5 Open Editing

Soll ein in einem Containerdokument integriertes Objekt editiert werden und ist Visual Editing nicht gewünscht oder nicht möglich, so wird die für das zu editierende Objekt zuständige Serverapplikation in einem getrennten Fenster außerhalb der Containerapplikation gestartet und das Objekt in diese Applikation geladen.

Visual Editing sollte die bevorzugte Methode sein

Zum Editieren von Objekten ist in jedem Fall der Methode des Visual Editing der Vorzug zu geben, da sie die Übergangs-Nahtstelle zwischen zwei Applikationen an der Benutzeroberfläche minimiert, in folgenden Fällen ist jedoch Open Editing in einem getrennten Fenster nötig:

Gründe für Open Editing

- Das Objekt ist eine Verknüpfung
  Verknüpfungen (Links) sind nur Projektionen aus Dateien, die an anderer Stelle im System stehen; sie werden daher auch in einem getrennten Fenster editiert.

- Das Objekt unterstützt Visual Editing nicht
  Visual Editing ist in der Implementierung aufwendig und wird daher möglicherweise von einzelnen Applikationen, obwohl OLE-2-fähig, nicht unterstützt.

- Visual Editing ist nicht sinnvoll einsetzbar
  Die Benutzerschnittstelle des Objekts unterscheidet sich visuell so stark von der des Containers, daß sie nicht sinnvoll in diese integrierbar wäre; z.B. bei Klang-Editoren.

- Das Objekt ist eine OLE-1-Applikation
  OLE 1 kannte die Technik des Visual Editing noch nicht.

- Visual Editing ist nicht gewünscht
  Der in vielen Applikationen geübte Anwender fühlt sich möglicherweise in „seinen" Applikationen wohler, wenn er sie im vertrauten Gewande eines eigenen Fensters wiederfindet.

Aufruf

Soll ein Objekt zum Editieren geladen werden und wird daher eines der beschriebenen Kommandos ausgeführt (Doppelklick, rechte Maustaste, »Edit«-Menü), so wird dadurch normalerweise Visual Editing gestartet, da dies meist die Standardeinstellung ist. Das Verb *edit* oder der Doppelklick führen, falls möglich, zum Visual Editing.

Nur in Fällen, wo Visual Editing nicht möglich oder nicht implementiert ist, wird durch diese Standardaktionen eine Editiersitzung in einem getrennten Fenster gestartet.

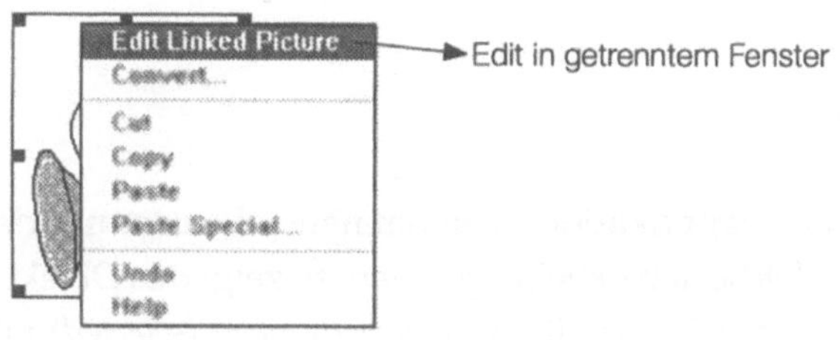

Abb. 6-11
Visual Edit nicht möglich;
Standardaktion »Edit«
startet getrenntes
Fenster.

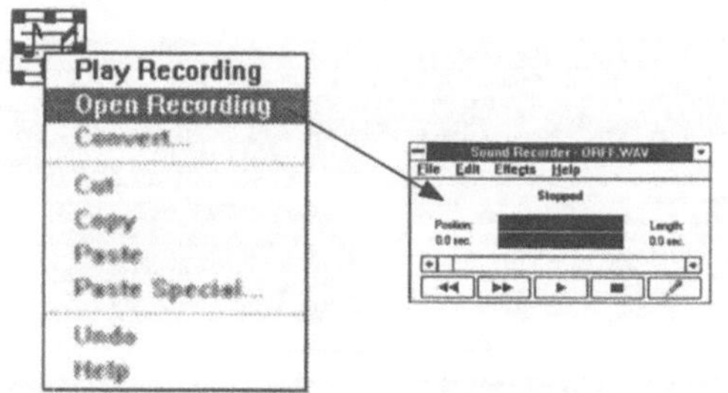

Abb. 6-12
Visual Edit nicht sinnvoll;
Standardaktion »Edit« ist
nicht vorhanden
»Open« startet ein
getrenntes Fenster.

Läßt eine Applikation beide Möglichkeiten zu, so wird meist durch die Standardaktion (Primary Verb) oder durch das Kommando »Edit« Visual Editing gestartet, durch »Open« wird die Serverapplikation in einem getrennten Fenster gestartet.

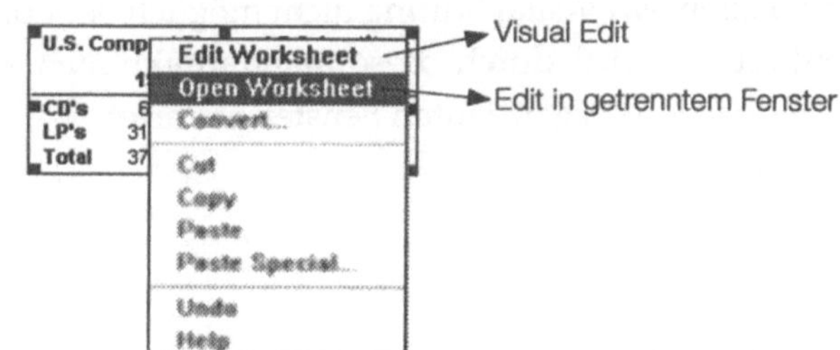

Abb. 6-13
Wahlmöglichkeit
zwischen
»Edit« (In-Place)
und
»Open« (getrenntes
Fenster)

Ist die Serverapplikation in einem neuen Fenster mit den Daten des selektierten Objekts geladen, so zeigt das Objekt in der Containerapplikation die Markierung *open* (*selected*) und die Serverapplikation als aktives Fenster trägt den Eingabefocus:

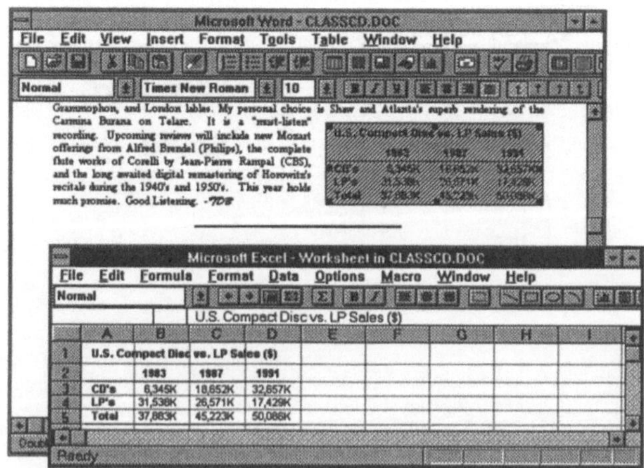

Abb. 6-14
Open Editing:
Containerfenster und
Serverfenster sind
unabhängig
voneinander.

Auf den ersten Blick identisch, bei genauerer Betrachtung jedoch mit einigen Unterschieden, ist das Aussehen einer Editiersitzung eines verknüpften Objekts.

Ein verknüpftes Objekt existiert nur in einer vom Container getrennten Datei – das was im Container zu sehen ist, ist vergleichbar mit der Projektion eines Bildes. Dies führt dazu, daß ein verknüpftes Objekt nur in einem getrennten Fenster editiert werden kann – ähnlich wie bei einer Projektion ist es aber möglich, im Container nur markierte Teile aus der Datei der Serverapplikation zu übernehmen.

Verknüpfung ist mit Projektion vergleichbar.

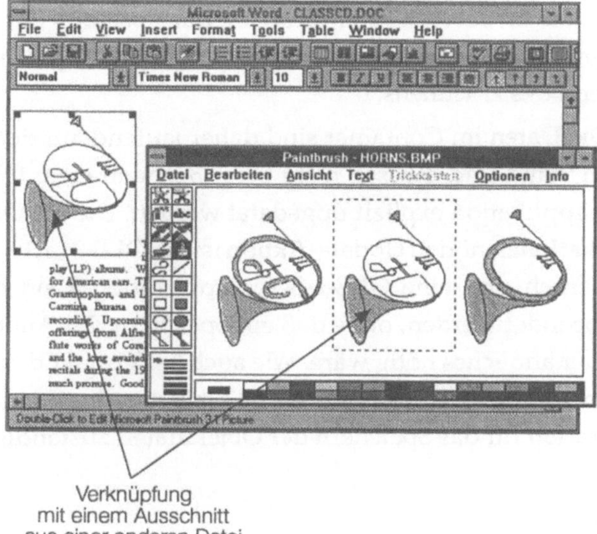

Abb. 6-15
Verknüfung auf einen Ausschnitt aus einer verknüpften Datei einer Serverapplikation

Real Time Update

Bei allen OLE-2-Objekten, die, gleich aus welchem der oben genannten Gründe, in einem getrennten Fenster editiert werden, erfolgt ein augenblicklicher Update des im Containerdokument markierten Objekts.

Update unmittelbar während der Bearbeitung

Noch während der Objektbearbeitung kann im Originaldokument am markierten Objekt die Veränderung beobachtet und kontrolliert werden, die in dem getrennten Fenster vorgenommen wird. Der Update wird dabei sinnvollerweise von der Serverapplikation aus an bestimmte Aktionen gekoppelt durchgeführt, um die Systemresourcen bei doppelter Darstellung nicht zu überlasten. Beispielsweise wird beim Zeichnen einer Linie im Serverfenster diese erst mit Abschluß der Linie auch im integrierten Objekt dargestellt und nicht pixelweise während des Zeichnens.

ggf. verzögerter Update

Die Daten im Container sind daher laufend auf dem aktuellen Stand und müssen nicht beim Beenden einer OLE-2-Serverapplikation explizit upgedatet werden. Die bei OLE-1-Applikationen nötige Update-Aktion ist bei OLE 2 nicht mehr erforderlich und eine OLE-2-Serverapplikation kann daher auch beendet werden, ohne daß ein Speichern der Änderungen oder ähnliches nötig wäre. Wie auch bei Visual Editing ist bei Open Editing von eingebetteten Objekten die Containerapplikation für das Speichern der Objektdaten zuständig.

Abb. 6-16
Beenden einer
Serverapplikation im
getrennten Fenster

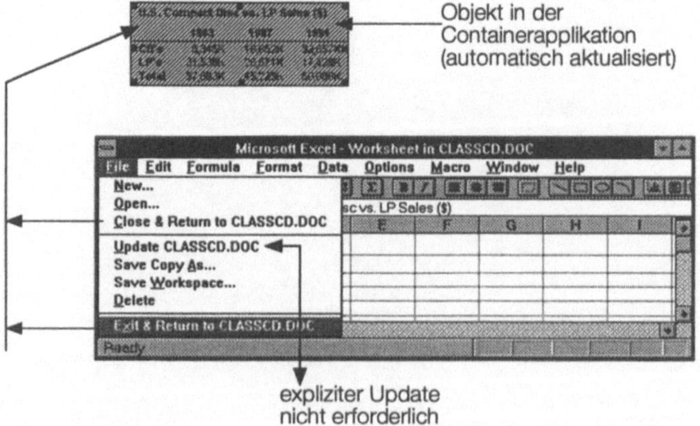

Aktualität bei Links

Auch bei verknüpften Objekten erfolgt der Update während einer Änderungen durch die Serverapplikation dynamisch und ist sofort auch in der Containerapplikation sichtbar. Da dabei jedoch eine vom Containerdokument vollkommen getrennte Datei editiert wird und nicht, wie bei eingebetteten Objekten, die Serverapplikation nur zu Hilfe genommen wird, um einen integrierten Bestandteil der Containerdatei zu editieren, muß diese Datei auch durch die Serverapplikation explizit abgespeichert werden.

explizites Speichern durch den Server bei Änderungen an gelinkten Dokumenten

Wird die Datei einer Serverapplikation, die einen Link auf eine Containerdatei enthält, nicht explizit durch die Serverapplikation abgespeichert, kann die Aktualität des Links verlorengehen und die Verknüpfung abreißen.

6.6 Zusammenfassung

Vor allem in der Idee des Visual Editing liegt großes Potential für zukünftige Applikationen und zukünftige Benutzerschnittstellen. Applikationen können modularer und mit Ausrichtung auf die wesentlichen Kernmerkmale gebaut werden – andere Applikationen, die die Funktionalität erweitern, abrunden oder auf spezielle Einsatzbereiche ausrichten, können einfach und direkt durch den Endbenutzer angedockt werden und integrieren sich natürlich in die Benutzerschnittstelle.

Verbund modularer und auf das Wesentliche reduzierter Applikationen

Die Benutzerschnittstelle erfährt keinen Bruch – der Applikationswechsel bleibt nahezu nahtlos und unsichtbar.

Kapitel 7

Component Object Model

Durch die Modularisierung von Software (Betriebssystem und Anwendungen) mittels Implementierung in Objektklassen mit abgeschlossener und individueller Zugriffsmöglichkeit können Funktionalität und Anwendernähe erhöht werden, und dabei gleichzeitig – von Entwicklerseite – die Überschaubarkeit und Wartbarkeit des Codes verbessert werden.

Wie an mehreren Stellen bereits angesprochen, sind Applikationen wie auch Betriebssysteme im objektorientierten Kontext konsistenter und damit einfacher zu handhaben und effektiver produzierbar .

7.1 Objekt

Es war ebenfalls bereits an mehreren Stellen erkennbar, daß der Begriff „Objekt" – ohne Änderung seiner grundlegenden Definition – in einem sehr breiten Spektrum von konkreten Realisierungen angetroffen werden kann. Die klassischen Objekte, an die man im Zusammenhang mit OLE als erstes denkt, sind Graphiken, Bilder, Tabellen oder auch Ton. Die typischen Objekte bei Betriebssystemen sind die zu verwaltenden Komponenten wie Laufwerke, Festplatte, Hauptspeicher usw.. Aber auch viel allgemeiner, nach Rumbaugh, sind Joe Smith, Simplex Company, Lassie, Process number 7648 und top window ebenfalls Objekte.

An object is simply something that makes sense in an application context. We define an object as a concept, abstraction or thing with crisp boundaries and meaning for the problem at hand.
[J. Rumbaugh et al.; Object-oriented modeling and design; Prentice Hall, 1991; Seite 21]

Die innere Struktur dieser Objekte der realen Welt ist unsichtbar und unzugänglich, aber auch unwichtig – wichtig ist nur, wie die Interaktion von außen mit ihnen geschehen kann, kurz: was man damit anfangen kann.

In der Begriffswelt objektorientierter Software-Architekturen sind Objekte zunächst auch nur mit diesem Definitionsversuch faßbar: als in Speicherstrukturen gegossene Nachbildungen der Objekte der realen Welt.

Objekte in Software umfassen Daten – jedoch nicht nur, sondern sie kapseln diese Daten und verwehren den unkontrollierten Zugriff darauf.

Objekte
Daten
Methoden

Zugriffe auf diese Daten eines Objekts oder deren Veränderungen von außen sind nur über festgelegte Methoden möglich. Objekte bieten diese Methoden nach außen an – zum Aufruf durch andere Objekte. Zur Verwendung eines Objekts und damit zur Benutzung seiner Dienste muß nur eine seiner Methoden aufgerufen werden – beliebig oft und aus beliebigem Kontext heraus.

Abb. 7-1

Ein Objekt kapselt Daten, auf die nur über Methoden zugegriffen werden kann.

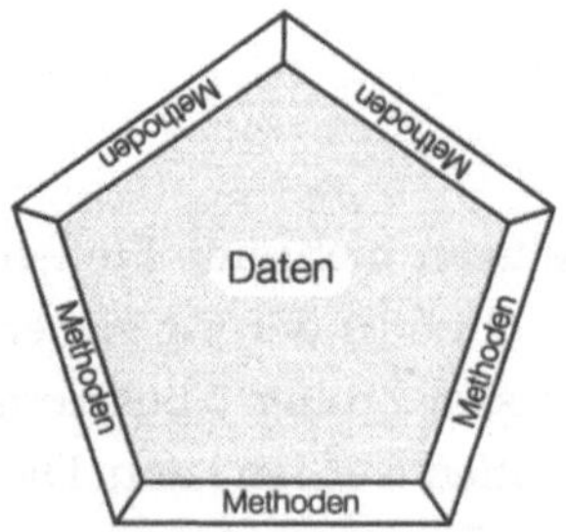

Der Aufruf einer Methode ist also die Verwendung eines Objekts in einer bestimmten Weise und, um es in der Sprache konventioneller Softwarearchitektur auszudrücken, die eigentliche Anwendungsfunktionalität. Steht eine genügend große Vielfalt von Objekten und, damit einhergehend, von Methoden zur Verfügung, so brauchen diese im idealisierten Fall nur noch aufgerufen zu werden und bilden dadurch die komplette Applikation.

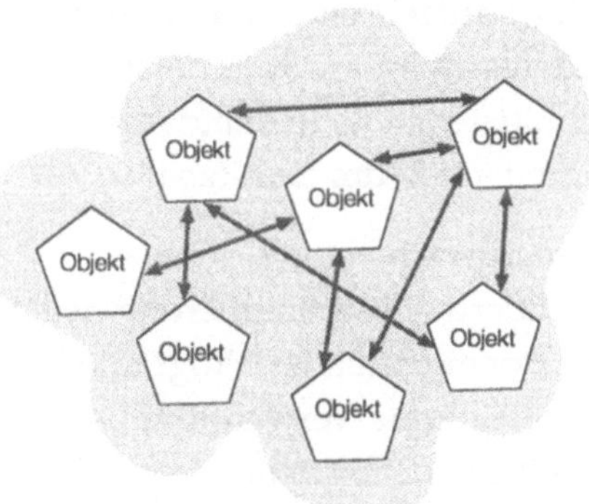

Abb. 7-2
Applikation mit
objektorientiertem
Aufbau;
Objekte rufen sich
gegenseitig auf.

Genau darin liegt die Stärke des objektorientierten Ansatzes – sowohl für den Entwickler als auch für den Endanwender:

- Strukturen und Zusammenhänge sind übersichtlicher, weil interne Strukturen nicht offen sichtbar und veränderbar sind.

- Objekte sind einfach benutzbar, weil sie Dienste (Methoden, Funktionen) nach außen anbieten.

- Objekte sind universell einsetzbar.

- Objekte sind wiederverwendbar.

Eine objektorientierte Architektur erleichtert es dem Entwickler, eine Applikation zu erstellen, und erleichtert es dem Anwender – auf einer ganz anderen Ebene und mit ganz anderen Typen von Objekten – mit diesen Applikationen umzugehen.

Grenzen ...

Diese Stärken der objektorientierten Architektur gelten in der Programmierung jedoch nur innerhalb bestimmter Grenzen und einschränkender Faktoren. Grenzen werden gebildet durch:

Objekte leben innerhalb eines Prozessraumes

- Applikation und Prozeß
  Objekte leben innerhalb einzelner Applikationen, diese wiederum normalerweise innerhalb von einzelnen Prozessen. Zur Laufzeit eines Programms sind die Objekte nichts anderes als binäre Speicherstrukturen – und deren Aufrufschnittstellen nicht standardisiert und daher prozessübergreifend kaum einsetzbar.

Objektaufruf ist abhängig von der Programmiersprache

- Programmiersprache
  Objektorientierte Programmierung ist zwar in keiner Weise von der eingesetzten Programmiersprache abhängig, die gemeinsame Verwendung von Objekten, die in unterschiedlichen Programmiersprachen definiert wurden, ist normalerweise jedoch nicht möglich.

Objekte sind an Rechner und Betriebssystem gebunden

- Rechner und Betriebssystem
  Da normalerweise bereits Applikation und Prozeß eine Barriere für den externen Zugriff auf Objekte bilden, gilt dies um so mehr auch für die Verwendung von Objekten über vernetzte Rechner hinweg – insbesondere wenn es sich dabei noch um unterschiedliche Betriebssysteme handelt.

Die Verwendung von Objekten, also der Aufruf der von diesen Objekten zur Verfügung gestellten Methoden, über diese Grenzen hinweg ist in keiner Weise standardisiert und daher normalerweise nicht möglich. Objektorientierte Systeme, Applikationen unterschiedlicher Hersteller und Betriebssystem, bilden Ihre eigenen, abgeschlossenen Objekt-Welten, mit jeweils eigenen Definitionen und Konventionen des Methodenaufrufs – ein Einwirken von außerhalb ist kaum möglich.

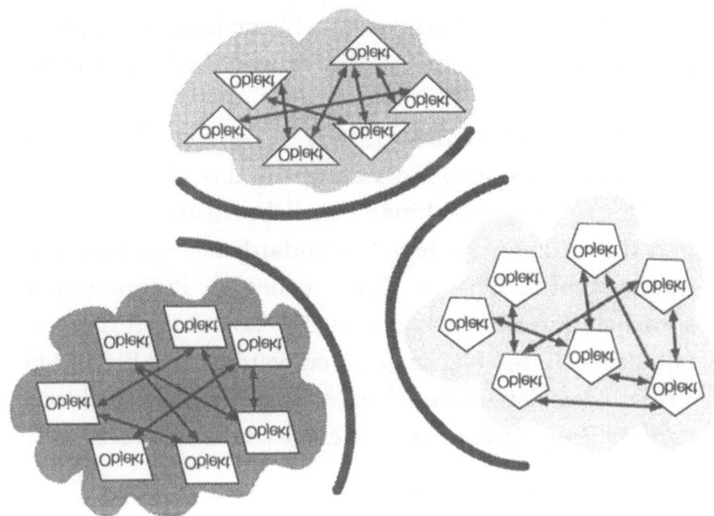

Abb. 7-3
Objekte leben in ihrer eigenen, abgeschlossenen Welt

Um das Problem zu lösen, wie ein Methodenaufruf zum aufgerufenen Objekt kommt, wie also dieses Objekt gefunden wird, kann bestenfalls innerhalb einer Applikation oder eines Entwicklungsprojekts ein Verfahren gefunden werden und dieses dann ggf. wiederholt eingesetzt werden – die Verwendung „fremder" Objekte, die außerhalb der oben aufgelisteten Grenzen liegen, ist damit jedoch kaum möglich.

... auflösen

Um eine applikationsübergreifende objektorientierte Architektur zu erreichen, also Objekte aus unterschiedlichen Umgebungen (Applikationen, Prozessen, Programmiersprachen) integriert verwenden zu können, ist es nötig, diese Grenzen aufzulösen:

- Programmiersprache:
  Es muß dafür Sorge getragen werden, daß Objekte nicht im Stadium des Quellcodes, sondern im binären Stadium, also zur Laufzeit, ihre Eigenschaften zur Verfügung stellen und diese von anderen Objekten abgefragt und

eingesetzt werden können. Je später dies geschieht, aber auch je höher und abstrakter die Ebene ist, desto universeller und dynamischer ist die Verwendbarkeit des Objekts.

Die Definition des Gebildes *Objekt* muß von der stark umgebungsgebundenen Ebene des Quellcodes in die Laufzeitebene der binären Speicherstruktur verlagert und ihre Aufrufschnittstelle standardisiert werden. Dadurch werden Objekte durch beliebige Programmiersprachen aufrufbar. Objekte in C++ können, im Extremfall, durch Assembler aufgerufen werden und Basic (MS Visual Basic) ist auf dem besten Weg dazu, als objektorientierte Programmiersprache eingesetzt zu werden.

- Applikation und Prozeß:
  Es ist ein Mechanismus nötig, um parametrisierte Objekt- bzw. Methodenaufrufe über die Grenze zwischen Prozessen hinweg absetzen und zum Ziel bringen zu können und Resultate kontrolliert verwertbar zurückzubekommen. Hierzu muß jedem Prozeß als individueller Objektwelt der Bereich des anderen Prozesses bekannt sein und eine standardisierte Austauschmöglichkeit existieren. Mechanismen des *Remote Procedure Calls* sind in diesem Zusammenhang eine mögliche Basis.

- Rechner und Betriebssystem:
  Mit ähnlichen, jedoch deutlich erweiterten Lösungen, wie sie zur Überwindung der Prozeßgrenze herangezogen werden, kann auch die Grenze Rechner und Betriebssystem für den Methodenaufruf überwunden werden. Eine rechner- und betriebssystemübergreifende Objektintegration erfordert über eine grundlegende binäre Repräsentanz eines Objekts hinaus noch standardisierte Regelungen, um Objekte im Netz aufzufinden und, bei unterschiedlichen Betriebssystemen oder Prozessoren, unterschiedliche binäre Darstellungsformen zu überbrücken.

Erst wenn diese Grenzen in weitestgehendem Umfang über-
brückbar gemacht und aufgelöst sind, ist es möglich, objektorientierte Architekturen und objektintegrierende Systeme zu
bauen, die weit über den Rahmen bisheriger – auch objektorientierter Applikationen – hinausgehen: bei denen beliebige
Objekte aus beliebigen Programmiersprachen, die in beliebigen Prozessen und Applikationen, ggf. sogar auf unterschiedlichen Rechnern und Betriebssystemen im Netz leben, zu einem größeren Ganzen zusammengebaut werden.

7.2 Allgemeingültige Definition

Um dieser Vielzahl von Forderungen gerecht werden zu können und die vielen unterschiedlichen Objekte und Objekttypen, die in solchen Systemen miteinander zu tun haben, in effektiver Kooperation einsetzen zu können, ist eine als
allgemeine Basis anerkannte Definition dessen nötig,

- was ein Objekt ist,

- wie ein Objekt eingesetzt wird und

- nach welchen Regeln ein Objekt mit anderen Objekten in
  Interaktion tritt.

Um objektorientierte Applikationen unterschiedlichster Herkunft nicht nur nebeneinander, sondern miteinander und ineinander verwoben auf objektorientierten Betriebssystemen
einsetzen zu können, müssen diese Systeme inhärent die gleiche Definition einer objektorientierten Architektur besitzen.

Nur wenn alle objektorientierten Systeme von der gleichen Vorstellung von „Objekt" ausgehen, können diese Objekte auch von anderen Umgebungen aus aufgerufen und eingesetzt werden. Nur auf der Basis einer solchen einheitlichen
Vorstellung ist die Zukunft einer durchgängigen objektorientierten Architektur von der innersten Betriebssystemebene
bis hin zur äußersten Applikationsebene oder betriebssy-
stemübergreifenden Meta-Applikationen möglich.

beliebige Objekte, beliebige Programmiersprachen, beliebige Applikationen

Standardisierung

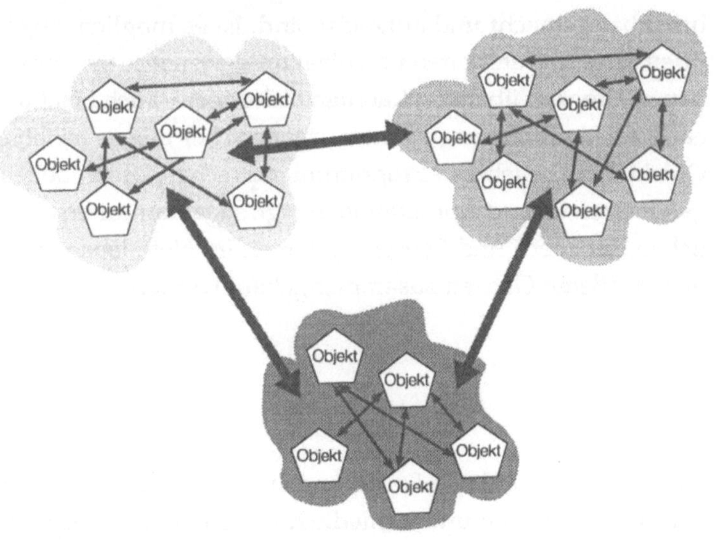

Abb. 7-4

Grenzüberschreitende Interaktion von Objekten, die auf einem einheitlichen Objektmodell beruhen

Standardisierung

Die Durchsetzung eines solchen Standards, d.h. die applikationsübergreifend einheitliche Definition des Begriffs „Objekt" und der dynamischen Interaktion unterschiedlicher Objekte zur Laufzeit, ist von mehreren Faktoren abhängig:

Faktoren für die Durchsetzung eines Standards

- Die Einhaltung des Standard muß als wichtiges Ziel erkannt werden.

- Die Einhaltung des Standards muß einfach sein und darf keine weitreichenden Einschränkungen mit sich bringen.

- Einflußreiche Vorreiter müssen den Standard einhalten und propagieren.

- Der Standard muß präzise spezifiziert sein.

- Der Standard muß als verwendbare Implementierung vorliegen.

Vor allem der letzte Punkt ist von größter Bedeutung: die Definition des Standards nicht nur auf Papier, sondern in Form einer funktionsfähigen und breit verfügbaren Implementierung mit für alle potentiellen Interessenten deutlich sichtbaren Vorteilen.

7.3 Objektorientierung in der Windows-Welt

Im Bereich der Windows-basierenden Betriebssysteme wird ein solcher Standard von Microsoft vorgelegt und ist erstmals im Rahmen von OLE 2 als *Component Object Model* (*COM*) verfügbar. Das Component Object Model ist das wichtigste und allen anderen zugrunde liegende Einzelkonzept des OLE-2-Systems und auch das erste und vorrangigste Konzept, auf dem andere neue Applikationen und zukünftige Betriebssysteme basieren werden.

Component Object Model

Das Component Object Model wird erstmals mit OLE 2 eingeführt, ist aber genau genommen keine Komponente, die nur im Zusammenhang mit Linking und Embedding bei Applikationen zur Anwendung kommt, sondern wesentlich umfangreicher und grundlegender schlichtweg die Basis für die zukünftige Applikations-Interaktion bildet. Objekte, die nach der Spezifikation des COM geschrieben sind, werden demnach auch *Component Object*s genannt.

Component Objects

Mit dem Component Object Model liegt die standardisierte Definition eines Objekts und seiner Interaktion mit anderen Objekten vor. Nicht zuletzt um seine zentrale und strategische Rolle in der Windows-Welt zu betonen, wird ein Objekt im Rahmen dieser Definition als *Windows Object*™ bezeichnet.

Windows Object

Rolle des Component Object Model

Die weit über die reine Anwendung von Linking und Embedding hinausgehende Bedeutung, die dem Component Object Model zukommt, mag daran ersichtlich werden, daß Microsoft seine zukünftigen Betriebssysteme, die alle von Grund auf objektorientiert gebaut sein werden, auf der Basis des Component Object Model aufbaut.

Dies bedeutet, daß Betriebssystem und Applikationen auf dem gleichen Objektmodell aufsetzen, d.h. die gleiche Vorstellung und Definition von Objekt haben und daher Applikationen wesentlich enger mit den Diensten des Betriebssystems verwoben werden können.

Objektorientiertes Betriebssystem

In einem objektorientierten Betriebssystem stehen sämtliche Dienste des Betriebssystems (Kernel und Treiber), aber auch alle grundlegenden Werkzeuge (Editoren, Dateiverwaltungstools, Konfigurationstools), die zum Lieferumfang des Systems gehören , als Objekte zur Verfügung. Der Benutzer bedient nicht mehr unterschiedliche Werkzeuge, die wiederum unterschiedliche Dateien und Dateitypen manipulieren, sondern er manipuliert und integriert Objekte, und diese Objekte tragen jeweils ihr eigenes Benutzerinterface mit sich. Auf diese Weise können nicht nur existierende Instanzen einer Objektklasse (z.B. Dokument) benutzt werden, sondern durch einen Generierungsmechanismus auch neue Instanzen beliebigen Typs erzeugt werden.

Der Benutzer manipuliert Objekte.

Generierungsinstanz für neue Objekte

Eine Unterscheidung zwischen Dateimanager und Programmanager wird zugunsten eines universellen „Objekt-Managers" aufgehoben (der allerdings nichts mit dem in Windows 3.1 etwas unglücklich als *Objekt-Manager* bezeichneten Programm PACKAGER.EXE zu tun haben wird.)

modular aufgebaut und leicht konfigurierbar

Objektorientierte Betriebssysteme sind modularer aufgebaut, leichter wartbar, leichter bedienbar und leichter konfigurierbar. Alle großen Hersteller von Betriebssystemen sind zur Zeit intensiv mit der Erstellung neuer, ausschließlich objektorientierter Systeme beschäftigt.

auf der Basis des Component Object Model

Anwendungen, die bereits jetzt auf der Basis des Component Object Model erstellt werden, stehen damit auch bereits jetzt auf einer Grundlage, die weit in die Zukunft hinein tragfähig sein wird. Natürlich werden technische Änderungen und Erweiterungen an der Implementierung des COM erfolgen, das Objektmodell als solches jedoch wird in seinen zentralen Punkten unverändert bleiben.

Zukünftige Entwicklung

Sowohl der derzeit aktuelle Standard Windows3.1 als auch seit Herbst 1993 verfügbare WindowsNT3.1 arbeiten noch ohne die Technologie von OLE 2 und dem Component Object Model. WindowsNT ist zwar ein mit objektorientierten Ansätzen gebautes Betriebssystem, OLE 2 und das COM sind jedoch kein Spinoff aus WindowsNT für die „kleineren" Betriebssysteme, sondern eine davon vollkommen unabhängige Entwicklung.

Add On für
Windows3.1 und
WindowsNT3.1

Auf Windows3.1 und WindowsNT3.1 kommt OLE 2 nur im Bereich der Anwendungen, nicht jedoch im Bereich des Betriebssystems und dessen Dienste zum Einsatz, und die Anwendungen erfahren damit auch noch keine objektorientierte Unterstützung durch das Betriebssystem. OLE 2 und die Dienste, die durch die Benutzung des COM geleistet werden können, kommen hierbei auch erst mit der ersten – neueren – Applikation, die OLE 2 unterstützt, bei deren Installation auf das System.

wird nachträglich
installiert

Alle folgenden Systeme jedoch werden diese Technologie auch bereits auf Betriebssystemebene intensiv nutzen. Diese nächste Betriebssystem-Generation, die auf dem Component Object Model aufbauen und in deren Entwicklung die gesamte OLE-2-Technologie und deren Weiterentwicklung einfließen wird, sind:

- Windows4.0 (Entwicklungsname *Chicago*), das als direkter Nachfolger von Windows3.1 und ausgerichtet auf das gleiche Marktsegment in der zweiten Hälfte des Jahres 1994 auf den Markt kommen wird.

Windows4.0
(Chicago)

- WindowsNT 4.0 (Entwicklungsname *Cairo*) wird als Nachfolger von WindowsNT3.1 für den Highend-Bereich der Serversysteme entwickelt. Dabei wird es sich um ein von Grund auf objektorientiertes Betriebssystem handeln. Mit seinem Erscheinen kann nicht vor 1995 gerechnet werden.

WindowsNT 4.0
(Cairo)

- Nachfolgende Betriebssysteme werden diese Entwicklungslinie fortsetzen.

151

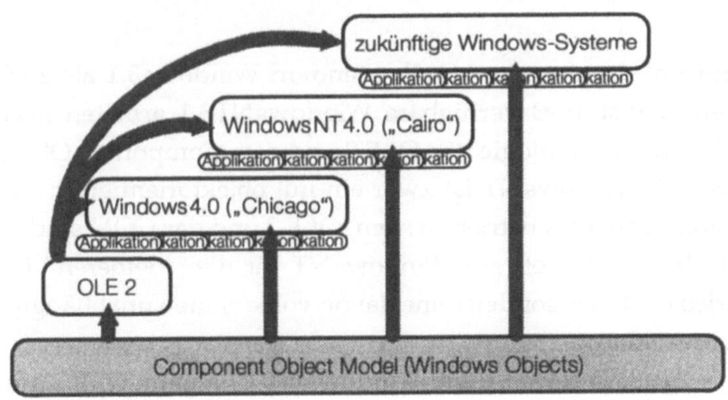

Abb. 7-5

Das Component Object Model als Teilbereich von OLE 2 und grundlegender Bestandteil der zukünftigen Microsoft-Betriebssysteme.

Wichtigste Aufgabe des Component Object Model und Windows Objects ist es, eine Basis für die Software-Entwicklung im Microsoft-Umfeld zu bilden, d.h. sicherzustellen, daß unterschiedlichste Objekte von vielen verschiedenen Entwicklern unter Einsatz beliebiger Programmiersprachen dennoch nahtlos miteinander und eng mit Diensten des Betriebssystems verzahnt, eingesetzt werden und sich dabei konsistent verhalten.

Component

Das Wort *Component* in der Bezeichnung für dieses Modell bezieht sich auf die nicht zuletzt durch dieses Modell angestrebte Modularisierung von zukünftiger Software – der Aufteilung in selbständige, relativ kleine aber hochintegrative Komponenten – und damit den Weg

Modularisierung

* weg von großen, monolithischen Programmen, in denen immer wieder Funktionalität implementiert werden muß, die auch in vielen anderen Monolithen statisch längst vorhanden ist aber auch

monolithische Software

* weg von einer Vielzahl von Einzelkomponenten, die unabhängig und ohne standardisierte Integrationsmöglich- keit nebeneinander benutzt werden.

unabhängige
Einzelkomponenten

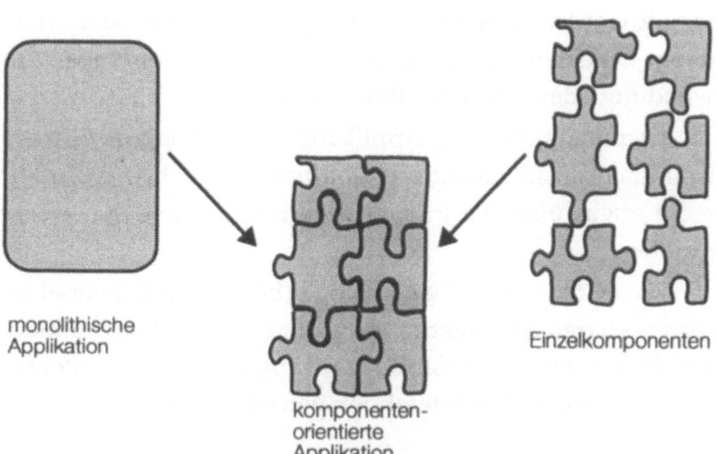

Abb. 7-6
Applikation aus integrierten Einzelkomponenten statt Verwendung gekapselter Einzelkomponenten oder monolithischer Applikation

Auf vielen unterschiedlichen Ebenen und mit unterschiedlichen Objekttypen – vom Funktionsmodul in einer Programmiersprache bis zur Graphik-Bearbeitungskomponente eines Textsystems – geht der Ansatz dahin, Funktionalität in eigenständigen Komponenten zu implementieren, die nach dem Component Object Model ausgeführt sind und damit einfach zu einer komplexeren Funktionalität kombiniert, zusammengesteckt werden können.

7.4 Bestandteile des Modells

Mit dem Component Object Model wird die Technologie der Objekt- und Applikationsintegration auf ein umfassendes Fundament gesetzt.

Transparente und erweiterbare Architektur

Durch das Component Object Model wird ein binärer Objektstandard definiert, der alle Objekte, gleich wie und in welcher Programmiersprache sie entwickelt wurden, nach außen hin mit einheitlichen Schnittstellen erscheinen läßt und sie damit zur Benutzung durch beliebige andere Objekte freigibt.

Kommunikation über Schnittstellen

So kann ein in C++ geschriebenes Objekt eine Schnittstelle zur Verfügung stellen, über die von außen Namen von Funktionen zugänglich werden, die auf das Objekt angewandt werden können. Der Zugriff kann von beliebigen anderen Objekten aus erfolgen: einer in C geschriebenen Anwendung oder aus Visual Basic heraus.

unabhängig von der Implementierung

Damit können zwei Applikationen über objektorientierte Schnittstellen miteinander kommunizieren, ohne daß sie irgend etwas über die Implementierung des anderen wissen müßten.

Das Component Object Model bildet den Schlüssel zur erweiterbaren Architektur von OLE. Es bietet die Grundlage, auf der das gesamte OLE-Konzept aufgebaut ist und stellt einen Standard für die Interaktion von Objekten.

- Objekte, die dem Component Object Model entsprechen, können durch einen OLE-internen Zugriffsmechanismus (*Lightweight Remote Procedure Call*; LRPC) transparent über Prozessgrenzen hinweg kommunizieren.

über Rechnergrenzen

Diese Methode der Inter-Prozeß-Kommunikation über LRPC ist im Moment noch in den Grenzen des Rechners gefangen. In der nächsten Version von OLE wird auch diese Grenze fallen und die Objektkommunikation mit anderen Rechnern möglich sein.

- Das Component Object Model schafft die Möglichkeit, Objekte aus anderen Objekten zusammenzusetzen und damit die gemeinsame Nutzung von Interface-Implementierungen.

- Das Component Object Model beschreibt, wie Objekte auf Schnittstellen zugreifen, wie Fehlercodes kommuniziert werden und wie Funktionsparameter zugewiesen und freigegeben werden.

Entwickler, die ihre Applikation nach den Definitionen und unter Berücksichtigung der Standards des Component Object Model erstellen, können dadurch sicherstellen, daß diese Applikation sich auch in eine zukünftige Windows-Umgebung nahtlos einfügt, seine Objekte dieser Umgebung zur Verfügung stellen kann und die benötigten Objekte aus dieser Umgebung (von der untersten Betriebssystemschicht bis zur Komponente aus einer anderen Applikation) benutzen und integrieren kann.

Applikation für zukünftige Windows-Umgebungen

Einzelkonzepte

Eine Reihe von einzelnen Konzepten sind zusammengefaßt zu diesem Gesamtmodell, und sie bilden in ihrer Gesamtheit den Unterbau für die beschriebene weitere objektorientierte Entwicklung mit OLE 2 und nachfolgenden Applikationen und Betriebssystemen:

- Das Prinzip des Interface
  Durch ein Interface kommunizieren die einzelnen Komponenten – ein Anbieter und ein Abnehmer eines bestimmten Dienstes – miteinander.

  Ein Interface ist die allgemein bekannte und allgemein verfügbare Zugriffsmöglichkeit auf die Dienste eines Objekts.

- Eine Abfragemöglichkeit für Interfaces
  Objekte (Komponenten) können andere Objekte fragen, welche Interfaces sie unterstützen – genauer: ob sie ein

bestimmtes Interface unterstützen. Damit werden Objekte in die Lage versetzt, von sich aus eine wechselnde Anzahl von Interfaces zu unterstützen, ohne existierende Außenbeziehungen zu stören oder zu unterbrechen.

- Einen Referenzzähler
  Über diesen Mechanismus können Objekte ihre gleichzeitige Benutzung selbst kontrollieren und feststellen, wann sie nicht mehr gebraucht werden.

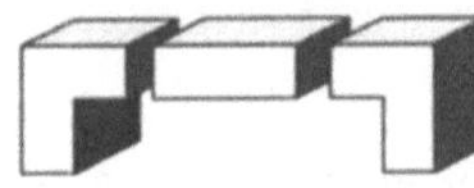

- Eine Brücke über Prozessgrenzen hinweg
  Damit kann ein Zeiger auf ein Interface über Prozessgrenzen hinweg übergeben werden und Objekte aus unterschiedlichen Prozessen können in Aufrufbeziehungen treten.

  Dieses Prinzip läuft für beide Seiten transparent ab: Weder das Serverobjekt noch das aufrufende Clientobjekt bemerken, daß sie in unterschiedlichen Prozessen laufen.

  Dieser Mechanismus ist in OLE 2 noch auf den Rechner begrenzt, wird aber in folgenden Versionen des Component Object Model auch über Netz und damit über Rechnergrenzen hinweg funktionieren.

- Ein Mechanismus zum Identifizieren und Laden von Objekten
  Darüber kann ein benötigtes Objekt aufgefunden und ggf. dynamisch in das laufende System geladen werden.

- Unabhängigkeit durch indirekten Aufruf
  Objekte brauchen nicht zu wissen, in welchen Dateien eine benötigte Funktionalität zu finden ist und werden dadurch unabhängig von der tatsächlichen Dateiablage der Serverobjekte.

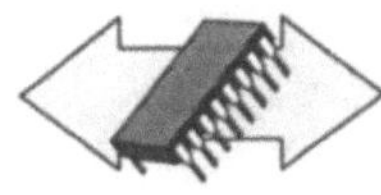

- Ein flexibler Mechanismus zur Behandlung der Speicherbelegung.
  Das Nutzungsrecht an zur Verfügung gestelltem Speicher kann direkt vom Server zum Client weitergegeben werden, ohne daß dieser Speicher als solcher verschoben oder neu allokiert werden muß.

7.5 Interface

Der wichtigste Begriff aus dem Bereich des Component Object Model und damit in Folge aus der gesamten Begriffswelt der objektorientierten Architektur von OLE 2 ist der Begriff *Interface*.

Der Begriff Interface spielt im Component Object Model eine so zentrale Rolle, daß damit vielfach sogar der Begriff des Windows Object definiert wird:

> Ein Windows Object ist ein Etwas mit einem Interface.

„Something with Interfaces"
(Brockschmidt)

Interfaces sind die Bestandteile eines Objekts, über die es von außen angesprochen, verwendet und eingebunden werden kann. Interfaces sind damit die eigentlichen charakterisierenden Elemente eines Objekts.

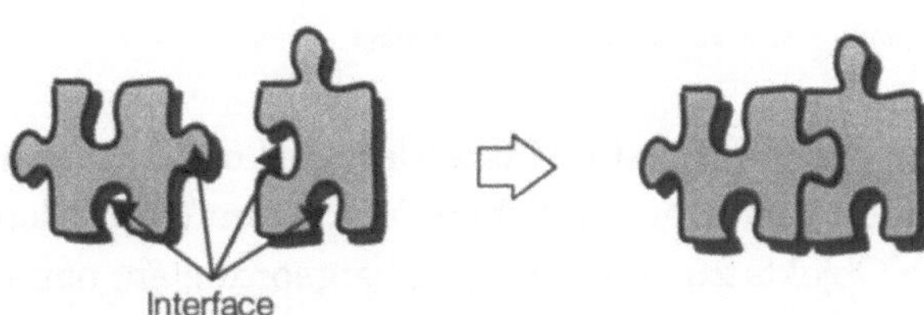

Abb. 7-7
Objekte sind durch ihre Interfaces kombinierbar.

In der Tat ist es so, daß der zentrale Gegenstand bei der Arbeit mit dem Component Object Model nicht, wie zu vermuten, der Begriff Objekt bzw. Windows Object ist, sondern Interface. Die Arbeit, d.h. die Programmierung, mit OLE 2 und dem Component Object Model ist die Arbeit mit Interfaces. Vor der Bedeutung dieses Begriffs tritt der Begriff Objekt in den Hintergrund.

- Auf Objekte selbst besteht keine Zugriffsmöglichkeit, sondern nur auf die von diesen unterstützten Interfaces.

- Über Interfaces bieten die Objekte in OLE 2 ihre Dienste ihrer Umwelt, d.h. anderen Objekten an.

- Ein Objekt kann ein, mehrere oder beliebig viele Interfaces besitzen.

- Objekte kommunizieren miteinander über diese Interfaces, die damit zum Dreh- und Angelpunkt der Objekt-Interaktion werden.

ein Basisinterface

- Alle Interfaces sind von einem Basisinterface abgeleitet. Alle Objekte verfügen daher über mindestens dieses eine Interface, über das sie Wissen über die anderen Interfaces eines Objekts erhalten können.

binärer Standard

- Durch die Verwendung von Interfaces wird ein binärer Standard nach außen für die beliebige Verwendung durch beliebige Applikationen definiert, durch den die Offenheit und Modularität des Component Object Model und damit von OLE 2 erzielt werden kann.

Semantisch verwandte Funktionen

Zusammenfassung ähnlicher Funktionen

Ein Interface ist zunächst nichts anderes als die Zusammenfassung einer Reihe von ähnlichen Funktionen (oder Methoden) eines Objekts zu einer neuen, übergeordneten, namentlich festgelegten, Einheit.

Der Methodenaufruf, d.h. der Aufruf der Dienste eines Objekts, erfolgt im Component Object Model damit auch nicht direkt. Nach dem Component Object Model werden Objekte über ihre Interfaces aufgerufen, womit das bereits verwendete Bild eines Interface präzisiert werden muß :

Ein Interface ist die Zusammenfassung von semantisch miteinander in Beziehung stehenden Funktionen zu einer benannten Einheit.

Ein Objekt im Component Object Model stellt sich damit wie folgt dar:

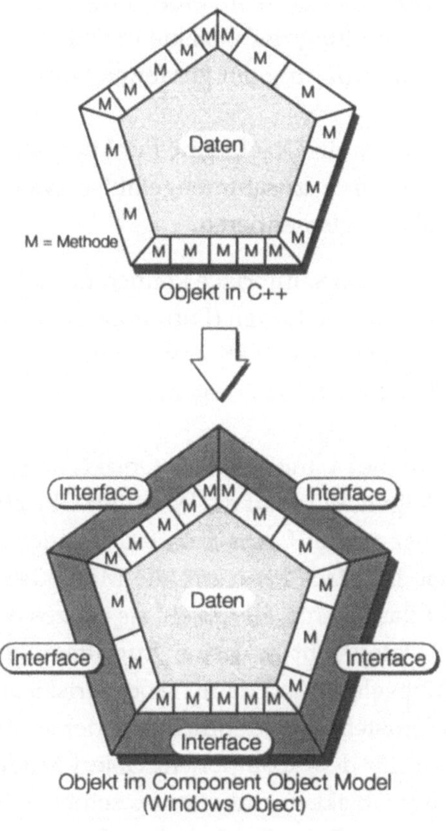

Abb. 7-8
Im Component Object Model werden die Methoden von Objekten über deren Interfaces aufgerufen.

Der Satz von Funktionen als Ganzes und ihre damit verbundene Bedeutung legt eine Beziehung zwischen dem Objekt und seinen Benutzern fest. Wenn ein Objekt angibt, daß es ein bestimmtes Interface unterstützt, dann dürfen die Benutzer dieses Objekts davon ausgehen, daß es sich an alle semantischen Regeln dieses Interfaces hält und nicht nur an die Syntax der Methoden, die es enthält.

Objekte implementieren Interfaces.

Durch die Benutzung von Interfaces wird das Objekt, genauer gesagt die Daten, ein weiteres mal gekapselt. Die erste Kapsel schließt die Daten des Objekts ein und wird durch deren Methoden gebildet, durch die allein auf die Daten zugegriffen werden kann. Die zweite Kapsel wird durch die Interfaces gebildet, die die Methoden zu einer semantischen Einheit zusammenfassen.

Dadurch wird etwas im Sinne des Component Object Model sehr Wichtiges erreicht: eine höhere Abstraktionsebene bei der Verwendung der Objekte und damit eine wesentlich klarere Strukturierung der gesamten Funktionalität.

*höhere
Abstraktionsebene*

- Implementiert ein Objekt eine Funktion aus der Gruppe der im Interface zusammengefaßten Methoden, dann muß es alle implementieren.

- Über ein einzelnes Interface können immer nur und ausschließlich die Methoden (Funktionen), die in diesem Interface zusammengefaßt sind, angesprochen werden. Auf andere Funktionen besteht *kein* Zugriff!

*Zugriff nur über
Interfaces*

Der Zugriff auf die Methoden eines Objekts kann nur über die Interfaces erfolgen. Wird auf ein Windows Object zugegriffen, so kann immer nur auf sein Interface zugegriffen werden. Nur über das Interface kann auf die Methoden zugegriffen werden – auf das eigentliche Objekt als ganzes oder die darin enthaltenen Daten gibt es keine Zugriffsmöglichkeit: eine sehr starke Kapselung und damit Modularisierung.

Hieraus entsteht sehr deutlich eine der zentralen Fragen für die Arbeit mit dem Component Object Model: Wenn der Zugriff auf ein Objekt nur über eines seiner Interfaces möglich ist – wie ist der Zugriff auf ein Interface möglich und woher kommt die Information über alle Interfaces, die ein Objekt besitzt? Auf diese Frage bezieht sich eine der zentralen Design-Entscheidungen im Component Object Model.

Zugriff auf Interfaces

Nur durch diese zweite Abstraktionsebene der Interfaces ist es möglich, einen binären Standard für die Objektdarstellung und -interaktion zu definieren.

Die standardisierte binäre Repräsentation ist wiederum nötig, um die angestrebte beliebige Kombinierbarkeit von Objekten aus unterschiedlichsten Umgebungen zu erreichen.

Die folgenden Aussagen mögen dazu beitragen, den Begriff Interface ein wenig zu präzisieren:

- Das BlauRot-Interface enthält die Funktionen Blau und Rot.

- Das BlauRot-Objekt implementiert das BlauRot-Interface mit all seinen Funktionen.

- Der Anwender von BlauRot benutzt das BlauRot-Interface um beispielsweise ein BlauRot-Programm zu schreiben.

- Die Anwender von BlauRot wissen nichts darüber, wie ein BlauRot Objekt ein BlauRot Interface implementiert.

- Der Anwender von BlauRot kann ein anderes Objekt mit eigenem Interface sein.

Methoden = Zeiger auf Funktionen

Das Component Object Model beschreibt, auf welche Weise Objekte Interfaces benutzen, wie *Interface Pointer* verwendet und freigegeben werden, wie Funktionen Informationen über Fehlerzustände austauschen und wie Funktionsparameter zugewiesen und freigegeben werden.

Objekte benutzen Interfaces.

Zur Verdeutlichung dieser Position des Interface wird die graphische Darstellung eines Objekts mit Interfaces, also eines Objekts im Sinne des Component Object Model, im Folgenden in seine wichtigsten Teile zerlegt und diese anschließend und mit anderer Gewichtung wieder neu zusammengesetzt.

Zunächst ergibt sich eine Aufteilung in den Datenbereich, in die Liste mit semantisch ähnlichen Methoden (wobei die Ähnlichkeit dadurch hergestellt ist, daß die „Methoden" alle zur linken obere Kante gehören) und in das Interface, das einen Überbegriff über die Liste der Methoden bildet.

Datenbereich, semantisch ähnliche Methoden, Interface als Überbegriff

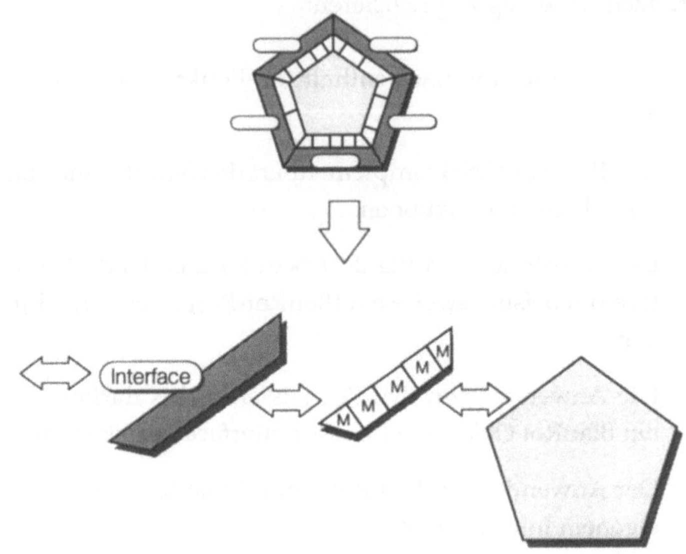

Abb. 7-9
Position des Begriffs
Interface im Component
Object Model:
Einzelteile

Nach dieser Aufsplittung der beteiligten grundlegenden Elemente wird näher betrachtet, was diese einzelnen Elemente überhaupt sind, wie sie zueinander in Beziehung stehen und vor allem auch wie sie sich nach außen, d.h. zum Aufrufer hin präsentieren.

Interface = Tabelle von Zeigern auf Funktionen

zur Laufzeit

Die für ein Objekt definierten Methoden liegen als *Tabelle von Zeigern auf Funktionen* vor. Die Laufzeit-Instanz eines Interfaces ist nichts anderes als eine Datenstruktur die den Zugriff auf die für dieses Interface festgelegten Funktionen (Methoden) ermöglicht.

Vereinfachend und, um im Kontext der bisher verwendeten graphischen Darstellung eines Objekts zu bleiben, können diese Beziehungen etwa so visualisiert werden:

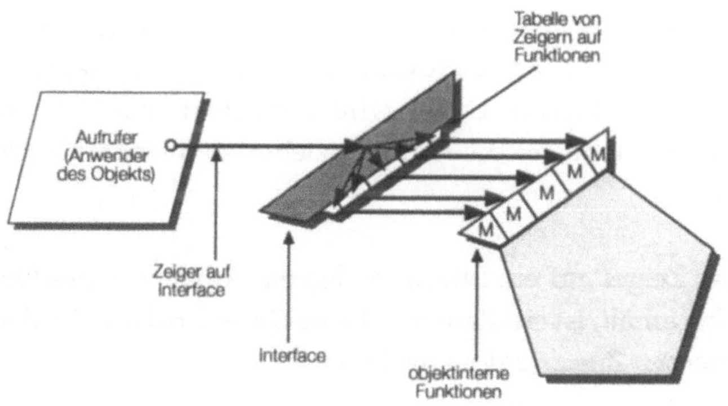

Abb. 7-10
Interface als
Tabelle von Zeigern
auf Funktionen

Der Benutzer (Aufrufer) eines Objekts erhält einen Zeiger auf
dessen Interface. Dies wiederum ist ein Zeiger auf eine An-
sammlung (Liste) von Methoden, die von dem Objekt unterstützt werden. Hat der Benutzer über das Interface Zugriff
auf diese Liste von Methoden (Funktionen), so kann er alle
Funktionen benutzen, die zu diesem Interface gehören.

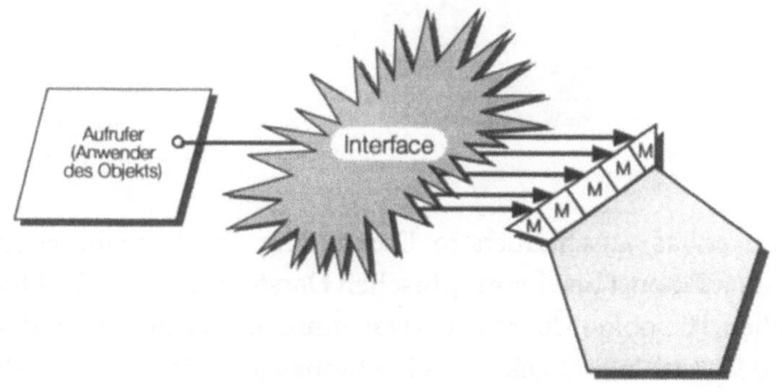

Abb. 7-11
Vereinfachende
Darstellung der Position
des Begriffs Interface

Auch durch diese Abstaktion ist zu sehen, wie sehr die Re-
duktion auf den Begriff Interface zur Vereinfachung und Klarheit bei Design und Anwendung beiträgt.

Aufrufbeziehung zur Laufzeit

Eine etwas andere Form der Darstellung soll diesen grundlegenden Zusammenhang im Component Object Model noch einmal verdeutlichen. Dabei wird betrachtet, wie sich im Speicher zur Laufzeit die Aufrufbeziehung zu einem Objekt präsentiert:

- Der Zeiger auf ein Interface, den ein Anwender des Objekts erhält, ist ein Zeiger auf eine Datenstruktur, die den internen Zustand des Objekts enthält.

- Das erste Element dieser Datenstruktur ist ein Zeiger auf eine Liste von Zeigern auf Funktionen (`vtbl`).

- Diese Funktionen wiederum, auf die aus dieser Liste gezeigt wird, sind die eigentlichen Methoden des Objekts.

Zur Laufzeit sind diese Strukturen etwa so vorstellbar:

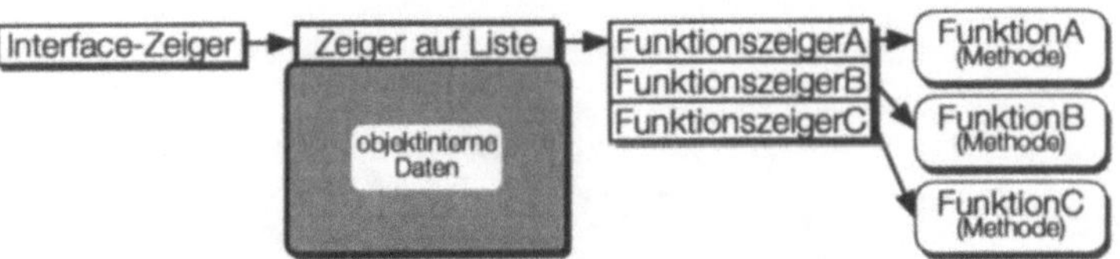

Abb. 7-12
Aufrufbeziehungen zur
Laufzeit

Eine etwas anschaulichere Darstellung erhält man, wenn man, wie sonst bei der graphischen Darstellung von Objekten üblich, die obige Übersicht etwas umbaut und die Methoden und Daten eines Objekts als eine Einheit gemeinsam darstellt. Dabei kann auch hier wieder zu einer Einheit zusammengefaßt werden, was unter einem Interface zu verstehen ist: ein Zeiger auf eine Liste von Funktionszeigern.

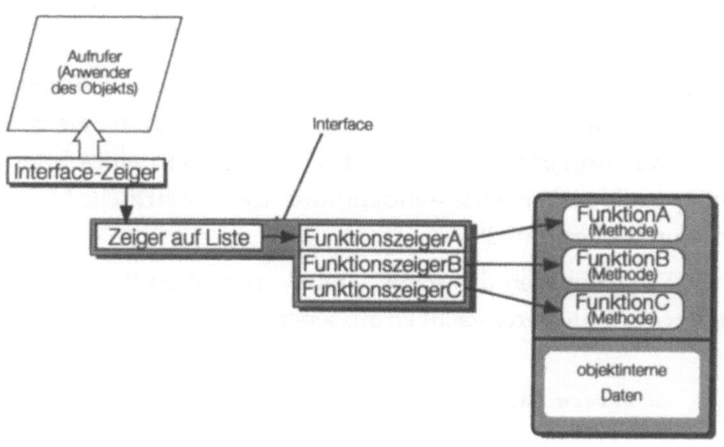

Abb. 7-13
Zeiger
auf eine Liste
von Funktionszeigern

Auch diese Form der Darstellung ist damit an dem Abstraktionsgrad angelangt, der die Position des Begriffs Interface im Component Object Model ausdrückt.

Ein Objekt im Component Object Model wird weder durch seine Daten noch durch die auf diese Daten wirkenden Funktionen (Methoden) beschrieben, sondern durch die höhere Abstraktionsstufe der Interfaces, die es nach außen anbietet. Durch den Satz von Interfaces, den ein Objekt unterstützt, kann ein Objekt vollständig beschrieben werden!

Ein Objekt ist definiert durch den Satz von Interfaces, den es unterstützt.

Ein bestimmtes Interface unterstützt nach der Definition des Component Object Model immer den gleichen Satz von Funktionen und daher kann jeder Benutzer eines Interfaces davon ausgehen, dieses immer in gleicher Weise verwenden zu können.

Implementierung

Interfaces an sich haben eigentlich keine Implementierung sondern entsprechen dem, was man in der Terminologie von C++ *abstrakte Basisklassen* nennt. Die Definition eines Interfaces in C++ ist eine Klassendefinition, die nur virtuelle Memberfunktionen enthält.

Ein Interface ist eine abstrakte Basisklasse.

Die Definition des schon einmal erwähnten BlauRot-Interface könnte vereinfacht so aussehen:

Definition eines Interface

```
interface IBlauRot {
    virtual RESULT   Blau(…, …)    =0;
    virtual RESULT   Rot(…, …)     =0;
};
```

Die Bezeichnung `interface`, die hier verwendet wird, dient ausschließlich Dokumentationszwecken. Es gibt keine Implementierung für `interface` – es ist (in C++) nichts anderes als ein

Definition von Interface

```
#define interface    struct
```

Schreibweise

Die Namen von Interfaces beginnen normalerweise immer mit dem Buchstaben

```
I…
```

wie z.B. in den Interface-Namen:

```
IUnknown
IClassFactory
IPersistStorage
```

Nur die Interfaces, die im Bereich Compound Documents benutzt werden, beginnen mit

```
IOle…
```

wie z.B. in bei:

```
IOleObject
IOleClientSite
IOleWindow
```

Standarddarstellung in OLE 2

Zu weiteren Behandlung des Component Object Model und damit auch zur Beschreibung der Objekte mit ihren Interfaces reicht es, für ein Interface ein einziges graphisches Symbol bzw. den Namen des Interfaces zu verwenden. In der Dokumentation zu OLE 2 ist es üblich geworden, diesen Sachverhalt für die graphische Darstellung noch weiter zu vereinfachen:

Die Liste von Funktionen (function table), die in einem Interface zusammengefaßt sind, wird durch einen Kreis mit einem Pfeil dargestellt – die Graphik erinnert ein wenig an eine Stecknadel.

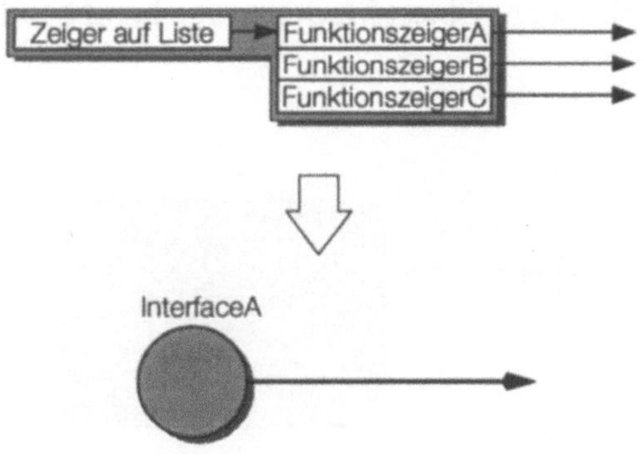

Abb. 7-14
Standarddarstellung
eines Interface

Normalerweise wird ein Interface zusammen mit dem Objekt dargestellt, das es unterstützt. Die graphische Vereinfachung des Interface zeigt dann auf das Objekt, in dem wiederum die durch das Interface unterstützten Funktionen implementiert werden.

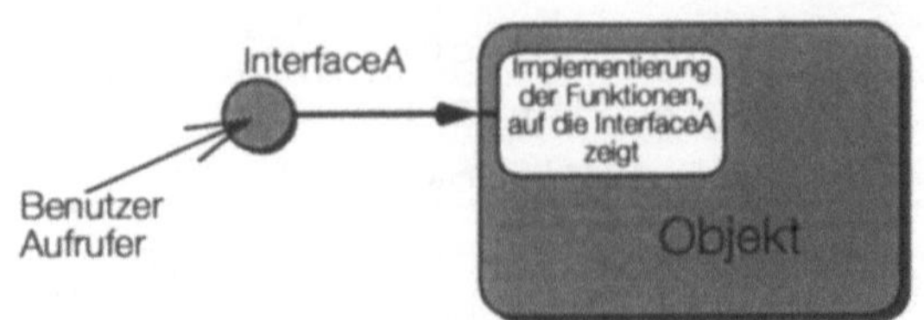

Abb. 7-15
Standarddarstellung
eines Windows Object

Ein Benutzer oder Aufrufer eines Objekts kann nie einen Zeiger auf ein ganzes Objekt „als solches" erhalten – er erhält immer nur einen Zeiger auf ein Interface; auf ein einziges Interface, auch wenn das Objekt mehrere Interfaces unterstützt. Damit kann er mit den Funktionen (Methoden) dieses Interfaces arbeiten – die Benutzung anderer Methoden des Objekts oder die direkte Manipulation der Daten des Objekts sind versagt.

Der Benutzer erhält
immer nur einen Zeiger
auf ein Interface.

Da ein Interface nur dann auf ein Objekt zeigen kann, wenn dieses Objekt die im Interface zusammengefaßten Funktionen unterstützt, kann für die graphische Darstellung normalerweise auch die Darstellung des Funktionenblocks im Objekt wegfallen und die Graphik damit noch weiter vereinfacht werden. Durch eine derartige Darstellung ist ein Objekt im Component Object Model ausreichend beschrieben:

Abb. 7-16
Methoden eines Objekts
sind durch das Interface
definiert und müssen
nicht dargestellt werden.

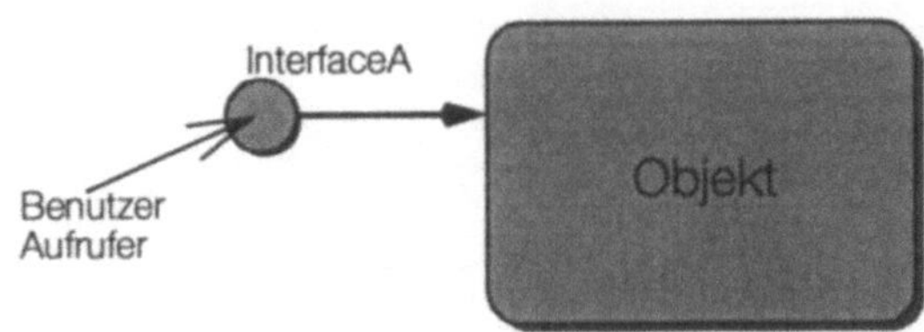

Unterstützt ein Objekt mehr als ein Interface, was eigentlich der Normalfall ist, so wird das Steckkissen „Objekt" mit mehr als einer Stecknadel „Interface" bestückt – auch dabei normalerweise wieder ohne die gesonderte Darstellung der Methodenimplementierung im Objekt selbst:

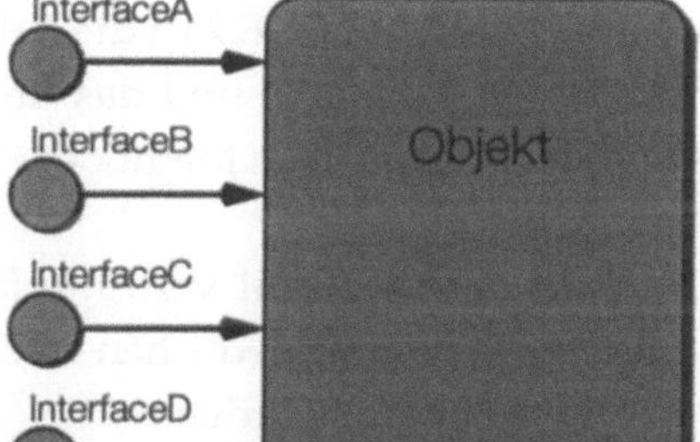

Abb. 7-17
*Standarddarstellung
eines Windows Object
mit mehreren Interfaces*

Eine weitere Darstellungsform für Objekte und deren Interfaces wird vor allem dann verwendet, wenn Objektinteraktio-
nen in größeren Zusammenhängen graphisch dargestellt
werden sollen. Diese Darstellungsform führt auch bei skiz-
zenartigen Darstellungen zu größerer Übersichtlichkeit:

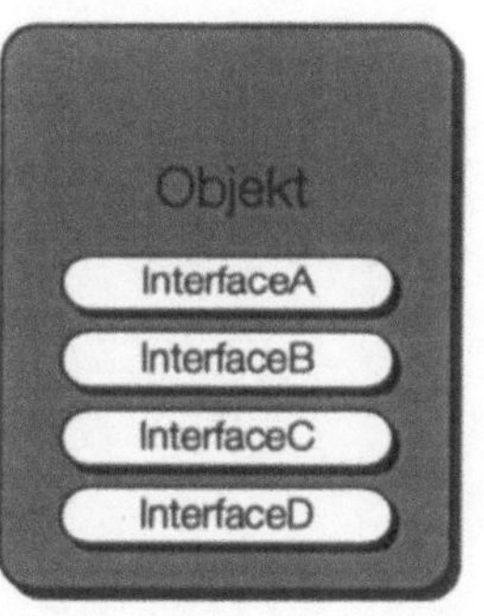

Abb. 7-18
*Alternative, skizzenartige
Darstellungen von
Objekten mit einem oder
mehreren Interfaces*

In jedem Fall bedeutet die Darstellung, daß von dem Objekt,
in dem das Interface „steckt", eine Reihe von Funktionen
(Methoden) objektintern unterstützt wird, auf die im Interface eine Liste von Zeigern definiert ist.

7.6 Arbeiten mit Interfaces

Die Programmentwicklung mit OLE 2 ist die Arbeit mit Interfaces; das Benutzen von Interfaces und das Implementieren von Interfaces und der zugehörigen Methoden.

Objekte implementieren Interfaces oder benutzen Interfaces.

- Zu OLE 2 gehört eine Vielzahl von Interfaces, die von Objekten auf den unterschiedlichen technologischen Ebenen von OLE 2 benutzt werden.

- Objekte, die die OLE-2-Technologie nutzen wollen, müssen hierfür eine Reihe von Interfaces implementieren und zur Benutzung zur Verfügung stellen.

Applikationen, die OLE-2-Objekte integrieren oder zur Verfügung stellen oder andere Basismerkmale des OLE-Systems nutzen wollen, müssen für OLE entsprechende, definierte Interfaces zur Verfügung stellen bzw. die von OLE implementierten Interfaces benutzen.

7.7 Rollen

Unterschiedliche Bereiche in OLE 2 benutzen typischerweise unterschiedliche Sätze von Interfaces. Damit bestimmt auch die Rolle, die eine Applikation in Bezug auf die OLE-Technologie einnimmt, welche Interfaces diese Applikation implementieren muß. Je nachdem, welche Features eine Applikation anbieten will und als was sie im OLE-Kontext auftreten will, muß sie unterschiedliche Interfaces anbieten.

Typische Rollen, die eine Applikation im Rahmen von OLE 2 einnehmen kann und nach der sich die Auswahl der zu implementierenden Interfaces richtet, sind:

Pure Container	enthält verknüpfte und eingebettete Objekte in seinen Dokumenten; stellt seine Daten *nicht* für andere Applikatinen zur Verknüpfung zu Verfügung;	*Rollen von Applikationen* *im OLE-Kontext*
Link Container	enthält verknüpfte und eingebettete Objekte in seinen Dokumenten; stellt seine Daten auch für andere Applikatinen zur Verknüpfung zu Verfügung;	
Einfache Objektapplikation	erstellt Objekte, die verknüpft oder eingebunden werden können; Verknüpfungen sind nur auf das gesamte Objekt möglich;	
Pseudo-Objektapplikation	erstellt Objekte, die verknüpft oder eingebunden werden können; Verknüpfungen sind auf das gesamte Objekt und auf Teile daraus möglich;	
Link-Objektapplikation	kann nur als Quelle für Verknüpfungen dienen; erstellt keine Objekte, die eingebettet werden können;	
Container- und Objektapplikation	erstellt Objekte, die eingebettet oder verknüpft werden können; kann Objekte in seine Dokumente einbetten und verknüpfen;	

Funktionale Bereiche

Zu jedem der funktionalen Kernbereiche des OLE-2-Systems gehört ein eigener Satz an Interfaces, die zur Implementierung und Benutzung seiner Funktionalität verwendet werden.

In einer graphischen Überblicksdarstellung sieht diese Liste der wichtigsten Interfaces und deren Einordnung in die Infrastruktur der unterschiedlichen Bereiche des OLE-2-Systems wie folgt aus:

Abb. 7-19

Interfaces in der

Architektur des

OLE-2-Systems

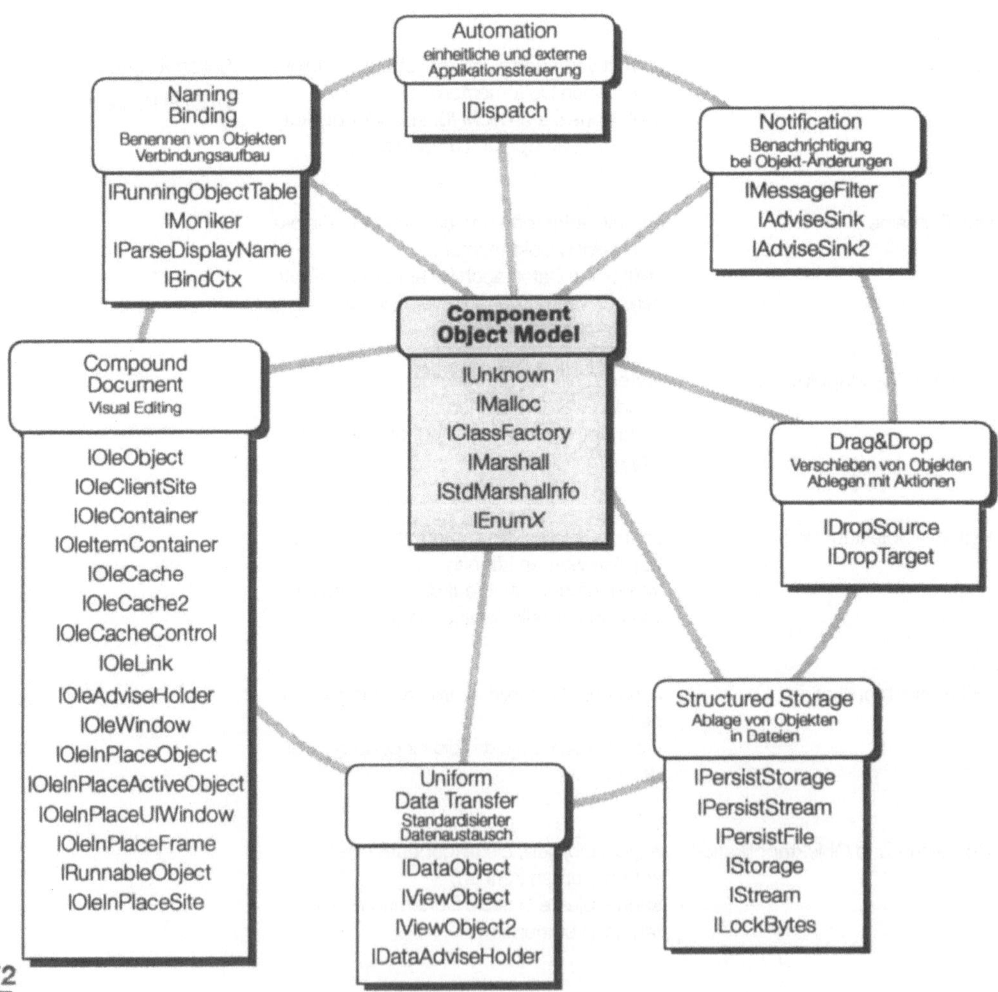

7.8 Interfaces des Component Object Model

Auch das Component Object Model, das zum Teil Modell, zum Teil Implementierung in der Library `compobj.dll` ist, besitzt selbst eine Reihe von Interfaces. Die folgenden Interfaces gehören zum Component Object Model und bilden als solche den Kernbereich des gesamten OLE-2-Systems. Diese Interfaces werden von allen Objekten benutzt:

Für eine kommentierte Liste aller Interfaces von OLE 2 siehe Anhang C.

`IUnknown`	Bereitstellen und Verwalten von Interfacepointern; wird von OLE und allen OLE-fähigen Applikationen implementiert und benutzt;
`IMalloc`	durch OLE implementierte Funktionen zur Speicherverwaltung; wird normalerweise auch von den Applikationen verwendet;
`IClassFactory`	legt Regeln fest, die für alle Instanzen einer Objektklasse anwendbar sind; wird implementiert von allen Objektapplikationen, von Containern, die Links auf eingebettete Objekte ermöglichen, und von OLE selbst;
`IMarshall` `IStdMarshalInfo`	Dienste zur Interaktion über Prozessgrenzen hinweg
`IEnumX`	dient der Vereinfachung des häufigen Problems der Abfrage von Aufzählungen; Ein Interface `IEnum` existiert nicht, sondern es wird je nach Typ der aufzuzählenden Einheiten z.B. als `IEnumString` oder `IEnumUnknown` instanziiert; Wird von OLE implementiert

Die Interfaces im Kernbereich des Component Object Model

Methoden

Ein Interface ist eine Liste von semantisch zusammengehörigen Funktionen (Methoden), die von einem Objekt unterstützt werden.

- Ein Objekt ist durch die Interfaces, die es unterstützt, aus der Sicht von OLE 2 vollständig definiert.

- Ein Interface ist durch die Methoden, die es enthält, vollständig definiert.

keine Bedeutung für Applikationsdesign

Damit sind die Methoden, die als Liste von Zeigern im Interface zusammengefaßt und im Objekt als Funktionen implementiert sind, im Bereich des Designs und dessen Darstellung eigentlich nicht wichtig. In diesen Bereichen ist das Haupt-Augenmerk darauf zu richten, die Interfaces und ihre wechselseitigen Beziehungen zu kennen.

Für die objektinterne Implementierung der Funktionen und für den Aufruf eines Interfaces und dessen Methoden durch andere Objekte ist die Kenntnis der zu einem Interface gehörenden Methoden jedoch von größter Wichtigkeit.

Die Funktionen (Methoden), die zu einem Interface gehören, werden in der üblichen Schreibweise der Methodendefinition in C++ mit zwei Doppelpunkten getrennt vom Namen des Interfaces dargestellt.

```
Interface::Methode
```

Die Methoden `Blau` und `Rot` des Interface `IBlauRot` würden dann so dargestellt werden:

```
IBlauRot::Blau
IBlauRot::Rot
```

Die Grafik zur Implementierung eines solchen Interfaces und seiner Methoden würde damit etwa so aussehen:

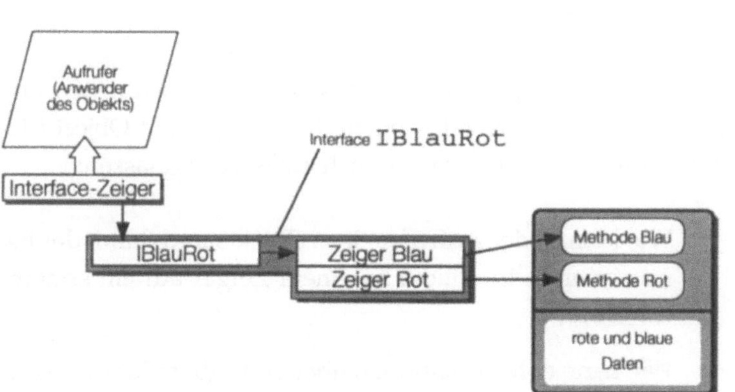

Abb. 7-20
Implementierung des
Interfaces IBlauRot

7.9 Methoden der COM-Interfaces

Zu den Interfaces, die das Component Object Model bilden,
gehören folgende Methoden:

Methoden der
Interfaces des
Component
Object Model

```
IUnknown            ::AddRef
                    ::QueryInterface
                    ::Release

IMalloc             ::Alloc
                    ::DidAlloc
                    ::Free
                    ::GetSize
                    ::HeapMinimize
                    ::Realloc

IClassFactory       ::CreateInstance
                    ::LockServer

IMarshal            ::DisconnectObject
                    ::GetMarshalSizeMax
                    ::GetUnmarshalClass
                    ::MarshalInterface
                    ::ReleaseMarshalData
                    ::UnmarshalInterface

IStdMarshalInfo     ::GetClassForHandler

IEnumX              ::Clone
                    ::Next
                    ::Reset
                    ::Skip
```

7.10 Interface-Aufruf

Eine sehr wichtige Frage, die aus einer der wichtigsten und grundlegenden Designlösungen des Component Object Model resultiert, wurde bis jetzt noch außer acht gelassen:

- Wie kommt der Aufrufer eines Objekts und damit der Benutzer eines Interfaces zu einem Zeiger auf ein anderes Interface?

- Wie kann er Informationen über verfügbare Interfaces erhalten?

- Wie kommt ein potentieller Aufrufer überhaupt zu einem (ersten) Zeiger auf ein Objekt?

Zugang nur zu einem Interface

Ein Aufrufer, der Zugang zu einem Interface eines Objekts hat, kann damit zwar die Methoden dieses Interfaces nutzen und damit die Daten des Objekts indirekt manipulieren – andere Methoden des Objekts kann er jedoch nicht nutzen.

Er kennt diese anderen Methoden nicht – und hat auch keinen Zugang zu anderen Interfaces, selbst wenn das Objekt, auf das er einen Interface-Zugang besitzt, noch weitere Interfaces unterstützt. Mit dem Zeiger auf ein Interface, also mit einem *Interface Pointer*, hat der Aufrufer immer auch nur Zugang auf eben dieses eine Interface.

Abb. 7-21
InterfaceB ist für den Aufrufer von InterfaceA nicht sichtbar.

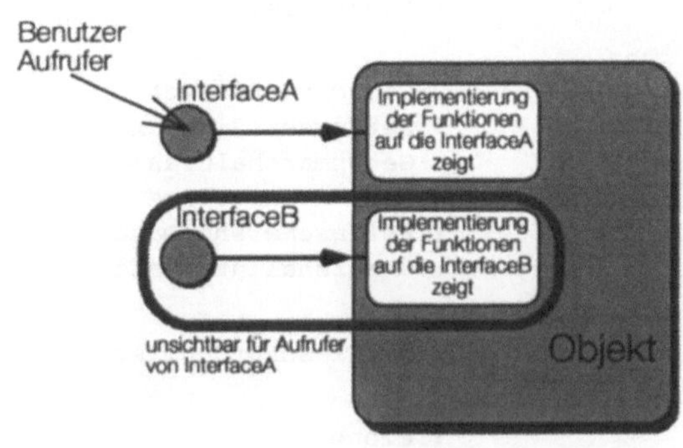

Um diesem aus der Kapselung resultierenden Problem abzuhelfen, ohne die durch die Kapselung erreichte Modularität
aufzugeben, wurde die Tatsache ausgenutzt, daß das Objekt
selbst ja weiß, welche Interfaces es unterstützt, und dieses
Wissen auch weitergeben kann – wenn man es danach frägt.

Von Einem zum Anderen

Um ein Objekt fragen zu können, welche Interfaces es unterstützt, ist der Zugriff auf eine spezielle Funktion innerhalb
des Objekts nötig, die Auskunft darüber geben kann, wie das
Objekt beschaffen ist.

Wird diese Funktion mit der Frage aufgerufen, ob das
Objekt ein bestimmtes Interface unterstützt, so liefert es im
Erfolgsfall einen Zeiger auf dieses Interface zurück.

Diese Funktion heißt `QueryInterface()` und ist eine
der wichtigsten Funktionen des Component Object Model.

Diese Funktion (Methode) muß allerdings in jedem Objekt verfügbar sein und auch von jedem beliebigen Benutzer
dieses Objekts verwendet werden können. Nur darüber kann
ein Aufrufer eines Objekts vollkommen dynamisch und zur
Laufzeit Informationen über die Verfügbarkeit anderer Interfaces und deren Methoden erhalten. Solche „freien" und allgemein verfügbaren Methoden kann es aber im Component
Object Model nicht geben – Methoden sind nur durch Funkti-
onszeiger über ein Interface zugänglich.

Das gesamte Konstrukt kann also nur dann funktionieren, wenn `QueryInterface()` für *jedes* Interface zugänglich ist, also eine Methode eines jeden Interfaces ist – nur dann
hat tatsächlich jeder Aufrufer eines Objekts, der dieses ja über
ein beliebiges Interface aufruft, den Zugriff auf diese Funktion und kann sich damit zu weiteren Interfaces „vorantasten".

Interface Pointer Negotiation

Durch diese *Interface Pointer Negotiation* genannten Vorgehensweise wird vermieden, in einen Zustand zu geraten, in dem für ein Objekt eine Methode aufgerufen wird, die es gar nicht unterstützt. Vor dem Aufruf einer bestimmten Funktion steht nämlich durch diesen Mechanismus mittels `QueryInterface()` zwingend die Frage, ob ein Interface und damit die gewünschte Methode unterstützt wird. Nur wenn diese Frage positiv beantwortet wird, wenn das gewünschte Interface vorhanden ist, kann überhaupt erst der Versuch unternommen werden, die Methode aufzurufen.

Vor Aufruf eines Interfaces muß danach gefragt werden.

Erst dann bekommt der Aufrufer einen Zeiger auf ein Interface zurück, über den er erst die Funktion aufrufen kann. Ohne diesen Zeiger ist ein Aufruf nicht möglich und ein fehlerhafter Aufruf einer nicht unterstützten Methoden ausgeschlossen. Wenn eine gewünschte Funktion nicht unterstützt wird, ist auch kein Interface hierfür verfügbar.

QueryInterface liefert einen Zeiger auf ein weiteres Interface

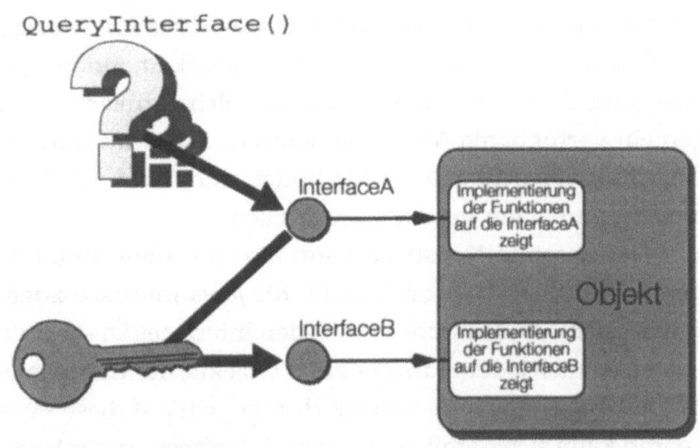

*Abb. 7-22
Interface Pointer Negotiation: Frage an QueryInterface() mit einem Zeiger auf InterfaceA liefert Schlüssel zu InterfaceB.*

Wenn ein Aufrufer über einen beliebigen Interface Pointer auf ein Objekt verfügt, kann er über `QueryInterface()` alle anderen erhalten und sich dadurch Zugriff auf die anderen Interfaces, die von diesem Objekt implementiert werden, verschaffen.

Dies ist die einzige Methode, von einem Interface Pointer zu einem anderen zu kommen: konkret nach einem bestimmten Interface zu fragen. Es gibt keine Funktion, die eine Liste aller von einem Objekt unterstützten Interfaces zurückgibt. Genau betrachtet, wäre eine solche Funktion auch wenig nützlich: Aus der erhaltenen Liste müßte dann doch wieder einzeln herausgesucht werden, ob das benötigte Interface dabei ist. Und diese Frage nach einem benötigten Interface kann auch gleich über `QueryInterface()` an das Objekt gerichtet werden.

Durch diesen Mechanismus, genannt *Interface Pointer Negotiation*, können Objekte zur Laufzeit die möglichen Leistungen anderer Objekte feststellen und dadurch dynamisch mit diesen zusammenarbeiten, anstatt statisch zum Zeitpunkt der Entwicklung und Kompilierung dieses Wissen einzuschließen.

*Interface Pointer
Negotiation:
Objekte informieren sich
zur Laufzeit.*

7.11 Existenz-Dauer

Zugriffe, d.h. Referenzen auf ein Objekt, müssen an die Existenz dieses Objekts gebunden sein. Auf ein Objekt kann nur zugegriffen weden, solange es existiert und es darf insbesondere nicht von einem Anwender freigegeben werden, solange noch ein anderer dieses Objekt in Verwendung hat.

*Objekte haben eine
Lebensdauer.*

Wird diese Notwendigkeit zur Überwachung der Existenzdauer eines Objekts auf die möglichen Aufrufer eines Objekts übertragen, so ist ein sehr hoher Aufwand für deren gegenseitige Koordination zu leisten – sie müssen voneinander wissen und in ständiger Kommunikation über die Verwendung eines Objekts stehen. Dieser Weg wurde im Component Object Model nicht beschritten.

Die Kontrolle seiner Existenz ist im Component Object Model von dem Objekt selbst zu leisten. Dem Objekt selbst muß bekannt sein, ob es gerade in Verwendung ist und ob gerade durch ein Interface darauf zugegriffen wird. Das Objekt kann seine Existenz beenden und sich selbst löschen, wenn es feststellt, daß es nicht mehr in Verwendung ist und keine Zugriffe erfolgen.

*wird vom Objekt selbst
kontrolliert*

Referenzzähler

Die Lebenszeit eines Objekts wird über einen objektinternen Referenzzähler geregelt, der durch die Zahl der auf das Objekt zeigenden Interface Pointer kontrolliert wird.

- Mit jeder Referenz auf ein Objekt, d.h. mit jedem neuen Interface Pointer, der auf ein Objekt zeigt, ein Objekt benutzt und in Verwendung hat, wird objektintern ein Referenzzähler erhöht.

- Wenn der Zeiger auf das Interface nicht mehr benötigt wird, das Objekt über ein bestimmtes Interface damit nicht mehr angesprochen wird, wird der Zähler wieder reduziert.

- Ist der letzte Interface Pointer freigegeben, d.h. steht der Referenzzähler auf Null, so wird das Objekt nicht mehr benötigt und kann als Ganzes freigegeben werden.

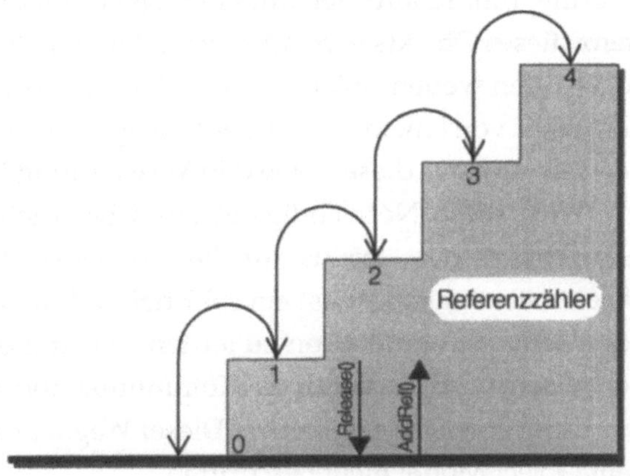

Abb. 7-23
Referenzierung und
Dereferenzierung:
Erhöhen und Reduzieren
eines objektinternen
Referenzzählers

Dieser Zähler ist anfangs mit Null vorbelegt. Für die Kontrolle dieses Zählers stehen in jedem Objekt zwei Funktionen zur Verfügung:

- Mit der Funktion `AddRef()` wird der Referenzzähler hochgezählt.

- Mit der Funktion `Release()` wird der Referenzzähler reduziert.

Ähnlich wie auch die Funktion `QueryInterface()` müssen diese Funktionen allgemein und für jeden Aufrufer verfügbar sein. Sie müssen daher in jedem Objekt implementiert und über jedes Interface zugänglich sein.

Call – Use – Release

Aus diesem Grundprinzip des Reference Counting leitet sich eine wichtige Grundregel für die Programmierung mit dem Component Object Model – genauer mit Interface Pointern – ab:

- Mit jedem neuen Interface Pointer auf ein Objekt muß, über diesen Interface Pointer, die Funktion `AddRef()` des Objekts aufgerufen und damit der Referenzzähler erhöht werden.

- Bevor ein Interface Pointer auf ein Objekt aufgegeben wird, muß durch diesen Interface Pointer die Funktion `Release()` des Objekts aufgerufen und damit der Referenzzähler wieder reduziert werden.

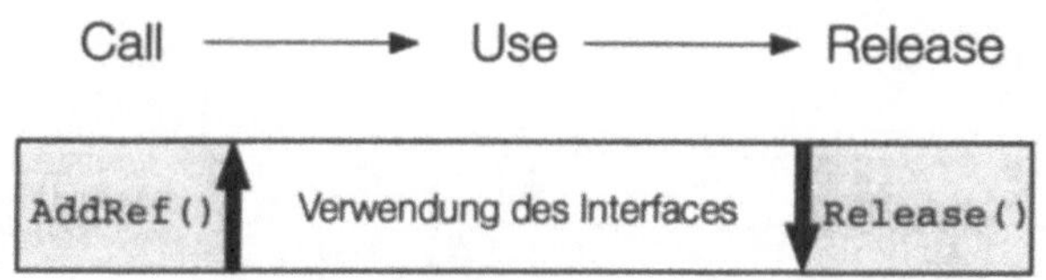

Abb. 7-24
*Grundregel zur Verwendung von Interface Pointern:
Call - Use - Release*

Die Verwendung eines jeden Interface Pointers, d.h. jegliche Arbeit mit einem Interface muß nach der Grundregel *Call – Use – Release* immer geklammert sein durch Aufrufe von `AddRef()` und `Release()`. Dies kann unter Umständen sehr aufwendig werden.

Optimierungen

Um die Aufwände für die Verwaltung des Referenzzählers in Grenzen zu halten, sind unter bestimmten Umständen bei gleichzeitiger Existenz mehrerer Interface Pointer auf ein und dasselbe Objekt Optimierungen möglich, ohne die Konsistenz des Referenzzählers zu gefährden.

Folgende Fälle der gleichzeitigen Existenz können auftreten (natürlich auch mit mehr als nur zwei Interface Pointern):

überlappend
(overlapping lifetime)

- überlappende Existenzdauer, bei der ein zweiter Interface Pointer benutzt wird, während schon ein erster in Benutzung ist – die Benutzung des ersten aber vor dem zweiten beendet wird;

eingebettet
(nested lifetime)

- eingebettete Existenzdauer, bei der ein zweiter Interface Pointer benutzt wird, während schon ein erster in Benutzung ist – die Benutzung des zweiten aber auch wieder vor dem ersten beendet wird.

Abb. 7-25
Optimierbare Fälle bei der Verwaltung eines Referenzzählers

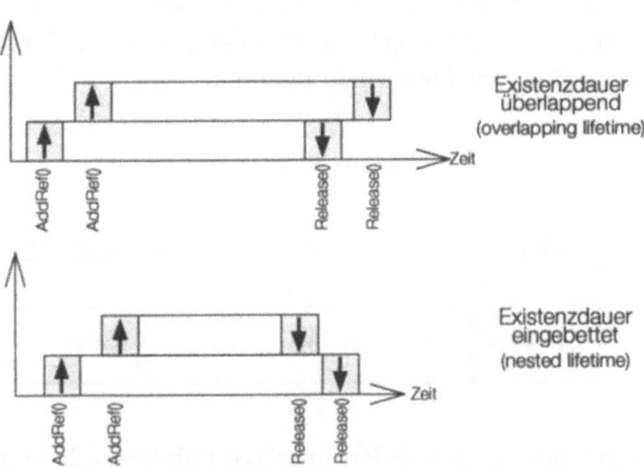

Da es bei der Inkrementierung und Dekrementierung nicht um die absolute Zahl der in Verwendung befindlichen Interface Pointer geht, sondern nur um die Tatsache, ob eine Referenz besteht, ergibt sich in diesen Fällen die Möglichkeit, jeweils redundante Aufrufe der Referenzierung und Dereferenzierung zusammenzufassen. Damit wird zwar die Höhe des Zählers verfälscht, nicht jedoch dessen Konsistenz.

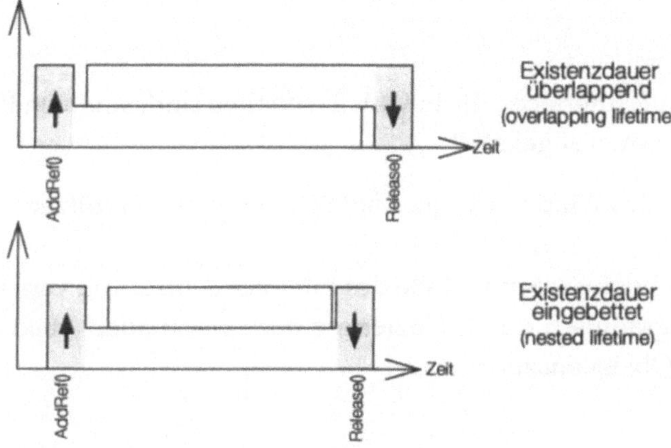

Abb. 7-26
Optimierte Verwaltung
des Referenzzählers

- Ein in die Existenzdauer eines anderen eingebetteter Interface Pointer kann auf eigene Aufrufe von `AddRef()` und `Release()` verzichten, da dies durch den umgebenden Interface Pointer vorgenommen wird.

- Im Falle der überlappenden Existenzdauer kann ein Interface Pointer den Referenzzähler und damit die Pflicht zum Aufruf der `Release()` Funktion von dem zeitlich vorangehenden Interface übernehmen.

7.12 IUnknown

Im Component Object Model sind alle Interfaces von einem einzigen Interface abgeleitet. Die Methoden dieses einen Interfaces sind daher in allen Interfaces des Component Object Model vorhanden und müssen in allen Objekten, die dem Component Object Model entsprechen, also in allen Windows Objects implementiert sein.

Dieses wichtigste aller Interfaces ist `IUnknown`. Es ist das zentrale Interface des Component Object Model schlechthin.

- *Alle* Interfaces, die in OLE 2 enthalten sind, sind von IUnknown abgeleitet!

- Jedes Windows Object *muß* IUnknown unterstützen!

Diese herausragende Rolle des Interface `IUnknown` versucht man graphisch durch Plazierung der „Stecknadel" oben auf dem Objekt auszudrücken .

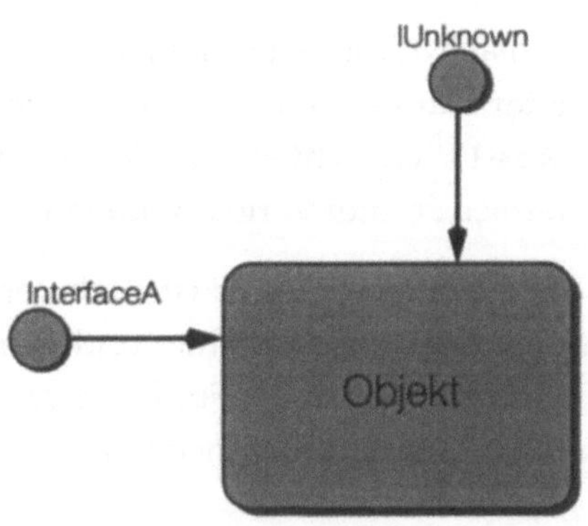

Abb. 7-27

Die Plazierung des Interface IUnknown an der Oberseite eines Objekts drückt dessen zentrale Rolle aus.

Aber auch wenn bei einem Interface die Erwähnung oder graphische Darstellung des `IUnknown` fehlt, bedeutet das nicht, daß es nicht enthalten ist oder nicht unterstützt wird: Alle Windows Objects unterstützen `IUnknown` – die explizite Erwährung dieser Tatsache oder deren graphische Darstellung spart man sich daher gelegentlich.

Um der Bedeutung des Interface IUnknown für ein Windows Object im Rahmen des Component Object Model gerecht zu werden, wird es sogar zur Definition der Begriffs Windows Object verwendet:

Ein Windows Object ist ein Etwas, das IUnknown unterstützt.

In den vorhergehenden Überlegungen zur Abfrage von Interface Pointern durch `QueryInterface()` und zur Kontrolle eines Referenzzählers in jedem Objekt durch eben diese Interface Pointer über `AddRef()` und `Release()` wurden bereits die wichtigsten Methoden im Component Object Model angesprochen, die in jedem Objekt vorhanden und damit auch von jedem Interface enthalten sein müssen. Dies sind die Methoden des Interfaces `IUnknown`.

IUnknown besteht aus `QueryInterface,` `AddRef` *und* `Release.`

Da dieses Interface die Ausgangsbasis für alle anderen Interfaces des Component Object Model bildet und somit in allen anderen Windows Objects enthalten ist, sind auch dessen Methoden `QueryInterface()`, `AddRef()` und `Release()` für alle anderen Interfaces des Component Object Model verfügbar.

Deklaration

Die Deklaration von `IUnknown` in der Datei `comobj.h` sieht wie folgt aus:

```
DECLARE_INTERFACE(IUnknown)
{
    STDMETHOD(QueryInterface) (THIS_ REFIID riid,
                    LPVOID FAR* ppvObj) PURE;
    STDMETHOD_(ULONG,AddRef) (THIS) PURE;
    STDMETHOD_(ULONG,Release) (THIS) PURE;
}
```

Deklaration von IUnknown

7.13 Aggregation

Im Component Object Model wird von der in der objektorientierten Programmierung gebräuchlichen Technik der Vererbung kaum Gebrauch gemacht. Einer der wenigen Fälle ist bei dem Interface `IUnknown` gegeben, das durch Vererbung in allen anderen Interfaces enthalten ist, d.h. alle Interfaces des Component Object Model erben die Methoden `QueryInterface`, `Addref` und `Release` von dem Interface `IUnknown`.

Wiederverwendung von binären Objekten

Da im Component Object Model ein binärer Standard angestrebt wird, ist eine Möglichkeit zur Wiederverwendung von binären Objekten – unabhängig von der Implementierung im Quellcode – nötig. Diese Unabhängigkeit ist durch die konventionelle Vererbung, beispielsweise in der Programmiersprache C++, bei der der Quellcode verfügbar sein muß, nicht möglich.

Statt dessen wird zur Wiederverwendung einer bestehenden Implementierung von Interfaces in bestimmten Objekten die Technik der Aggregation eines Objekts eingesetzt. Durch diese Technik ist eine Wiederverwendung der Implementierung eines anderen Objekts im engeren Sinne des Wortes möglich: Die Implementierung wird einfach *wieder verwendet* statt ererbt. Das wieder verwendete Objekt ändert dabei seinen Zustand als eigenständige Einheit nicht und arbeitet auch nach wie vor auf seinen eigenen, nach wie vor gekapselten, Daten.

Ein Aggregat kann wie ein normales Objekt behandelt werden.

Ein Aggregat bleibt ein Objekt wie jedes andere Objekt auch: Es stellt nach außen eine Reihe von Interfaces zur Verfügung. Woher die Implementierung dieser Interfaces kommt, ist, von außen gesehen, uninteressant. Mit der Technik der Aggregation kann diese Implementierung z.T. auch aus anderen Objekten kommen.

Durch die Wiederverwendung von Interfaces aus anderen Objekten bieten sich neben der Implementierung von neuen Interfaces folgende Möglichkeiten:

- Alle Interfaces des anderen Objekts werden nach außen weitergegeben.

- Einige Interfaces des anderen Objekts werden nicht nach außen weitergegeben.

- Interfaces des anderen Objekts werden in veränderter Form nach außen weitergegeben.

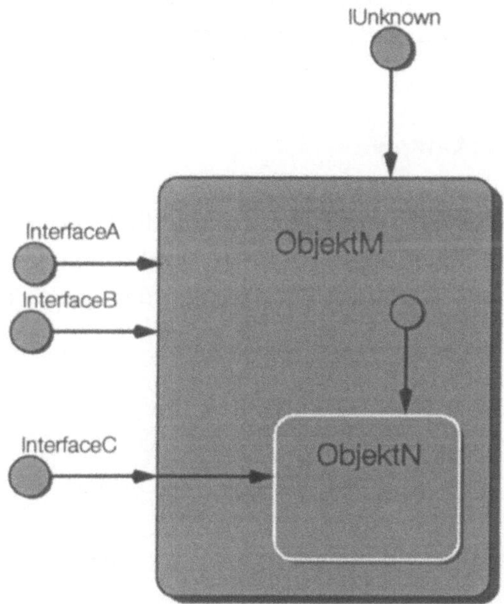

Abb. 7-28
Aggregiertes Objekt:
Präsentation nach außen

Das neue, durch Aggregation aufgebaute Objekt ist von außen, d.h. für den Aufrufer in keiner Weise von einem generischen Objekt zu unterscheiden – es zeigt sich nach außen konsistent und gehorcht den bekannten Regeln: Es unterstützt *ein* IUnknown-Interface, liefert über `QueryInterface()` Pointer auf seine anderen Interfaces, unabhängig ob diese generisch implementiert oder aggregiert sind, zählt über `AddRef()` seinen Referenzzähler hoch und mit `Release()` wieder herunter.

nach außen konsistent

Bei obiger Darstellung der Sichtweise eines aggregierten Objekts von außen wurde die interne Darstellung des Objekts stark vereinfacht dargestellt – die objektinterne Implementierung soll von außen nicht sichtbar sein.

Objektintern müssen bei der Aggregation jedoch einige Zuständigkeiten geklärt werden: Wessen `IUnknown` ist für das gesamte Objekt zuständig; welches `QueryInter-face()` reicht welche Interface Pointer nach außen; wessen Referenzzähler wird wodurch verändert.

Um diese Zuständigkeiten zu klären, müssen die Objekte intern in Kommunikation stehen und gegenseitig über die unterstützten Interfaces Bescheid wissen. Objekte müssen zudem auf den Fall, daß sie aggregiert werden, vorbereitet sein.

Controlling Unkown

Dieses einheitliche Auftreten nach außen und zugleich die konsistente Steuerung nach innen wird durch eine spezielle Version von `IUnknown` erreicht: das sog. *Controlling Unknown*.

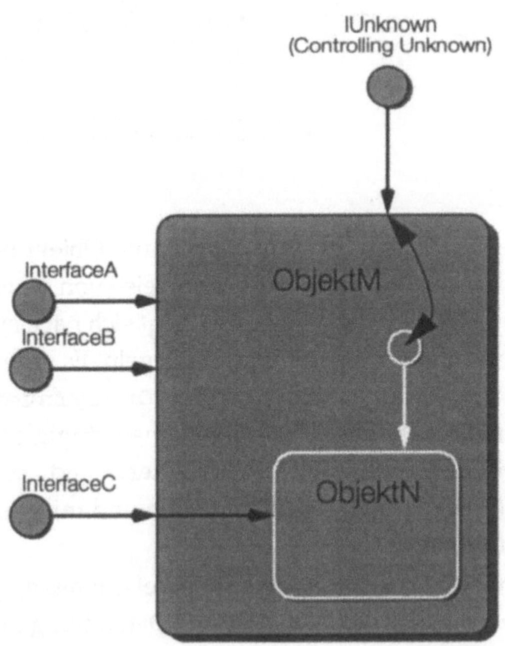

Abb. 7-29

Interne Struktur eines aggregierten Objekts: Ausrichtung am Controlling Unknown

Das Controlling Unknown ist zuständig für die Vergabe von Interface Pointern nach außen (wobei, wie erwähnt, nicht immer die Summe aller der im eingelagerten Objekt enthaltenen Interfaces nach außen gereicht werden muß) und es sind die Funktionen `AddRef()` und `Release()` des Controlling Unknown, die den Referenzzähler für das gesamte Objekt führen.

Controlling Unknown kontrolliert den Referenzzähler.

Ein Objekt muß daher von vorneherein als aggregierbares Objekt gestaltet sein, d.h. potentiell die Möglichkeit vorsehen, in andere Objekte aggregiert zu werden: sie müssen die Methoden ihres `IUnknown` so implementieren, daß diese sich mit einem Controlling Unknown koordinieren, wenn ein solches vorhanden ist. Das Controlling Unknown ist dabei immer das `IUnknown` des aggregierenden Objekts. Dennoch bleibt das aggregierte Objekt in jedem Fall in seiner Eigenständigkeit erhalten.

Aggregation ist relativ einfach einzurichten und kann für jedes Objekt individuell vorgesehen werden. Der daraus resultierende Nutzen ist im Vergleich zum Aufwand in jedem Fall enorm: Es kann dynamisch und ohne Kenntnis des Quellcodes auf bereits existierende Implementierungen von Interfaces zurückgegriffen werden und damit auf eine Neuimplementierung verzichtet werden.

Aggregation kann für jedes Objekt einzeln vorgesehen werden.

Der erste Interface Pointer

Ein wichtiger Teil der Kette von einem Aufrufer zu einem Objekt und von da zu einem anderen wäre damit geklärt:

- Über die Abfrage der Funktion `QueryInterface()`, die als Methode des grundlegenden Interface `IUnknown` in jedem Interface enthalten ist, kann jeder Aufrufer eines Interfaces einen Zeiger auf ein weiteres Interface eines Objekts erhalten.

Es bleibt noch der andere Teil eines Interface-Aufrufs zu klären: Wie kommt ein Aufrufer überhaupt zum ersten Zeiger auf das erste Interface eines Objekts?

In OLE-2-Applikationen und in allen OLE-2-Libraries werden die folgenden vier Möglichkeiten eingesetzt:

- Aufruf einer API-Funktion, die ein Objekt einer bestimmten Klasse erzeugt und den Zeiger auf ein bestimmtes Interface zurückliefert.

- Aufruf einer API-Funktion, die ein Objekt aufgrund einer bestimmten Klassenkennung (*class identifier*) erzeugen kann und den gewünschten Interface Pointer liefert.

  Die API-Funktionen für diese und die obige Möglichkeit sind in OLE 2 implementiert, es können aber auch eigene Funktionen eingesetzt werden.

- Aufruf einer Methode aus irgend einem Interface, die einen Interface Pointer auf ein anderes, getrenntes Objekt liefert.

  Diese Möglichkeit wird eingesetzt, wenn ein Aufrufer bereits Zugang zu einem Objekt hat und die Möglichkeit besteht, dieses Objekt zu veranlassen, ein anderes Objekt zu erzeugen.

- Implementieren eines eigenen Objekts mit einem Interface, das Interface Pointer von anderen Objekten aufnimmt.

  Diese Möglichkeit wird eingesetzt, um als derjenige, der ein Objekt implementiert, von einem Benutzer einen Interface Pointer auf dessen Objekte entgegennehmen zu können. Auf diese Weise kann sogar ein Dialog zwischen zwei Anwendungen aufgebaut werden: Beide implementieren spezielle Objekte und tauschen Interface Pointer zu diesen Objekten aus.

7.14 Rückgabewerte: HRESULT und SCODE

Alle API-Funktionen und Methoden aus Interfaces im gesamten OLE-2-System benutzen eine neu eingeführte Konvention, um dem Aufrufer eine Möglichkeit zur Erfolgskontrolle eines Aufrufs zu geben.

Diese Erfolgskontrolle beruht auf einem zweistufigen System von Kontrollcodes mit unterschiedlicher Detailliertheit.

zweistufiges System mit unterschiedlicher Detailliertheit

- In der ersten Stufe wird nur unterschieden zwischen den Werten:

  Null: kein Fehler aufgetreten; keine weitere Information;

  Nicht-Null: ein Fehler ist aufgetreten; zusätzliche Informationen wurden hinterlegt und sind abrufbar.

  Werte für HRESULT

  Aufrufer können sich mit dieser ersten Stufe zufrieden geben und nur zwischen *Fehler* oder *kein Fehler* unterscheiden.

- für den Fall, daß in der ersten Stufe ein Fehler erkannt wurde und der Aufrufer sich näher für diesen Fehler interessiert, wird in der zweiten Stufe eine Möglichkeit geboten, detaillierte Informationen über diesen Fehler abzufragen.

  Statuscode SCODE

Der Rückgabewert eines jeden Funktionsaufrufs im gesamten ist immer vom Typ HRESULT. Der Wert von HRESULT unterscheidet sich, wie oben erwähnt, je nach Fehlersituation in Null und Nicht-Null.

Über HRESULT kann im Fehlerfall ein Statuscode SCODE abgefragt werden, der eine ausführlichere Beschreibung des Fehlers bietet. Art und Ausführlichkeit der Fehlermeldung sind von der meldenden Funktion bzw. Applikation abhängig.

Ein Statuscode SCODE ist ein 32-bit langer Bereich, der w
derum in unterschiedliche Teilbereiche zur detaillierten u
strukturierten Fehlerbeschreibung aufgeteilt ist:

Abb. 7-30
Struktur eines SCODE
zur Fehlerzustands-
Beschreibung

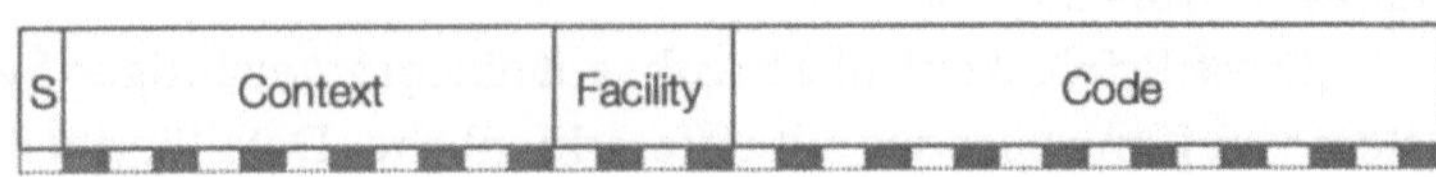

Tab. 7-1
Aufteilung eines SCODE
in einzelne Bereiche

Severity (1 bit)	genereller Fehlerzustand: 0 = Success; kein Fehler 1 = Error; es ist eine Fehlersituation aufgetrete
Context (11 bits)	wird zur Zeit nicht verwendet; muß von Funktionen, die ausführliche Fehlerb schreibungen liefern wollen, explizit mit Null b legt werden; sollte derzeit auch nicht ausgewertet werden.
Facility (4 bits)	funktioneller Bereich, in dem der Fehler auftra Bereiche können sein: `FACILITY_NULL` (für gemeine Fehlerzustände), `FACILITY_RPC`, `FACILITY_STORAGE`, `FACILITY_DIS-` `PATCH`, `FACILITY_ITF` (für Fehlercodes au Interfaces); zusätzliche Facilities werden nur durch Microsoft definiert.
Code (16 bits)	tatsächliche Fehlerbeschreibung

7.15 Registrierung und Objekt-Identifikation

Zur Interaktion zwischen Applikationen und Objekten untereinander muß eine Beschreibung der Objekte systemweit lesbar und abfragbar in einer Datenbasis hinterlegt werden.

Diese Datenbasis ist die Datei `reg.dat`, die durch das Tool `REGEDIT.EXE` verwaltet werden kann. In dieser Registrierdatei ist die vollständige Beschreibung eines Objekts abgelegt und nur über die Informationen aus dieser Datei können Objekte aufgerufen und verwendet werden und mit anderen Applikationen Informationen austauschen.

Die Registrierungsdatei ist baumartig aufgebaut, wobei die einzelnen Komponenten in Form von Pfadnamen mit stufenweiser Verfeinerung aufgelistet sind. Trennzeichen zwischen den Schlüsselwörtern ist der übliche rückwärts gerichtete Schrägstrich.

Als Beispiel für den Aufbau einer Registrierungsinformation wird hier die Baumdarstellung eines Ausschnitts aus der (binären) Registrierungsdatenbasis `reg.dat` gezeigt. Der Ausschnitt betrifft das Programm `dispcalc`, ein kleines Demoprogramm aus dem OLE 2 Software Development Kit.

Um den baumartigen Aufbau und damit alle Informationen in der Registrierdatenbasis zu sehen, muß REGEDIT mit der Option /v aufgerufen werden:

```
regedit /v
```

```
\
├─ dispcalc.ccalc = dispcalc.ccalc
│  ├─ shell
│  │  ├─ print
│  │  └─ open
│  └─ CLSID = {00020467-0000-0000-C000-000000000046}
└─ CLSID
   └─ {00020467-0000-0000-C000-000000000046} = IDispatch Calculator
      ├─ LocalServer = dispcalc.exe
      └─ ProgID = dispcalc.ccalc
```

Baum-Darstellung der Registrierinformation in `reg.dat` am Beispiel der Applikation `dispcalc`.

Die Registrierinformation muß mit der Installation einer Applikation in die systemindividuelle Registrierdatenbasis eingetragen werden. Der Eintrag kann für jede Applikation in einer eigenen ASCII-Datei vorbereitet werden und diese Datei dann bei der Installation in die Registrierungsdatenbasis geladen werden.

Die Datei `dispcalc.reg`, die zu obigem Eintrag in der Registrierungsdatenbasis führt, hat folgendes Aussehen:

```
REGEDIT

; registration info DispCalc


HKEY_CLASSES_ROOT\dispcalc.ccalc = dispcalc.ccalc
HKEY_CLASSES_ROOT\dispcalc.ccalc\Clsid = {00020467-0000-0000-C000-000000000046}
HKEY_CLASSES_ROOT\CLSID\{00020467-0000-0000-C000-000000000046} = IDispatch Calculator
HKEY_CLASSES_ROOT\CLSID\{00020467-0000-0000-C000-000000000046}\ProgID = dispcalc.ccalc
HKEY_CLASSES_ROOT\CLSID\{00020467-0000-0000-C000-000000000046}\LocalServer = dispcalc.exe
```

Inhalt der ASCII-Registrierungsdatei dispcalc.reg

Über das Tool REGEDIT mit der Option /s kann eine wie oben aufgebaute Registrierdatei in die systemweite Registrierungsdatenbasis `reg.dat` geladen werden.

Eindeutigkeit

Um die Gefahr der Inkonsistenz dieser Registrierdatei nach der Installation einer neuen Applikation auf einem Rechner auszuschließen ist es nötig, Objekte eindeutig identifizierbar zu machen. Eine Identifikation durch die Endung des Dateinamens hat sich dabei als unbrauchbar erwiesen.

Objektklassen müssen weltweit und auf lange Zukunft hinaus eindeutig identifizierbar sein. Für diese Identifikation verwendet man im OLE-2-System einen 128 bit großen Wert und hat damit eine mögliche Varianzbreite, die auf lange Sicht hin die Gefahr ausschließt, daß weltweit(!) zwei Objekte mit der gleichen Objekt-Identifinkationsnummer laufen.

Dieser Wert ist vom Aufbau her identisch ist mit der Objektidentifikation des *Distributed Computing Environment* (DCE) der *Open Software Foundation* (OSF), so daß die Herstellung einer grundlegenden Kompatibilität zumindest nicht prinzipiell ausgeschlossen – wenngleich auch im Moment noch nicht stärker gefördert – ist.

GUID

Im Component Object Model wird diese Identifikationsnummer *Globally Unique Identifier* (GUID) genannt.

Eine GUID wird normalerweise mit folgendem Aufbau dargestellt:

```
1B134FAD-2EAD-1039-C05F-00DD01118647
```

Aufbau einer GUID
(Hexadezimal)

Eine GUID repräsentiert einen Wert von 128 bit. Die einzelnen Zeichen der obigen Darstellung stehen paarweise für die Abbildung der 128 bit/16 Byte in Hex-Zahlen. In der Stringdarstellung, die immer dann verwendet wird, wenn eine GUID dem Benutzer angezeigt werden soll, wird der Wert durch geschweifte Klammern eingeschlossen.

```
{1B134FAD-2EAD-1039-C05F-00DD01118647}
```

*Stringdarstellung einer
GUID*

Diese eindeutige Identifizierbarkeit erreicht man, indem man einen Wert generiert aus:

- einer Identifikationsnummer der Netzwerkkarte und

- dem momentanen Datum und der Uhrzeit.

Hierfür steht im OLE 2 SDK ein kleines Programm zur Verfügung, das bei vorhandener Netzwerkkarte im Rechner immer einen solchen eindeutigen Wert produziert.

```
C:\OLE2\TOOLS> uuidgen
1B134FAD-2EAD-1039-C05F-00DD01118647
```

*generieren einer GUID
mit UUIDGEN.EXE*

Steht keine Netzwerkkarte zur Verfügung, so kann eine GUID auch einfach und formlos direkt bei Microsoft angefordert werden – die Eindeutigkeit wird dadurch, wie gelegentlich vermutet, jedoch nicht noch weiter verbessert: Microsoft benutzt das gleiche `UUIDGEN.EXE`.

Dieses System wird weiter ausgebaut und es wird eine Version von `UUIDGEN.EXE` zur Verfügung stehen, die auch ohne Netzwerkkarte arbeitet und eindeutige GUIDs produziert – und es wird eine API-Funktion geben, die genau den gleichen Zweck direkt erfüllt.

CLSID, IID

Aus dieser GUID kann durch entsprechende Funktionen (`CLSIDFromString()` oder `IIDFromString()`) direkt im Programm die zur Identifikation von Objektklassen und Interfaces nötige Klassenidentifikation `CLSID` und die Interface-Identifikation `IID` generiert werden.

7.16 Remoting

In objektorientierten Architekturen sollen Objekte auf möglichst breit gefächerter Basis miteinander kommunizieren und in Verbindung treten können.

Unterschiedliche Interaktions-Räume für objektorientierte Szenarien sind denkbar:

- Innerhalb eines Prozesses:
  Einfachste Variante; für den Interface- und Methodenaufruf und für die Rückgabe von Ergebnissen braucht der Prozessraum nicht verlassen zu werden.

- In mehreren Prozessen innerhalb eines Rechners:
  Aufrufe und Rückgabe müssen über Prozessgrenzen hinweg zu anderen Objekten geleitet werden. Dafür muß vor allem die Parameterübergabe von einem Prozessraum zum anderen in beiden Richtungen standardisiert werden.

- Auf mehreren Rechnern innerhalb eines Netzwerks:
  Aufrufe und Rückgabewerte müssen über Rechnergrenzen und damit auch Betriebssystemgrenzen hinweg geleitet werden. Dabei entsteht nicht nur das Problem der

Objektlokalisierung im Netz, sondern durch ggf. unterschiedliche Betriebssystem- und Prozessor-Welten das Problem des standardisierten Parameteraustausches.

In-Process Server

Soll eine Serverapplikation (Objektapplikation) im gleichen Prozessraum wie der Objekt-Container (Client-Applikation) liegen, so darf die Serverapplikation nicht als eigenständig ausführbares Programm (EXE) geschrieben werden, sondern muß als Library erstellt werden, die dynamisch an den Code der Container-Applikation angebunden werden kann: als *Dynamic Link Library* (DLL). Diese Konstellation wird auch als *In-Process Server* bezeichnet.

Methodenaufrufe, Parameterübergabe und Rückgabewerte können dann nach den üblichen Konventionen der jeweiligen Programmiersprache durchgeführt werden.

In-Process Server läuft in einer Dynamic Link Library (DLL).

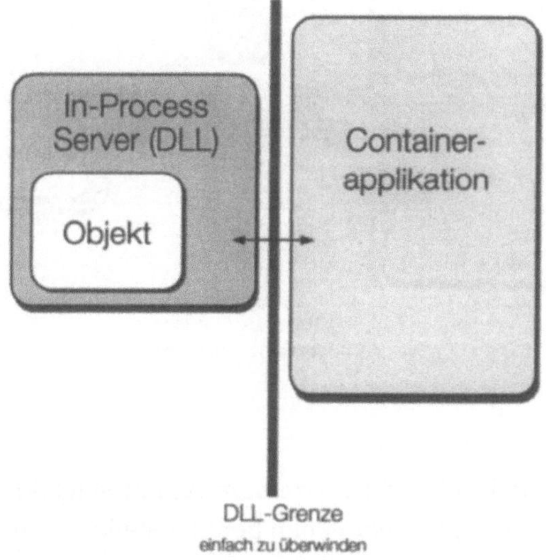

Abb. 7-31
In-Process Server:
Objektapplikation und
Serverapplikation im
gleichen Prozessraum

Einen Objektserver als DLL-Modul auszulegen, bietet sicher die schnellste Kommunikationsmöglichkeit zwischen zwei Komponenten, da ein Abstimmungsaufwand bei Methodenaufruf und Ergebnisrückgabe wegfällt.

Local Server

In OLE 2 besteht auch die Möglichkeit, mit Objektapplikationen zu kommunizieren, die nicht im Prozessraum der Containerapplikation liegen, sondern als eigener Prozess, als .EXE, auf dem System existieren. Mit einer solchen eigenständigen Applikation, die etwas verwirrend als *Local Server* bezeichnet wird, wird die Kommunikation über Prozessgrenzen hinweg abgewickelt.

Für die beteiligten Objekte ist die Prozessgrenze in jedem Fall vollkommen transparent: Sie wissen nicht, ob die Interface- bzw. Methodenaufrufe, die sie absetzen, im eigenen Prozessraum oder über die Prozessgrenze hinweg ausgeführt werden.

Abb. 7-32
Getrennte Prozessräume
sind schwierig zu
überbrücken.

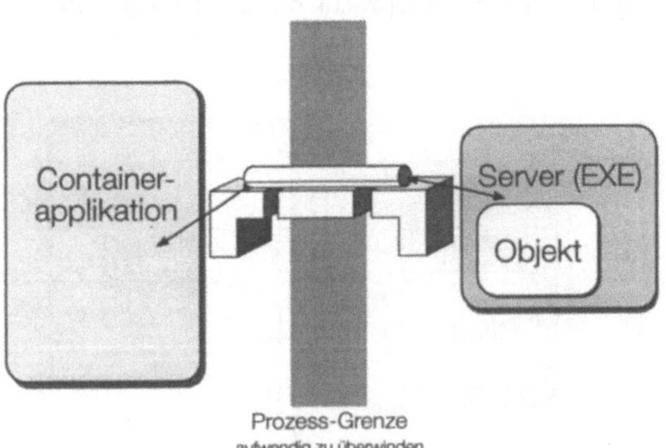

Um die Brücke über die Prozessgrenze hinweg bauen zu können, ist es nötig, Mechanismen bereitzustellen, durch die:

Mechanismen

- Interface-Aufrufe in einem Objektclient abgesetzt werden können und einen jenseits der Prozessgrenze liegenden Objektserver für beide Seiten transparent erreichen (*object proxy*);

- Werte und Funktionsargumente in geeigneter Anordnung zusammengestellt werden und so die Prozessgrenze passieren können (*Marshalling*).

Beide Mechanismen werden durch OLE 2 bereitgestellt und laufen ohne weiteres Zutun der einzelnen Applikationen ab.

Scheinobjekte

Um es einem Client-Prozess zu ermöglichen, Interface-Aufrufe an einen Objektserver jenseits der Prozessgrenze abzusetzen, wird im Client-Prozess ein Scheinobjekt (*object proxy*) implementiert, das aus Sicht des Client-Prozesses genauso aussieht, wie das entsprechende echte Serverobjekt. Insbesondere unterstützt es die gleichen Interfaces und deren Methoden.

Der wesentliche Unterschied zwischen dem Scheinobjekt und dem echten Objekt ist jedoch, daß die Methoden in den Interfaces des Scheinobjekts die Aufrufe nicht ausführen (können), sondern sie sofort weiterleiten an die echten Interfaces im echten Objekt im korrespondierenden Prozess.

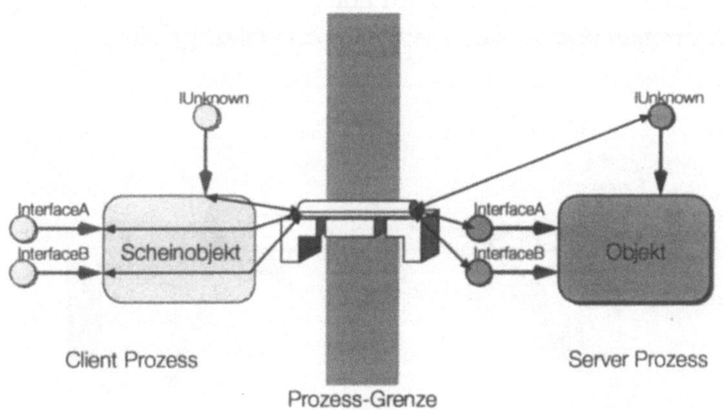

Abb. 7-33
Scheinobjekt und
„echtes" Objekt

Im Server-Prozess und damit im echten Objekt wird die geforderte Aktion ausgeführt und die Ergebnisse auf gleichem Wege zurück geliefert.

Der Aufrufer des (Schein)Objekts im Client Prozess weiß nicht, daß sein Aufruf nicht im momentanen Prozess, sondern über die Prozessgrenze hinweg bearbeitet wurde.

Marshalling

transportieren und verständlich halten

Um Aufrufparameter und Rückgabewerte der Methodenaufrufe korrekt von einem Prozess in den anderen zu transportieren und und sie für beide Seiten verständlich zu halten, ist ein Vorgehen nötig, das als Marshalling bezeichnet wird.

Marshalling ist der Mechanismus, über den die beteiligten Funktionen auf beiden Seiten der Prozessgrenze ihre Parameter austauschen. Beteiligt sind daran:

- auf der Client-Seite eine *proxy*-Funktion,

- auf der Server-Seite eine *stub*-Funktion.

Bei diesem Vorgehen werden die Parameter auf der sendenden Seite von der Proxy-Funktion gebündelt, über die Prozessgrenze an die Stub-Funktion geleitet, dort auseinandergenommen und an das entsprechende Objekt geleitet.

Abb. 7-34

Marshalling

und

Unmarshalling

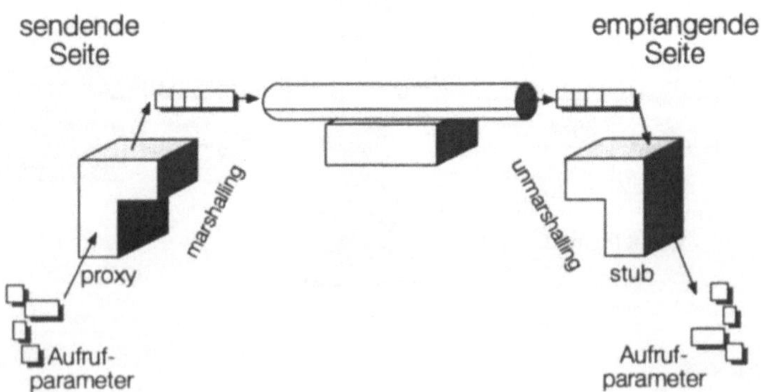

Marshalling wird durch OLE 2 bereitgestellt und bedarf keiner zusätzlichen Aktionen durch den Anwender.

Marshalling beruht auf sog. *lIghtweight Remote Procedure Calls (LRPC)*. Der Datenaustausch erfolgt dabei intern über von beiden Prozessen gemeinsam benutzten Speicherplatz (*shared memory*). Der Ablauf ist nicht durch ein spezielles Protokoll gesichert, da eine Kommunikation zwischen beiden Prozessen nicht erforderlich ist (meint Microsoft).

Als „leichtgewichtig" wird diese Methode aber nicht deshalb bezeichnet, sondern weil sie auf einen Rechner beschränkt ist und nicht über Netz auf Objekte auf anderen Rechnern zugreifen kann.

In zukünftigen Versionen von OLE und damit auch in zukünftigen Betriebssystemen von Microsoft wird der Objektaufruf jedoch nicht mehr auf den Rechner beschränkt bleiben, sondern es wird möglich sein, mit einem echten *Remote Procedure Call (RPC)* über Rechnergrenzen hinweg, Objekte aus beliebigen Positionen im Rechnernetz integrieren zu können.

Diese „echten" RPCs werden dann konform zur Definition des RPC durch die Open Software Foundation (OSF) sein und lassen damit eine universelle Verwendbarkeit von Objekten zumindest erahnen.

Lightweight
Remote Procedure Call
LRPC

nur lokal
auf einem Rechner

zukünftig
durch
Remote Procedure Calls
auch netzwerkweit

7.17 Zusammenfassung

Weit mehr als jedes andere Teilkonzept der OLE-2-Technologie bildet das Component Object Model die Grundlage für die gesamte zukünftige Entwicklung von Softwarearchitekturen (Betriebssystemen und Anwendersoftware) bei Microsoft. Die wichtigsten Elemente dieses Modells sind:

die wichtigsten Elemente des Component Object Model

- Interface: Ein Objekt nach dem Component Object Model ist nur über Interfaces zugänglich. Interfaces sind eine Zusammenfassung von semantisch ähnlichen Funktionen des Objekts. Objekte kommunizieren mit ihrer Umwelt über Interfaces.

- Eine Abfragemöglichkeit für die Beschaffenheit von Objekten: Das Interface `IUnknown` ist in jedem Objekt enthalten und informiert den Aufrufer über die weiteren Interfaces, die von dem Objekt unterstützt werden.

- Interface-Aufrufe können über einen RPC-ähnlichen Mechanismus über Prozessgrenzen hinweg erfolgen. In der Weiterentwicklung von OLE wird dieser Mechanismus auch über Rechnergrenzen hinweg einsetzbar sein.

- Eine systemweite Registrier-Datenbasis für Objekte und deren Funktionalität dient allen Komponenten als Informationszentrale.

Die nächste Generation der Microsoft-Produkte wird auf dem Component Object Model aufbauen und Software-Produkten, die sich in die Microsoft-Welt integrieren wollen, wird dies auf auf Basis des Component Object Model wesentlich leichter fallen.

Kapitel 8

Structured Storage

Neben dem Component Objects Model ist das Konzept des *Structured Storage* eine weitere wichtige und zukunftsorientierte Basistechnologie von OLE 2. Auch dieser Teil der Technologie von OLE 2 ist für den Endbenutzer zunächst nicht sichtbar, sondern stellt vielmehr die Basis für eine Reihe anderer Konzepte zur Verfügung.

Im Gegensatz zum Component Object Model, ohne dessen Verwendung keine der anderen OLE-2-Elemente eingesetzt werden kann, ist die Verwendung von Structured Storage nicht unbedingt erforderlich (wenngleich dringend angeraten), um andere OLE-2-Techniken einzusetzen. Andererseits kann Structured Storage auch isoliert eingesetzt werden, um zukunftskompatibel zu sein und ohne die weitere OLE-2-Technologie zu implementieren.

kann auch isoliert implementiert werden

8.1 Was ist Structured Storage?

Bei Structured Storage handelt es sich um eine mit OLE 2 eingeführte neue Methode, Informationen (Objekte) dauerhaft abzulegen, wobei dieses Ablegen nicht unbedingt mit den Begriffen „Datei" und „Festplatte" einhergehen muß.

Diese Neuerung ist mit OLE 2 zwingend erforderlich geworden, weil die Technologie herkömmlicher Dateisysteme und Ablagemethoden für den Einsatz mit OLE-2-Konzepten zu kompliziert und an der Leistungsgrenze angelangt war. So

dauerhafte Ablage von Objekten (Objektpersistenz)

ist beispielsweise allen auf Dateiebene das externe Ansprechen von eingebetteten Objekten innerhalb des Datenstroms des Containers und ohne genaue Kennnis des Dateiformats des Containers nahezu unmöglich.

Structured Storage bringt mit sich zwei grundlegende Ansätze, mit denen vielen Problemen gerecht werden kann:

grundlegende Ansätze

- dateisystemartige, flexible und erweiterungsfähige interne Struktur des Ablageformats

- Transaktionsorientierung bei der Ablage

Problemstellung

Typische Dokumente einer integrierten Arbeitsumgebung bestehen aus Objekten von mehr als einer Anwendung, die ggf. als mit OLE-Mitteln als zusammengesetztes Dokument, als *Compound Document*, existieren. Bei der Ablage eines solchen „Datenkonglomerats" ist es der Willkür oder Eingebung des Entwicklers überlassen, wie es in die Datei geschrieben wird.

Ablage unstrukturiert und unübersichtlich

Für Drittapplikationen ist es entweder gar nicht oder nur mit detaillierter Kenntnis des spezifischen Ablageformats möglich, auch nur einfachste Informationen aus der Datei zu entnehmen. Ein Objekt kann von der zugehörigen Serverapplikation nicht eigenständig und im eigenen Dateiformat abgelegt werden, sondern die Serverapplikation ist auf die Dienste der Containerapplikation angewiesen, der die Daten zu Ablage übergeben werden müssen und die diese Daten nach eigenen Vorstellungen behandelt.

Normalerweise kann auch nur die integrierende Applikation, die Containerapplikation in der OLE-2-Terminologie, die Datei wieder öffnen und den Inhalt weiterverarbeiten, was der Idee des Applikationsaufbaus aus Einzelkomponenten vollkommen widerspricht.

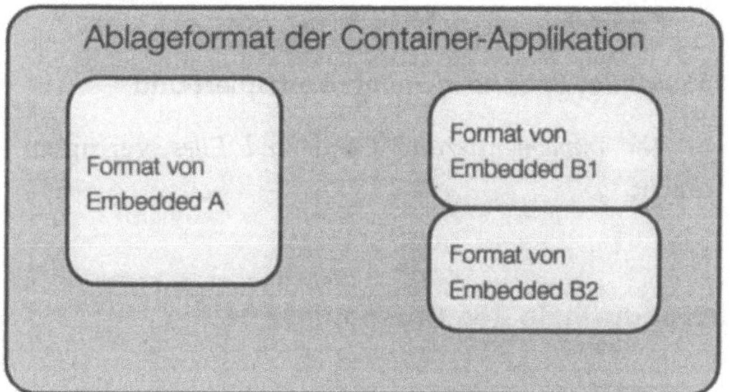

Abb. 8-1
Ablage eines Container-
Formats mit
eingebetteten Objekten
bei OLE 1

Anforderungen

Die grundlegende Forderung geht daher dahin, für die Ablage von Compound Documents eine standardisierte Struktur vorzugeben, die einerseits so weit normiert ist, daß Sie auch für Applikationen zugänglich sind, die nicht Urheber der Datei sind, andererseits aber so viele Freiheiten läßt, daß beliebige Dateiformate von existierenden Applikationen weiterhin beibehalten werden können.

standardisierte
Struktur

Ferner sollte die neue Ablagestruktur in der Lage sein, ein grundlegendes und systemimmanentes Problem von per Link verknüpften Objekten zu beheben: Links sind derzeit oberhalb der Ebene des Dateisystems realisiert. Das Dateisystem kennt die besondere Beziehung von verknüpften Dateien daher nicht, sondern betrachtet beide Komponenten eines Links als normale Dateien. Es gibt daher momentan keine Möglichkeit, ein Umbenennen einer Datei als Komponente eines Links und damit ein Abreißen einer Verknüpfung zu verhindern.

Konsistente
Verknüpfungen

Mit einer standardisierten Struktur der Einheit „Datei" sollte auch mit Blick auf die Zukunft die Basis für eine Vereinheitlichung und damit (Binär-)Kompatibilität der Ablagestruktur über Applikations-, Betriebssystem- und Rechnergrenzen hinweg geschaffen werden.

systemübergreifend
kompatible Ablage von
Objekten

205

Um diese Ziele zu erreichen, wurde im Rahmen des OLE-2-Systems das

Modell

- *Modell* des *Structured Storage* konzipiert und

Implementierung

- in der *Implementierung Compound Files* verfügbar gemacht.

8.2 Grundprinzip des Compound File

Dateisystem

Eine Datei, die als Compound File aufgebaut ist, besitzt intern eine Struktur, die mit dem typischen Aufbau eines Dateisystems vergleichbar ist.

Abb. 8-2
Baumartiger Aufbau
eines Dateisystems

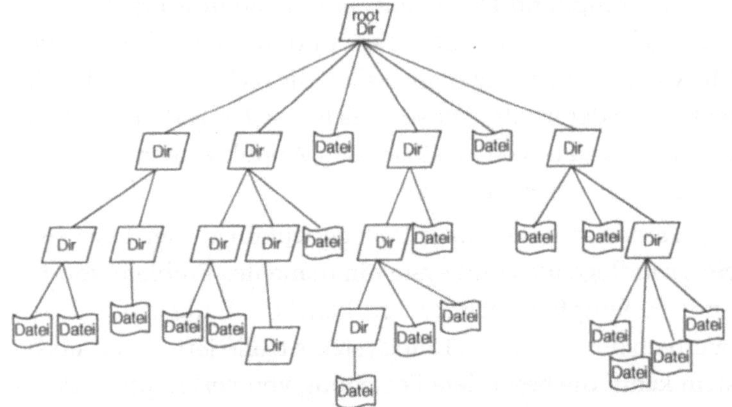

Achtung!
Verwechslungsgefahr!
Compound Document ist
die bereits seit OLE 1
verfügbare Technik, in
eine Containerapplikation
Objekte aus anderen
Applikationen zu laden.
Compound File ist die
Implementierung des
Modells Structured
Storage und bezieht sich
daher auf die
Ablagestruktur eines
Compound Document

Ein Dateisystem ist als Ablagestruktur oberhalb eines Betriebssystems implementiert. Eine derartige Struktur ist baumartig organisiert – mit Verzweigungen (Directories) und Blättern (Dateien), wobei jede Verzweigung in weitere Verzweigungen oder Blätter führen kann.

Blättern (Dateien), wobei jede Verzweigung in weitere Verzweigungen oder Blätter führen kann.

8.3 Datenträger – File – Compound File

Bevor es Dateisysteme gab, was in der Entwicklungsgeschichte der Rechnertechnologie schon ziemlich lange her ist, mußten Applikationen (und damit deren Entwickler) sich selbst um die Ablage ihrer Daten auf Spuren und Sektoren eines Datenträgers kümmern, ohne für deren Strukturierung nähere Unterstützung zu erhalten. Bei mehreren Applikationen auf einem Rechner war die exklusive Benutzung des Datenträgers nicht mehr gewährleistet und dessen Verwaltung wurde ein zunehmend schwieriges Unterfangen.

Spuren und Sektoren

Erst mit Einführung von Dateisystemen als logischer Strukturierung der Einheit *Datenträger* und damit als neuer Schicht zwischen dem Ablagemedium und der Applikation konnten Applikationen zur Ablage ihrer Daten die abstraktere Einheit *Datei* benutzen, ohne konkret deren Realisierung auf dem Datenträger kennen zu müssen.

Dateien und Directories

Heute ist das gleiche Problem auf einer höheren Stufe wieder da: Eine Datei wird mit OLE nicht mehr nur von einer einzelnen Applikation exklusiv kontrolliert, sondern mehrere unterschiedliche Applikationen legen ihre Daten in einer einzigen Datei ab und wollen auf unterschiedliche Weise die Daten kontrollieren.

Und heute ist auch die Lösung des Problems wieder die gleiche: Der Einheit wird eine neue und dateisystemartig standardisierte Struktur aufgesetzt, die prinzipiell vom darunterliegenden Dateisystem unabhängig ist und nicht von einzelnen Applikationen, sondern von OLE kontrolliert wird.

dateisystemartige
Dateistruktur

Objekte im Compound File

Mit Structured Storage entsteht innerhalb einer Datei und damit oberhalb des Dateisystems eine eigene, einem Dateisystem ähnliche, Struktur aus Objekten, die äquivalent zu Directories und Dateien gesehen werden können. :

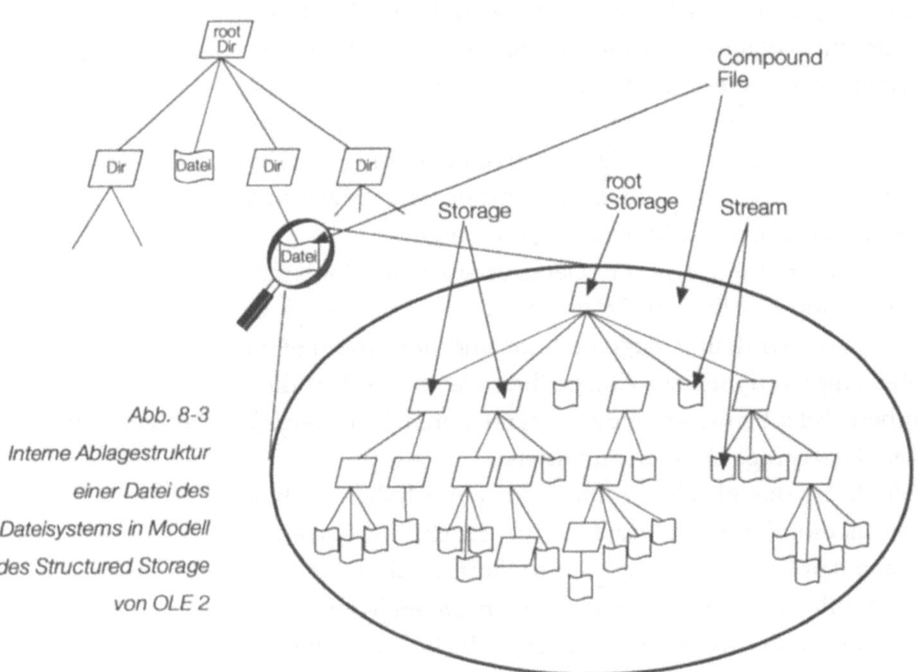

Abb. 8-3
Interne Ablagestruktur
einer Datei des
Dateisystems in Modell
des Structured Storage
von OLE 2

Stream Object

- Ein *Stream Object* dient analog zu einer Datei der eigentlichen Aufnahme der Objektdaten.

  Ein Stream Object trägt, ähnlich einer Datei, einen Dateinamen, der jedoch nicht vom Benutzer, sondern von der Applikation vergeben wird.

Storage Object

- Ein *Storage Object* dient analog zu Directories der weiteren Verzweigung und kann selbst wiederum beliebig viele Storage Objects oder Stream Objects enthalten.

  Jedem eingebetteten Objekt wird zur Ablage seiner Daten ein solches Storage Object zur freien Verwendung zur Verfügung gestellt. Die Container-Applikation interessiert sich für diesen Bereich nicht.

- Ein *Root Storage Object* als hierarchisch höchstes Storage Object, unter dem alle anderen Elemente des Compound File eingehängt sind. Das Root Storage Object repräsentiert die Datei als Einheit im Dateisystem.

Root Storage Object

Eine derartig strukturierte Datei wird als Compound File bezeichnet – gleichbedeutend damit ist der Ausdruck *Docfile* oder *DocFile* der zwar überall im Quellcode und in einigen Programmen zu finden ist, aber eigentlich konsequent durch Compound File ersetzt werden sollte.

Compound File
DocFile

Im Vergleich mit einem Dateisystem entspricht die Datei des Compound File einer Festplattenpartition, zu der der Einstieg über das Root-Directory (das Root Storage Object) möglich ist.

Den einzelnen Objekten sind Directories (Storage Objects) zugeordnet, in denen sie nach eigenem Belieben und mit eigenem Ablageformat Dateien (Stream Objects) anlegen können.

Flexible Ablage

Durch dieses Modell kann nun die nötige Flexibilität und Modularisierung zur Ablage und weiteren Bearbeitung von Dokumenten, die aus Objekten unterschiedlicher Herkunft zusammengesetzt sind, erreicht werden. Die Struktur ist offen und beliebig erweiterbar, da an jeder Stelle beliebige weitere Storage Objects eingehängt werden können.

Die Containerapplikation verwaltet über OLE das Root Storage Object und stellt hierüber allen eingebetteten Objekten ihre eigenen Storage Objects zur Verfügung. In diesen Storage Objects können weitere Storage Objects oder Stream Objects liegen, die die eigentlichen Daten (*native data*) des jeweiligen Objekts und, in einem eigenen Stream Object, die OLE-spezifischen Informationen enthalten.

ein Storage Object für jedes integrierte Objekt

Im einfachsten Fall, etwa bei einer reinen Textdatei, besteht die Organisation der Datei nur aus dem Root Storage Object mit einem Stream Object für die Textdaten und einem Stream Object für die Aufnahme von OLE-Verwaltungsdaten.

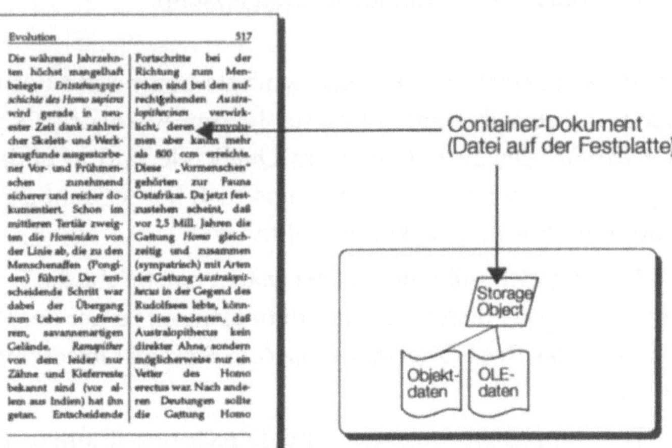

Abb. 8-4
Einfaches
Compound File

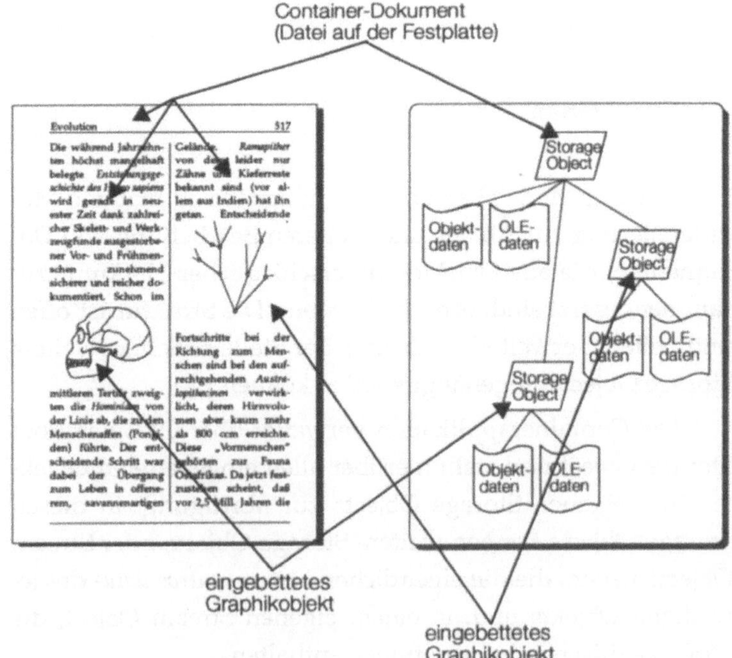

Abb. 8-5
Struktur eines
Compound File mit
eingebetteten Objekten
aus anderen
Applikationen

Im aufwendigeren Fall – dem Standardfall bei typischen OLE-Dokumenten – etwa bei einem Textsystem als Containerapplikation und einigen integrierten Graphikobjekten, sieht die interne Struktur des Compound File vereinfacht etwa so aus wie in Abbildung 8-5 auf Seite 210.

Offener Aufbau

Der Inhalt eines Compound Files wird nicht ausschließlich von der Containerapplikation kontrolliert. Diese Applikation kontrolliert zwar das Root Storage Object und damit die Datei im Dateisystem und sie kann zudem noch beliebig viele weitere Stream- und Storage Objekte zur Ablage ihrer eigenen, generischen Daten kontrollieren, sie stellt aber den am Gesamtdokument beteiligten Serverapplikationen Ablageplatz in Form von Storage-Objekten zur Verfügung, der ausschließlich von der Serverapplikation kontrolliert ist.

Jedes in das Containerdokument integrierte Objekt bekommt sein eigenes, ausschließlich durch die Serverapplikation kontrolliertes Storage-Objekt und kann darin wieder beliebig viele eigene Stream- und Storage-Objekte einbauen.

Jede Serverapplikation kontrolliert innerhalb des Containerdokuments seine eigenen Stream-Objekte.

Diese Struktur eines Compound File kann nun natürlich nicht nur durch die eine erstellende Applikation wieder gelesen und weiterverarbeitet (angezeigt, gedruckt) werden, sondern durch jede Applikation, die konform zur Spezifikation des Structured Storage erstellt wurde.

Dies ermöglicht beispielsweise die Schaffung von Applikationen, die nach bestimmten Instanzen eines Objekts suchen und dabei auch Compound Files durchlaufen, oder die, im einfachsten Fall, auch nur die Inhalte eines solchen Compound Files auflisten – ähnlich dem `dir`-Kommando auf DOS-Ebene oder einem Dateimanager einer graphischen Oberfläche, aber konventionellem Dateisystem.

Interne Struktur: ILockBytes

*Die Datei
OLE2FMT.DOC ist über
CompuServe erhältlich;
siehe Anhang D.*

Der Aufbau von Compound Files ist von Microsoft detailliert beschrieben und veröffenlicht, so daß die Struktur von Compound Files über Applikationsgrenzen hinweg gelesen und verarbeitet werden kann – hierbei wieder in Analogie zu traditionellen Dateisystemen, deren Aufbau über Dienste des Betriebssystems ebenfalls allen Applikationen verfügbar ist.

Die einzelnen Stream- und Storage Objekte sind baumartig organisiert unter dem Root Storage Objekt eingehängt. Das Root Storage Objekt selbst sorgt jedoch noch nicht für die tatsächliche Ablage der Daten als Byte-Strom auf dem Datenträger. Die Datei auf dem Datenträger wird abgebildet durch ein Interface `ILockBytes`, in dem wiederum das komplette Root Storage und damit der gesamt Ablage-Baum enthalten ist. `ILockBytes` ist das Interface zur tatsächlichen Ablage des Compound File.

*auf Datenträger über
ILockBytes*

Die physikalische Ablagestruktur durch `ILockBytes` wurde analog zur *File Allocation Table* (FAT) von MS-DOS angelegt – mit dem Unterschied, daß eine DocFile FAT in der Größe nicht festgelegt ist, sondern dynamisch verändert werden kann. Um diese dynamische Veränderbarkeit zu ermöglichen, liegt eine DocFile FAT auch nicht vollständig am Anfang des Byte-Stromes, sondern irgendwo innerhalb. Am Anfang eines `ILockBytes` liegt nur der Root Sector, der auf die tatsächliche Position der DocFile FAT verweist.

*Struktur ähnlich wie
FAT unter MS-DOS*

8.4 Definitionen und Namenskonventionen

Die interne Organisation eines Compound File präsentiert sich unter einem geeigneten Betrachter wie der Aufbau eines Dateisystems – und genau wie beim Aufbau eines Dateisystems gibt es auch in einem Compound File reservierte Namen und Namenskonventionen.

Zeichen

In dieser Definition des Compound File sind insbesondere folgende Festlegungen getroffen:

- Die einzelnen Elemente (Storage Objects und Stream Objects) innerhalb eines Compound File werden mit Namen bezeichnet.

- Der Name des Root Storage Object entspricht dem Namen der gesamten Datei, wie er auch vom Dateisystem aus gesehen wird. *Dateiname*

- Namen von Stream- und Storage Objekten können in jedem Fall 31 Zeichen lang werden – in besonderen Implementierungen auch länger. *mindestens 31 Zeichen*

  Die Namen können so gestaltet werden, daß Groß- und Kleinschreibung unterschieden wird, es sollte jedoch darauf geachtet werden, daß die Namen auch in Umgebungen eindeutig sind, die eine solche Unterscheidung nicht treffen. *Groß-/Kleinschreibung wird unterschieden.*

- Die Namen sollten die Zeichen

  . .. \ / : !

  nicht enthalten.

Eine Reihe weiterer Konventionen existiert für die Namensgebung von Streams für besondere Zwecke, normalerweise von OLE selbst verwendete Streams zur Ablage von Verwaltungsinformationen. *weitere Konventionen*

Namensanfänge

Dafür sind prinzipiell Namen reserviert, die mit den Zeichen 0x01 bis 0x1F hexadezimal beginnen. Diese Namen dürfen nicht für Namen eingebetteter Objekte verwendet werden. Eingebettete Objekte müssen Namen verwenden, die mit Zeichen nicht unter 0x20 hexadezimal beginnen.

Die folgenden Anfangszeichen von Namen werden verwendet für:

<table>
<tr><td rowspan="6">Tab. 8-1
Festlegung der
Namensanfänge</td><td>0x01</td><td>OLE: Kontroll- und Verwaltunginformationen</td></tr>
<tr><td>0x02</td><td>OLE: Anzeigedaten</td></tr>
<tr><td>0x03</td><td>Container:
Exklusiv für die Verwendung durch den Container, in dem das Objekt eingebettet ist. Der Container kann dort Informationen über das eingebettete Objekt ablegen.</td></tr>
<tr><td>0x04</td><td>Structured Storage:
stehen exklusiv der Verwendung durch die Implementierung des Structured Storage zur Verfügung</td></tr>
<tr><td>0x06</td><td>Objektbeschreibungen in compilierter Form für Verwendung im Rahmen der OLE-Automation (Type Library)</td></tr>
<tr><td>0x05 - 0x1F</td><td>noch nicht eingesetzt, sondern reserviert für zukünftige Verwendung</td></tr>
</table>

Namen von Stream Objekten

Aus den oben genannten Grundregeln sind folgende Namen
für die Stream-Objekte, die von OLE selbst angelegt und verwendet werden, entstanden:

`\1Ole`	OLE Private Stream Verwaltungsinformation von OLE-Objekten	
`\1CompObj`	CompObj Private Stream Verwaltungsinformation von Structured Storage Objects, mit Einträgen u.a. zu - Byte Order - ursprüngliches Betriebssystem - Objektklasse - Datenformat Für jedes Storage Objekt existiert ein Stream vom Typ CompObj.	
`\2OlePres…`	Presentation Stream Informationen zur Anzeige von Objekten und Anzeigedaten in einem festgelegten Format. Für jedes unterstützte Format wird ein eigenes Presentation Stream angelegt und mit fortlaufender Nummerierung eindeutig benannt. Ein Presentation Stream enthält nur die Anzeigekomponente eines Objekts und existiert daher für eingebettete und für verknüpfte Objekte.	
`\6typelib`	Type Library Compilierte Objektbeschreibungen für Automation	

Der Private Stream `\1CompObj` (durch `\1` wird das erste Zeichen des Namens in hexadezimaler Schreibweise dargestellt)
ist in jedem, auch einem leer angelegten Compound File und
darin in jedem Storage Object zu finden, Presentation Streams
nur, wenn das Compound File integrierte Objekte mit Anzei-
gekomponente enthält.

Alle weiteren Namen, die zur Bezeichnung von Storage-
und Stream-Objekten verwendet werden, sind nicht festgelegt, sondern können von den beteiligten Applikationen

(Container und Objektserver) nach eigenem Belieben vergeben werden.

Die Eindeutigkeit der Namen bleibt in jedem Fall erhalten, da jeder Objektserver diese Freiheiten der Namensgebung nur innerhalb des ihm zugeordneten Storage-Objekts besitzt und die Storage-Objekte für die Objektablege wiederum durch den Container kontrolliert werden.

8.5 Verknüpfte und eingebettete Objekte

Presentation Data
Anzeigedaten

In einem Presentation Stream \201ePres... sind in jedem Fall, für verknüpfte wie für eingebettete Objekte, die Anzeigedaten für das Objekt enthalten und werden dort von OLE selbst verwaltet.

Einbetten: Native Data

Handelt es sich um ein eingebettetes Objekt, so müssen neben den Anzeigedaten im Presentation Stream auch die eigentlichen Objektdaten, die *Native Data*, im Compound File des Containers abgelegt werden.

Native Data
Objektdaten

Diese Daten können vom Objektserver nach dessen Belieben in einem Stream Object innerhalb des dafür vorgesehenen Containers abgelegt werden. Dieser Stream mit den Native Data, ggf. auch mehrere, wird normalerweise neben den Presentation Data liegen.

Es ist ein häufiger Irrtum, daß OLE 2 durch die Technik des Structured Storage das Ablageformat für Objektdaten vorschreibt und daher eingeführte und am Markt verbreitete Applikationen, die kompatibel zu OLE 2 sein wollen und als Objektserver auftreten wollen, ihr Datei-Ablageformat ändern müssen.

keine Änderung an
bisherigem
Ablageformat nötig!

Applikationen können ihr Ablageformat vollständig beibehalten! Mit Structured Storage schreiben Applikationen ihre Daten statt in eine Datei des Dateisystems in ein Stream Object eines Compound File – aber sie schreiben in jedem Fall die gleichen Daten, mit der gleichen Bytefolge und inneren Struktur.

Verknüpfung: Moniker

Handelt es sich um ein verknüpftes Objekt, so liegen die eigentlichen Objektdaten nicht innerhalb des Compound File, sondern außerhalb in einer eigenen Datei. Daher muß hier die Quelle der Verknüpfung im Compound File abgelegt werden.

Die Ablage dieses Namensverweises auf die Quelle des Links, der sog. *Moniker*, wird im Compound File von OLE selbst verwaltet. Die Information wird im OLE Private Stream `\1Ole` abgelegt. Bei verknüpften Objekten ist dieser Stream daher wesentlich länger als bei eingebetteten Objekten, wo eine derartige Information nicht abgelegt werden muß.

Namensverweis auf
Quelle des Links

8.6 Docfile Viewer

Eine einfache, aber sehr hilfreiche Applikation, um den Inhalt eines solchen Compound File, das auf Dateisystemebene aussieht wie eine normale Datei, näher zu betrachten, ist als `DFVIEW.EXE` im Software Development Kit von OLE 2 enthalten.

Diese Applikation zeigt dabei ähnlich wie ein Dateimanager die Storage- und Stream-Objekte innerhalb eines Compound File in ihrer hierarchischen Anordnung an; die Daten der einzelnen Objekte werden nur im Hexadezimal- und im ASCII-Format ausgegeben.

Docfile Viewer

Leeres Docfile

Als Applikation, die hier dazu verwendet wird, Compound Files zu erzeugen, dient eine weiteres Beispielprogramm aus dem OLE 2 SDK, das Programm Outline (`CNTROUTL.EXE`).

Es ähnelt auf den ersten Blick einer Tabellenkalkulation und kann eigenen Text oder OLE-Objekte in Reihen unterein-

OLE2 Container
Outline

ander darstellen, besitzt aber außer der Fähigkeit, als Container für OLE 2 zu fungieren und seine Daten als Compound File abzulegen, nahezu keine eigene Funktionalität.

Das Programm besitzt keine Auswahlmöglichkeit zwischen „normaler Datei" und Compound File – eine solche Wahlmöglichkeit wäre für den Benutzer nur verwirrend und für den Entwickler mit zusätzlichem Aufwand verbunden

Wird mit dieser Applikation eine Datei leer angelegt und dann mit dem Docfile Viewer geöffnet, so zeigt bereits die leere Datei folgende Struktur:

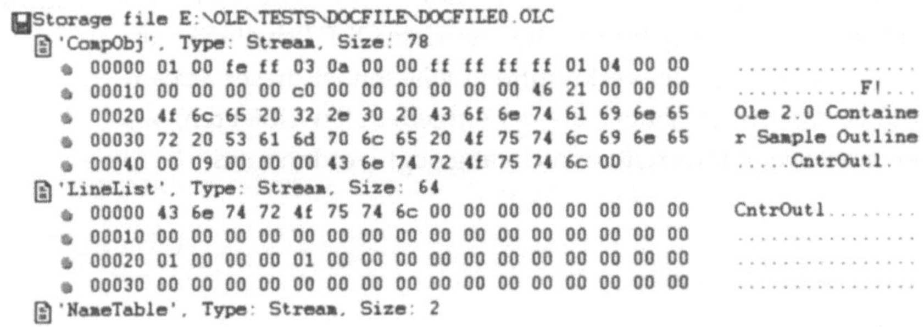

Abb. 8-6

Leeres Compound File

Dieses Compound File enthält das Root Storage Object als Repräsentation der Datei auf der Festplatte: der Name entspricht dem Dateinamen.

Unter dem Root Storage Object liegen drei Stream Objects: der bereits erwähnten Private Stream `CompObj`, der von OLE selbst verwaltet wird und, wie in der Hex/Ascii-Ausgabe zu erkennen, den Klassennamen der Applikation (`OLE 2 Container Sample Outline`) enthält.

Mehrere Streams

Die anderen beiden Stream Objects `LineList` und `NameTable` dienen der erstellenden Applikation zur Ablage der Daten. Als bemerkenswerter Unterschied zur konventionellen Datenablage ist hier zu erkennen, daß diese einfache Applikation ihre Informationen in zwei unterschiedlichen Streams hält.

Objektablage in mehreren unterschiedlichen Streames

Nach dem Konzept des Structure Storage stellt eine Containerapplikation, die das gesamte Compound File verwaltet, jedem integrierten Objekt und damit indirekt jeder Serverapplikation nicht nur ein Stream Objekt, sondern ein volles Storage Objekt zur Verfügung. Wie die Objektapplikation dieses Storage Objekt nutzt, bleibt vollkommen und alleine dieser überlassen – die Objektapplikation kann damit ihre Daten auch in mehreren Streams ablegen.

Es gibt zunächst kaum Applikationen, die diese Möglichkeit ausnützen, da bisherige Applikationen darauf ausgerichtet sind, zu ihrer Datenablage eine einzige Datei im Dateisystem zu verwenden, wo eine getrennte Datenhaltung zwar prinzipiell möglich, jedoch sehr aufwendig ist. Mit Structured Storage wird auf einfache Weise möglich, daß beispielsweise ein Textsystem seine Textdaten und Layoutdaten in unterschiedlichen Streams ablegt, eine Tabellenkalkulation Reihen- und Spaltenaufbau, Benutzerformeln und Inhalte getrennt ablegt oder eine Graphikapplikation die Farbinformationen getrennt von anderen Bildinformationen verwaltet.

Einfachere Datenorganisation für Applikationen

Einfaches Docfile

Abgesehen von diesem Sonderfall der leeren Datei enthält eine Datei im einfachsten Fall nur die Daten der erstellenden Applikation ohne integrierte Objekte und trägt dennoch die Struktur eines Compound File.

In `OUTLINE` werden einige Reihen Text eingegeben, so daß die Applikation folgendes Aussehen zeigt:

Abb. 8-7

OUTLINE mit eigenen
Daten in Textreihen

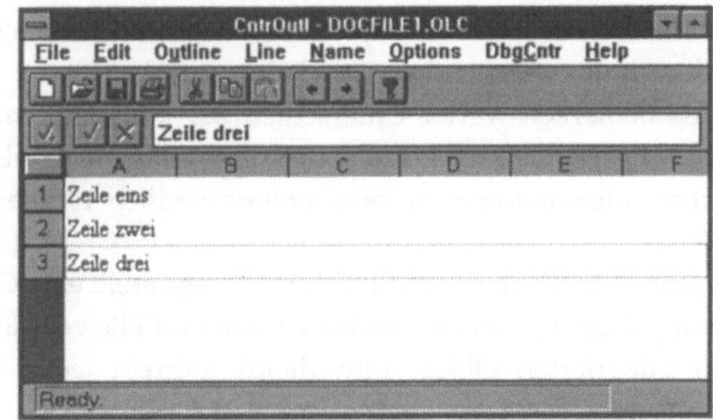

Mit diesen Textreihen, dem tatsächlichem Inhalt in der Datei, sieht die Datei unter dem Docfile Viewer kaum verändert aus. Die Stream-Objekte, die auch in der leeren Datei schon angelegt waren, sind auch hier wieder da:

```
Storage file E:\OLE\TESTS\DOCFILE\DOCFILE1.OLC
  'CompObj', Type: Stream, Size: 78
  'LineList', Type: Stream, Size: 142
    00000 43 6e 74 72 4f 75 74 6c 00 00 00 00 00 00 00 00   CntrOutl........
    00010 00 00 00 00 00 00 00 00 00 00 00 00 00 00 00 00   ................
    00020 01 00 00 00 01 00 00 00 00 00 00 00 00 00 00 00   ................
    00030 00 00 00 00 00 00 03 00 00 00 00 00 00 00 00 00   ................
    00040 01 00 00 00 00 00 34 06 61 02 00 00 00 00 0a 00   ......4.a.......
    00050 5a 65 69 6c 65 20 65 69 6e 73 01 00 00 00 00 00   Zeile eins......
    00060 9e 06 61 02 00 00 00 00 0a 00 5a 65 69 6c 65 20   ..a.......Zeile
    00070 7a 77 65 69 01 00 00 00 00 00 34 06 61 02 00 00   zwei......4.a...
    00080 00 00 0a 00 5a 65 69 6c 65 20 64 72 65 69         ....Zeile drei
  'NameTable', Type: Stream, Size: 2
```

Abb. 8-8

Struktur des Docfile mit

Inhalt aus obiger

Applikation

Im Vergleich zur leeren Datei hat sich nur der Inhalt von Li-neList verändert und in der Hex/Ascii-Ausgabe sind auch die in OUTLINE eingegebenen Reihen wieder zu erkennen. NameTable als weitere Ablagemöglichkeit für OUTLINE-Daten wurde nicht genutzt, da in der Applikation keine Reihennamen eingegeben wurden.

Unverändert blieben auch die OLE-eigenen Daten in CompObj.

Docfile mit integrierten Objekten

In die Containerapplikation OUTLINE werden nun zusätzlich
zu den bereits vorhandenen Container-eigenen Daten externe
Objekte integriert:

- Ein eingebettetes Objekt, das einige Reihen aus einer Tabellenkalkulation enthält.
  Es wurde integriert über die Dialogfolge
  »Edit«→»Insert Object...« : »Create New«.
  Die Daten dieses Objekts liegen nirgendwo auf einer eigenen Datei vor, sondern ausschließlich im Containerdokument.

- Ein verknüpftes Objekt, das ebenfalls einige Reihen aus
  einer Tabellenkalkulation enthält.
  Es wurde integriert über die Dialogfolge
  »Edit«→»Insert Object...« : »Create from File« : »Link«.
  Die Daten dieses Objekts liegen in einer eigenen Datei an
  einer anderen Stelle im Dateisystem.

Bei beiden Objekten handelt es sich um Daten aus der Tabellenkalkulation Excel 4.0, also Objekten, die nicht nach der
Technologie von OLE 2 erstellt wurden.

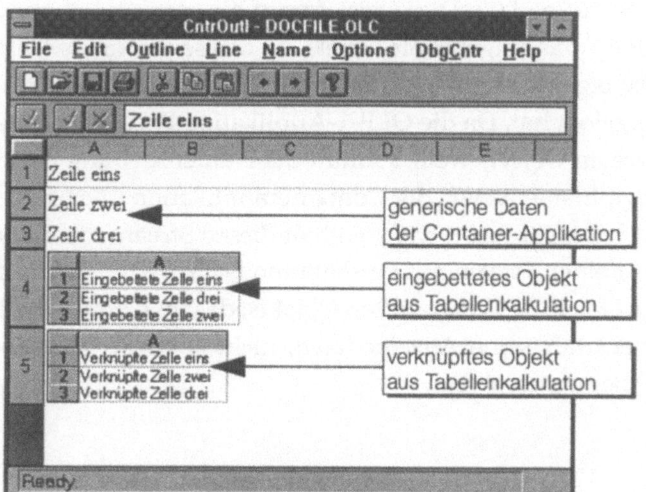

Abb. 8-9

Containerapplikation mit
integrierten Objekten

Mit eigenen Textreihen und integrierten Objekten sieht das Compound File dieser Applikation unter dem Docfile Viewer noch einmal deutlich erweitert aus:

Abb. 8-10

Compound File mit

integrierten Objekten

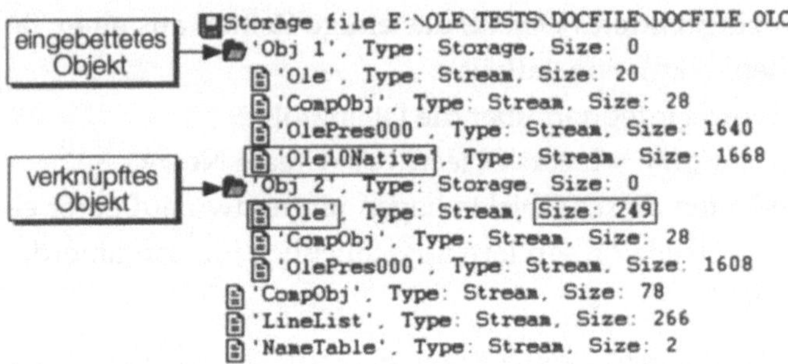

Unter dem Root Storage sind zwei weitere Storages hinzugekommen – eines für jedes der integrierten Objekte, wobei die eher schlichte Namensgebung mit `Obj 1` und `Obj 2` zeigt, daß die Namen für diese Storages vom Container vergeben werden und nicht explizit für die Lesbarkeit durch einen Endbenutzer gedacht sind.

Beide Storages enthalten die Private Streams `\1Ole` und `\1CompObj`, dazu den Presentation Stream `\2OlePres000`.

Das Storage `Obj 1` enthält zusätzlich noch den Stream `Ole10Native`. Dies weist darauf hin, daß `Obj 1` das Storage für das eingebettete Objekt ist, das seine Native Data, also die eigentlichen Objektdaten in dem Stream `Ole10Native` abgelegt hat. Da die OLE-1-Applikation Excel 4.0 nichts über Stream Objects weiß, stammt die Namensgebung dieses Ablage-Elements von der Containerapplikation `OUTLINE`.

Native Data

Objektdaten des

eingebetteten Objekts

Das Storage `Obj 2` enthält diesen Stream nicht, sondern nur einen Stream mit Presentation Data. `Obj 2` ist das Storage Object des verknüpften Objekts, das im Compound Document nur seine Anzeigedaten, nicht aber die vollständigen Objektdaten ablegt.

Bei `Obj 2` ist jedoch der Ole Private Stream `\1Ole` wesentlich größer. Ein Ausschnitt aus der Hex/Ascii-Anzeige dieses Streams sieht wie folgt aus:

```
'Obj 2', Type: Storage, Size: 0
  'Ole', Type: Stream, Size: 249
    . . . . . . . . . . . . . .
    00040 c0 00 00 00 00 00 00 46 02 00 0c 00 00 00 6c 69    . . . . . . .F. . . . . .li
    00050 6e 6b 74 61 62 2e 78 6c 73 00 ef be ad de 00 00    nktab.xls. . . . . . .
    . . . . . . . . . . . . . .
    00090 65 3a 5c 6f 6c 65 5c 74 65 73 74 73 5c 6c 69 6e    e:\ole\tests\lin
    000a0 6b 74 61 62 2e 78 6c 73 00 ef be ad de 00 00 03    ktab.xls. . . . . . . .
    . . . . . . . . . . . . . .
```

Abb. 8-11
Inhalt des
Ole Private Streams
bei einem
verknüpften Objekt

In diesem Stream verwaltet OLE 2 die Information über die Lage des zu integrierenden Objekts im Dateisystem, den Moniker. Dieser wird in relativer und in absoluter Form mit Pfadnamen hinterlegt.

Bei dem eingebetteten Objekt ist diese Information nicht nötig, da die Objektdaten (*native data*) im Compound File liegen.

Aus Benutzersicht

Diese gesamte interne Struktur eines Compound File ist für den Benutzer unsichtbar. Im Konzept des Structured Storage ist nicht vorgesehen, dem Benutzer eine explizite Kontrolle über die Struktur eines Compound File zu geben oder die Namen von Storage- oder Stream Objekten interaktiv zu benennen. Der Benutzer selbst hat nach wie vor, wenn überhaupt, mit der Einheit *Datei* als kleinster für ihn sichtbarer Ablageeinheit zu tun.

keine
Benutzereingabe

Datei bleibt kleinste
Benutzereinheit.

Eine geeignete Oberfläche, die nicht zuletzt mit Mitteln von OLE 2 zu bauen ist, sollte jedoch auch diese Einheit *Datei* vor dem Benutzer verbergen und ihm ermöglichen, mit Informationsobjekten statt mit Programmkomponenten zu arbeiten.

8.7 Stufenweises Lesen und Schreiben

Durch dieses Konzept des Structured Storage mit seinen prinzipiell voneinander unabhängigen Ablageobjekten wird es auch möglich, sowohl beim Lesen der Datei als auch beim Schreiben stufenweise vorzugehen.

Nur die wirklich benötigten Daten werden gelesen.

Eine Datei, genauer gesagt ein Compound File, muß beim Lesen nicht geöffnet und vollständig eingelesen werden, sondern es kann immer nur soviel gelesen werden, wie gerade für Anzeige oder Verarbeitung nötig ist.

Auch das Zurückschreiben nach erfolgter Änderung kann sich nur auf einen Teilbereich des Compound File, nämlich auf das geänderte Objekt beziehen und damit den Aufwand minimieren.

Da nicht mehr die ganze Datei, sondern immer nur ein kleiner Teil zwischen Hauptspeicher und Ablage verschoben werden muß, ergibt sich ein deutlicher Geschwindigkeitsgewinn einer Applikation allein durch die Verwendung des Structured Storage.

8.8 Transactioning

Aus dieser Möglichkeit des stufenweisen Schreibens ergibt sich noch ein weiterer Vorteil der Compound-File-Technologie: ein einfacher Transaktionsmechanismus mit der Möglichkeit des *Commit* und des *Revert*.

Dafür unterstützen Storage-Objekte zwei unterschiedliche Zugriffsmethoden auf die unter ihnen liegenden Stream- oder Storage-Objekte:

Direct Mode

- *Direct Mode*
  Alle Änderungen während einer Editieraktion am aktiven Objekt werden sofort und dauerhaft eingetragen.

Transacted Mode

- *Transacted Mode*
  Schreiboperationen werden in temporären Dateien gepuffert mitprotokolliert, bis explizit ein Commit zum tatsächlichen Zurückschreiben aller Änderungen oder ein

Revert zum Verwerfen der Änderungen und Rückgriff
auf das Original erfolgt.

Ein Commit erfolgt stufenweise über die Baumstruktur nach
oben, von einem Storage Objekt zum nächst höheren, bis als
letztes ein Commit des Root Storage vorgenommen werden
kann. Nur wenn das Root Storage erfolgreich committed
wurde, ist das gesamte Compound File im korrekten Zustand.

stufenweiser commit

Hierüber wird nicht nur ein mächtiger Undo-Mechanis-
mus ermöglicht, bei dem zu vollständigen alten Dokumen-
tenzuständen zurückgegangen werden kann, sondern es
wird auch sichergestellt, daß die komplizierte, einem Dateisystem ähnliche Struktur des Compound File auch im Falle eines fatalen Fehlers nicht inkonsistent wird und zu Datenver-
lust führt.

Durch die Verwendung des Transaktionsmechanismus
des Structured Storage Systems ist garantiert, daß der Inhalt
der Originaldatei unverändert bleibt, bis ein erfolgreicher
commit auf der höchsten Stufe, dem Root Storage, durchgeführt werden konnte. Bei einem erfolgreichen commit des
Root Storage sind garantiert alle Änderungen an einer Datei
sauber abgeschlossen und im Original integriert.

Root Commit als höchste Stufe

8.9 Umstellung

Die Umstellung einer Applikation von der konventionellen
Methode der dateiorientierten Datenablage zur Datenablage
in Stream-Objekten ist relativ einfach.

Der eigentliche Byte-Strom zur Datenablage, d.h. das Ablageformat der Applikation, muß dafür nicht verändert werden! Es bleibt der gleiche Datenstrom, gleich ob er in eine Datei des Dateisystems oder in ein Stream-Objekt geschrieben
wird.

kein neues Ablageformat für Applikationen

Was verändert werden muß, ist der Zugriff auf die Ablage. Wurde die Dateiablage im konventionellen Fall über ein
File Handle der FAT von MS-DOS und einen *Open*-Aufruf erreicht, so muß bei der Ablage über Structured Storage dieser

Aufruf nun an eine Storage Objekt des Compound File gerichtet werden. Das weitere Vorgehen nach Erhalt des Zugriffs bleibt gleich.

8.10 Zusammenfassung

Auch das Modell des Structured Storage soll, ähnlich wie das Component Object Model als weitere durch OLE 2 eingeführte wichtige Basistechnologie, von zukünftigen Microsoft-Betriebssystemen nicht nur unterstützt werden, sondern integrierter Bestandteil sein, auf den sich alle anderen Komponenten stützen.

in zukünftige Betriebssysteme integriert

In zukünftigen Betriebssystemen wird Structured Storage nicht mehr oberhalb des Dateisystems angesiedelt sein, sondern direkt auf dem Betriebssystem aufsetzen und die Dienste eines Dateisystems übernehmen.

Dies ist nötig, weil nur mit Structured Storage Dienste geleistet werden, die mit heutigen Dateisystemen nicht möglich sind: beispielsweise die Abhilfe des größten Problems bei mit einem Link verbundenen Objekten, dem Bruch der Verbindung. Nur ein Dateisystem, das das Prinzip des Links kennt, kann die nötigen Schutzmechanismen aufbieten, um dessen Abbrechen zu verhindern.

Kapitel 9

Automation

Die Automatisierbarkeit ist in der Landschaft heutiger Applikationen ein weit verbreitetes Merkmal, das auf dem Einsatz von Makros und Makro-Dateien beruht:

9.1 Makroprogrammierung

- Nahezu jede wichtige Anwendung verfügt mindestens über die Möglichkeit, Tastatureingaben oder sogar Mausaktionen nicht nur auszuführen, sondern auch mitzuprotokollieren, um sie wiederholbar zu machen.

  Durch benutzerdefinierte Sondertasten oder Kommando-Kürzel kann diese Folge von zuvor aufgezeichneten Tastendrucken „abgespielt" und dadurch eine häufig benötigte Tastenfolge vereinfacht ausgelöst werden.

  Abspielen von Tastenfolgen

- Komplexere Versionen dieser Makro-Steuerung bieten nicht nur die Möglichkeit, Tastendrucke stur in einer zuvor aufgezeichneten Folge wieder abzuspielen, sondern diese Wiedergabe durch programmiersprachenähnliche Konstrukte zu konditionalisieren.

  Kontrollstrukturen

  Das Erstellen dieser Kommandofolgen geschieht dabei nicht mehr ausschließlich durch Mitprotokollieren interaktiver Eingaben, sondern durch Erstellen oder Editieren einer Kommandodatei.

Man bezeichnet die Zusammenfassung einer Tastenfolge durch eine benutzerdefinierte Taste normalerweise als Makro;

bei Aufzeichnung in Dateien und ggf. Strukturierung durch Programmieranweisungen spricht man von Makro-Dateien.

Programmiersprache

Applikation wird durch Programmiersprache gesteuert

Auf diese Weise sind ausgereifte Programmiersprachen entstanden, durch die jede Funktion einer Applikation ausgelöst werden kann. Tastenkommandos werden durch logische Kommandonamen ersetzt (aus F10 wird Datei Drucken), Kommandos können mit Parametern versehen werden; Variablen und Kontrollstrukturen erlauben konditionales Auslösen von Funktionen in Abhängigkeit von bestimmten Umständen. Über spezielle Schnittstellen (API) können sogar andere, eigens dafür angepaßte und vorgesehene Applikationen wie z.B. eine Datenbank angesprochen werden.

Die Mächtigkeit heutiger Makrosprachen erlaubt es, auf der Grundlage einer existierenden Anwendung eine neue, sehr viel speziellere Anwendung mit eigener Benutzerschnittstelle und eigenen Dialogen aufzubauen. Aus der allgemein verwendbaren Tabellenkalkulation kann dadurch die Spezialanwendung „Immobilienverwaltung" o.ä. werden.

Nachteil

Alle diese Programmiersprachen haben jedoch einen entscheidenden Nachteil: Sie sind sehr spezifisch auf eine Applikation zugeschnitten.

applikationsspezifisch

So besitzt Word für Windows 2.0 zwar einen angepaßten Interpreter der Programmiersprache Basic (Word Basic) als Steuerprogramm, damit kann jedoch ausschließlich Word für Windows gesteuert werden. In ähnlicher Form erlaubt der Kommandointerpreter, der in Excel 4.0 enthalten ist, zwar komplette Anwendungen auf der Basis von Excel zu erstellen, aber darüber hinaus eben nichts anderes.

Mit OLE 2 wird dieses Prinzip um einen entscheidenden Schritt weiter geführt. Mit OLE 2 werden prinzipiell folgende Möglichkeiten geschaffen:

- Zur Applikationssteuerung können beliebige Programmiersprachen eingesetzt werden. Eine solche Programmiersprache muß OLE 2 fähig sein (d.h. dem Component Object Model entsprechen), braucht aber die zu steuernde Applikation nicht zu „kennen" und muß nicht dafür angepaßt sein.

- Mit ein und derselben Programmiersprache können beliebig viele unterschiedliche Applikationen (Objekte) integriert und gesteuert werden.

9.2 Objekte automatisch manipulieren

Applikationen, die nach dem Component Object Model erstellt wurden, bilden eine Sammlung von Objekten, die abgeschlossene Einheiten darstellen und die nur über definierte Schnittstellen – Interfaces – bedient, manipuliert und eingesetzt werden können. Die einzelnen Funktionsbereiche einer Applikation sind Objekte, die miteinander kommunizieren und über Interfaces gegenseitig ihre Dienste anfordern.

Objekte kommunizieren nicht nur intern, sondern auch mit externen Objekten

Mit OLE Automation kann diese gesamte Basis nun noch eine entscheidende Stufe weitergetragen werden:

- Definierte Dienste einer Applikation können auch nach außen – außerhalb der Applikation – zugänglich gemacht und dort von einer beliebigen anderen Applikation gelesen und ausgewertet werden. Einer Applikation ist es freigestellt, welche Dienste sie nach außen anbietet.

nur Druckfunktionalität oder in großem Umfang sämtliche interaktiven Features

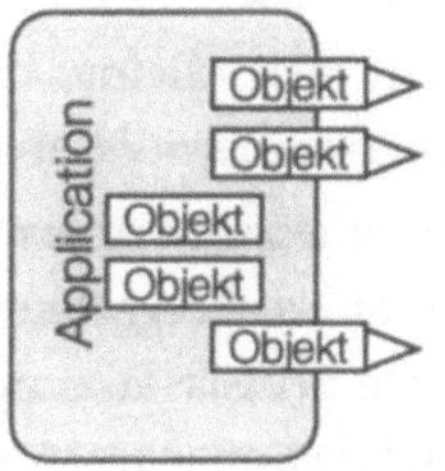

*Abb. 9-1
Nach außen angebotene Objekte einer Applikation*

- Objekte, die aus einer Applikation heraus angeboten werden, können von einer anderen Applikation benutzt und verwertet werden.

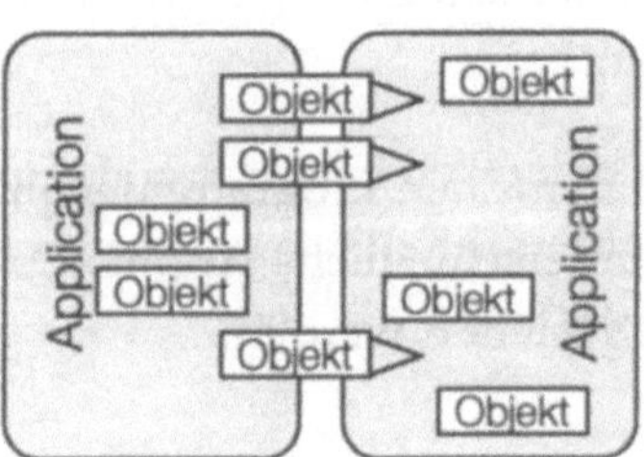

Abb. 9-2

Eine Applikation steuert Objekte einer anderen Applikation.

- Dritt-Applikationen können dazu verwendet werden, gleich in welcher Programmiersprache sie implementiert sind, die Objekte aus unterschiedlichen Serverapplikationen gemeinsam zu steuern oder sogar zu einer kombinierten Applikation aus Teilobjekten zu verbinden.

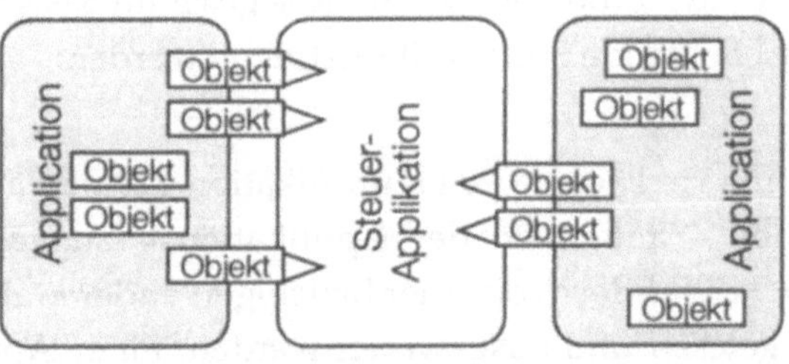

Abb. 9-3

Drittapplikation als Programmiertool steuert Applikationen.

Die Anwendung der OLE-2-Automation setzt eine Implementierung auf der Basis des Component Object Model voraus – sie kann aber für sich alleine, d.h. ohne die anderen Technologien von OLE 2 implementiert werden.

OLE-Automation ist damit weit mehr als nur die Realisierung einer applikationsübergreifenden Makrosprache. OLE-Automation ist die Schlüsselkomponente für den Aufbau von objektorientierten Software-Architekturen nach dem

OLE-2-Objektmodell und die Wiederverwendung von OLE-Objekten in spezifischen Applikationsumgebungen. Leider wird diese wichtige Rolle der Automation in der Terminologie von Microsoft häufig kaschiert, wie allein der Begriff *Controller* und dessen begriffliche Beschränkung auf die Steuerung anderer Objekte verrät.

terminologische
Unschärfe
bei Microsoft

9.3 Rollen

Bei der OLE-2-Automation handelt es sich um eine Struktur, die in die Rollen von Client und Server aufgeteilt ist. Applikationen können innerhalb der OLE-2-Automation unterschiedliche Seiten einnehmen – möglich ist jedoch auch eine Applikation, die beide Rollen einnehmen kann:

- Ein *Automation Server* ist eine Applikation, die ein oder beliebig viele Objekte für den Zugriff von außen anbietet und dadurch extern steuerbar wird.

Automation Server

- Ein *Automation Controller* ist eine Applikation, die in der Lage ist, die Objekte und Kontrollmöglichkeiten, die von anderen Applikationen (OLE Automation Server) nach außen angeboten werden, zu erkennen, zu lesen und anzuwenden.

Automation Controller

Entsprechend dieser Rollenaufteilung bietet die OLE-Automation mit den Libraries und dem Software Development Kit Funktionalität für beide Seiten an. In OLE 2 wird prinzipiell unterschieden in:

- *Exposing Objects*:
  Funktionalität, die die Entwicklung von Applikationen ermöglicht, die programmierbare Objekte anbieten.
  - Dazu gehört vor allem das Interface `IDispatch` als wichtigstes Interface der OLE-Automation. Es ermöglicht das externe Anbieten von Objekten.
  - Als Entwicklungstools gehören dazu die Programme `DISPTEST.EXE` und `MKTYPLIB.EXE`.

*Funktionalität, um
Objekte anzubieten*

IDispatch

*MKTYPLIB.EXE
DISPTEST.EXE*

- Disptest ist eine an Visual Basic angelehnte Programmierumgebung, mit der exportierte Objekte gesteuert und getestet werden können.

Objektbeschreibung in ODL

- MkTypLib ist ein Programm, das eine Objektbeschreibungsdatei kompiliert. Die Quelldatei enthält eine in der Sprache *ODL* (*Object Description Language*) dargestellte Beschreibung der vom Automation Server angebotenen Objekte.

• *Accessing Objects*:
Funktionalität, die die Entwicklung von Tools ermöglicht, mit denen aus anderen Applikationen exportierte Objekte verarbeitet werden können. Dazu gehören vor allem die Interfaces `ITypeLib` und `ITypeInfo`.

Funktionalität, um Objekte zu steuern

9.4 Programmierbare Objekte anbieten

Ein programmierbares Objekt ist die Instanz einer Klasse innerhalb der Applikation, die manipuliert werden soll.

Die folgende Graphik zeigt die Objektstruktur, wie sie etwa ein Textsystem nach außen zur Verfügung stellen kann:

Abb. 9-4 Beispiel für programmierbare Objekte eines Textsystems

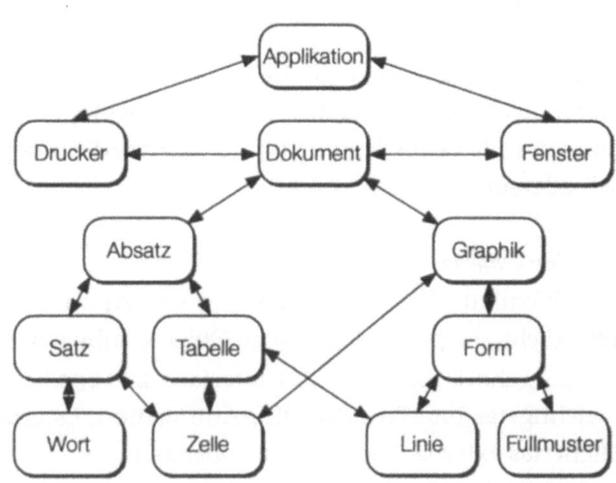

Es muß sich nicht unbedingt um ein bereits existierendes Objekt der Applikation handeln, sondern es können Objekte geschaffen werden, die nur dazu da sind, Funktionen in einer Form nach außen verfügbar zu machen, wie sie für die Programmierung von außen sinnvoll sind.

Die Entscheidung, welche Objekte nach außen verfügbar sein sollen und die Aufteilung einer Applikation in Objekte, die von außen sinnvoll benutzbar sind, obliegt voll und ganz dem Entwickler der Applikation. Nach außen hin sichtbare Objekte müssen auch keineswegs mit intern verwendeten Objekten übereinstimmen.

Nach außen verfügbar gemacht werden können zwei unterschiedliche Bereiche eines Objekts:

- Methoden: Funktionen, um die Daten eines Objekts zu manipulieren. Methoden können Argumente tragen und Aktionen oder Funktionen auslösen.
  Beispiel: Zellen addieren, Absatz umformatieren.

  Objektdienste

- Properties: Objektzustände, die über Funktionspaare abgefragt oder explizit gesetzt werden können.
  Beispiel: Schriftart, Farbe, Größe.

  Objektzustände

Die folgende Tabelle zeigt als Beispiel die Methoden und Properties, die mit dem Objekt *Fenster* aus obiger Übersicht verbunden sein könnten:

Objekt	Methoden	Properties
Fenster	Aktivieren	Eltern
	Wiederherstellen	Titelleiste
	Verschieben	Dokument
	Größe ändern	Höhe
	Vollbild	Breite
	Schließen	Links
	Nächstes Fenster	Oben
	Teilen	Sichtbar
		Zustand

Tab. 9-1
Methoden und
Properties
des Objektes
Fenster

9.5 Interfaces für Automation

Um Applikationen mit der Möglichkeit auszustatten, von außen gesteuert zu werden oder andere Applikationen zu steuern, ist auf beiden Seiten die Implementierung bzw. Verwendung einiger weniger Interfaces nötig.

IDispatch

`IDispatch` ist das wichtigste und zentrale Interface für die Zwecke der OLE-Automation, das von Automation Servern implementiert werden muß.

`IDispatch` ermöglicht anderen Applikationen zur Laufzeit den externen Zugriff auf Methoden und Properties von Objekten und ist damit der Schlüssel zur externen Steuerung von Applikationen durch Manipulation der Objekte.

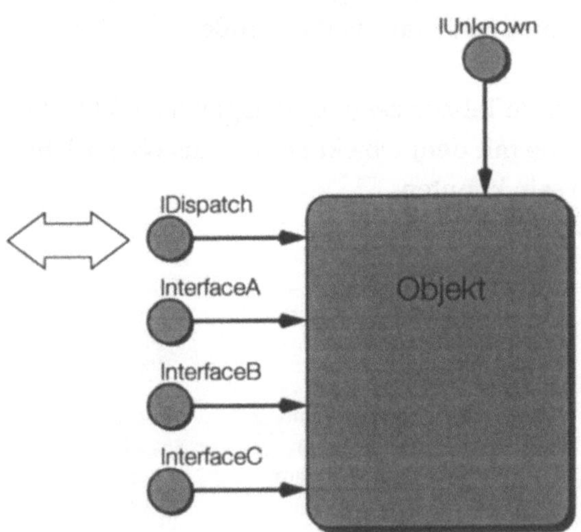

Objekte, die ihre Dienste auch nach außen zugänglich machen wollen, müssen `IDispatch` implementierten. Über `IDispatch` als Zwischenschicht zwischen einserseits den

Objekten und deren Interfaces zur Datenmanipulation innerhalb einer Applikation und andererseits den externen Prozessen können die anderen Interfaces eines Objekt abgefragt und
damit ebenfalls zugänglich gemacht werden.

Aus der Sicht des Entwicklers in C oder C++ ist
`IDispatch` (d.h. der Zeiger auf dieses Interface) gleichbedeutend mit dem Objekt, das von außen gesteuert werden
soll.

ITypeLib und ITypeInfo

Die beiden Interfaces `ITypeLib` und `ITypeInfo` bilden die
andere Seite der OLE-Automation.

*Interfaces der
OLE-Automation*

Während `IDispatch` von Objekten in Automation Servern implementiert werden, müssen Automation Clients die
Interfaces `ITypeLib` und `ITypeInfo` verwenden, um damit überhaupt erst in der Lage zu sein, Informationen über
aufrufbare und manipulierbare Objekte zu erhalten.

`ITypeLib` und `ITypeInfo` werden durch die Library
`TYPELIB.DLL` implementiert.

Informationen und Beschreibungen zu Objekten werden
für den Zugriff von außen in Type Libraries (siehe unten) abgelegt und verfügbar gehalten. `ITypeLib` ist das Interface,
um eine solche Type Library zu lesen und Informationen zu
entnehmen.

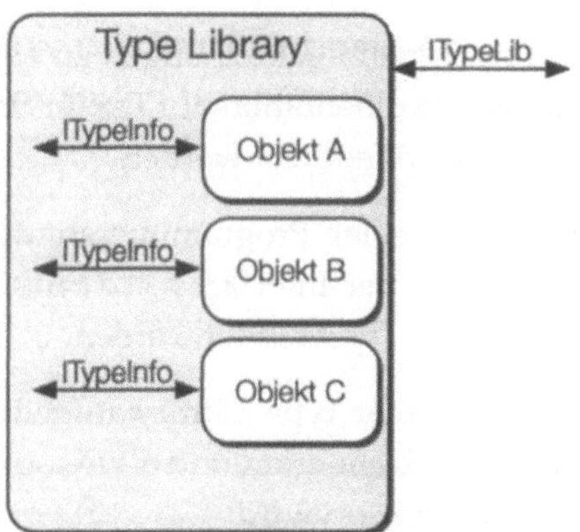

*Abb. 9-6
Informationen aus Type
Library lesen:
ITypeLib und ITypeInfo*

Die Information, welche Type Libraries und damit auch, welche programmierbaren Applikationen auf einem System verfügbar sind, kann über die Registrierdatenbasis abgefragt werden.

ITypeInfo liest aus Type Library

Beschreibungen einzelner Objekte werden mit Hilfe des Interfaces `ITypeInfo` aus der Type Library gelesen.

Mit `ITypeInfo` werden nicht die Elemente beschrieben, die applikationsintern verwendet werden, um diese zu bauen, sondern ITypeInfo beschreibt die Teile der Applikation, die von außen zugänglich sind. So bietet `ITypeInfo` Funktionsbeschreibungen und bei Interfaces eine Beschreibung der Methoden, die von dem Interface unterstützt werden. Liefert `ITypeInfo` die Beschreibung eines Interfaces, so kann dies direkt über `IDispatch::Invoke` aufgerufen werden.

9.6 Informationen über Objekte

Damit eine Applikation durch eine beliebige andere Applikation von außen gesteuert werden kann, muß sie nach außen eine Typenbeschreibung ihrer verfügbaren Objekte und deren Charakteristika bereitstellen. In dieser Typenbeschreibung informiert sich die steuernde Applikation, der Automation Controller, über die verwendbaren Objekte und deren Methoden und Properties.

Typenbeschreibung von außen lesbar

Diese Typenbeschreibung kann auf mehrere unterschiedliche Methoden für Fremdapplikationen verfügbar gemacht werden:

Möglichkeiten, um eine Typenbeschreibung von außen zugänglich zu halten

1. Objekt- und Typenbeschreibungen zu einer Applikation können als Dokumentation auf Papier und in Form von Headerfiles veröffentlicht werden.

2. Sie können in einer Programmiersprache kodiert und über Methoden der Interfaces `IDispatch`, `ITypeLib` und `ITypeInfo` verwendet werden.

3. Sie können in einer Type Library aufgeführt werden, die durch MkTypLib generiert und als Ressource mit der Applikation ausgeliefert wird.

9.7 Objektbeschreibungen in Type Libraries

Der Einsatz von Type Libraries ist flexibler als die anderen
Methoden des Informationsaustausches über Objekte und deren Fähigkeiten. Type Libraries werden daher als Standard
empfohlen, um die Programmierschnittstelle einer Applikation nach außen zu beschreiben und zugänglich zu machen.

Interfaces für Type Libraries

Folgende Interfaces finden für die Erzeugung und das Lesen
von Type Libraries Verwendung:

* Erzeugen:
  `ICreateTypeInfo` und ICreateTypeLib

* Lesen:
  ITypeInfo, ITypeLib und ITypeComp

*Interfaces für
Type Libraries*

Applikationsspezifisch

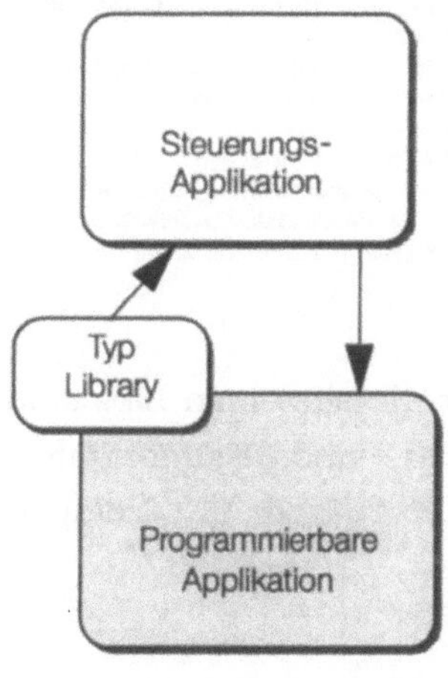

*Abb. 9-7
Typenbeschreibung als
Informationsquelle über
aufrufbare Objekte*

Eine Type Library ist applikationsspezifisch, d.h. jede Applikation, die in der Lage sein möchte, von anderen Programmen (Objekten) genutzt oder gesteuert zu werden und als

Automation Server eingesetzt zu werden, muß eine eigene Type Library besitzen.

Applikationen können natürlich auch selbst ihre eigene Type Library laden, um eine saubere und konsistente Schnittstelle auch für eine eigene Skriptsprache zu besitzen.

Registrierung

Die Verfügbarkeit einer Type Library muß in der Registrierdatenbasis unter dem eigenen Label `TypeLib` eingetragen sein, wo sich Scriptsprachen und Programmiertools über deren Existenz informieren können.

Ein Beispielausschnitt aus einer Registrierdatenbasis zur Registrierung der Typelibs sieht wie folgt aus:

```
TypeLib
shell
print
open
{00020470-0000-0000-C000-000000000046}
0.0 = IDispatch Calculator #2
0409 = C:\ole2\beta\debug\dspcalc2.tlb
0000 = C:\ole2\beta\debug\dspcalc2.tlb
HELPDIR = C:\ole2\beta\debug
{00020430-0000-0000-C000-000000000046}
1.0 = OLE 2.0 standard types
FILESPEC = *.tlb
DIR = c:\ole2\beta\debug
409 = c:\ole2\beta\debug\stdole.tlb
0 = c:\ole2\beta\debug\stdole.tlb
HELPDIR = c:\ole2\beta\debug
```

Abb. 9-8

Ausschnitt aus der Registrierdatenbasis mit Beispieleinträgen zur Type Library

Die Informationen für die einzelnen Libs sind jeweils unter dem Hauptlabel `TypeLib` und darunter unter dem Label der für die jeweilige TypeLib gültigen `UUID` eingetragen.

Plazierung

Es gibt mehrere Möglichkeiten, eine Type Library im Kontext einer Applikation zu plazieren, um sie zusammen mit der

Applikation ausliefern zu können und sie anderen Applikationen verfügbar zu machen:

- Eine Type Library kann als Resource in einer DLL der Applikation verfügbar gemacht werden.

- Eine Type Library kann in einem eigenen Stream Object in einem Compound File liegen. In diesem Fall muß das Stream Objekt den reservierten Namen \6typelib tragen, wobei \6 für das hexadezimale ASCII-Zeichen 6 steht.

mögliche Plazierungen einer Type Library

- Eine Type Library kann als selbständiges Compound File existieren. Ein solches Compound File wird durch das Tool MKTYPLIB erzeugt und sieht im Docfile Viewer betrachtet wie folgt aus:

```
Storage file C:\OLE2\BETA\DEBUG\STDOLE.TLB
    'dir', Type: Stream, Size: 1610
    'aaf787b62', Type: Stream, Size: 469
    'baf787b62', Type: Stream, Size: 445
    'caf787b63', Type: Stream, Size: 661
    'daf787b64', Type: Stream, Size: 621
    'eaf787b65', Type: Stream, Size: 1101
```

Abb. 9-9

Type Library als Compound File im Docfile Viewer

Erzeugen einer Type Library

Zur Erzeugung einer Type Library bietet das OLE-2-System das Tool MKTYPLIB.EXE an.

MKTYPLIB.EXE

Mktyplib benötigt eine Objektbeschreibung in der Sprache *Object DescriptionLanguage* (*ODL*), manchmal auch als *Interface Description Language* (*IDL*) benannt. ODL ist eine C++-ähnliche Sprache, mit der die Funktionalität von Objekten, Interfaces und Methoden beschrieben werden kann.

Object Description Language

Im folgenden ein kurzes Sprachbeispiel aus einer ODL-Datei – ein Referenzmanual zur Object Description Language ist in der OLE-2-Dokumentation enthalten:

ODL-Script

```
[uuid(25D9EAC2-8B93-1068-9A4C-08002B2E143C)]
library hello
{
    importlib("stdole.tlb");
    [uuid(25D9EAC3-8B93-1068-9A4C-08002B2E143C)]
    interface IHelloProgrammability : IUnknown
    {
        [
          helpstring("The message for saying hello"),
          propput
        ]
        void HelloMessage([in] BSTR newMessage);
        [propget]
        BSTR HelloMessage();
        BSTR SayHello();
    };
  ...
}
```

Ein ODL-Script wird damit zur Ausgangsbasis für die Entwicklung einer Applikation, die die OLE Automation nutzen soll. Aus einem ODL-Script generiert Mktyplib zwei Dateien:

MkTypLib generiert
zwei Dateien

- eine Header-Datei mit den Objekten.

- eine Type Library mit den gleichen Objektdefinitionen für den Zugriff über die Interface `ITypeLib` und `ITypeInfo`.

MkTyplib ist ein auf Windows 3.1 basierendes Kommandozeilen-Programm. Es wird mit der folgenden Kommandozeile aus Windows heraus aufgerufen:

Standardaufruf von
MKTYPLIB.EXE

```
MKTYPLIB /TLB output.tlb /H output.h input.odl
```

Die wichtigsten Optionen zu `MKTYPLIB`, die auch in dieser Kommandozeile verwendet werden, führen dazu, daß die Type Library `output.tlb` und die Header-Datei `output.h` erstellt werden und dafür die ODL-Script `input.odl` verwendet wird.

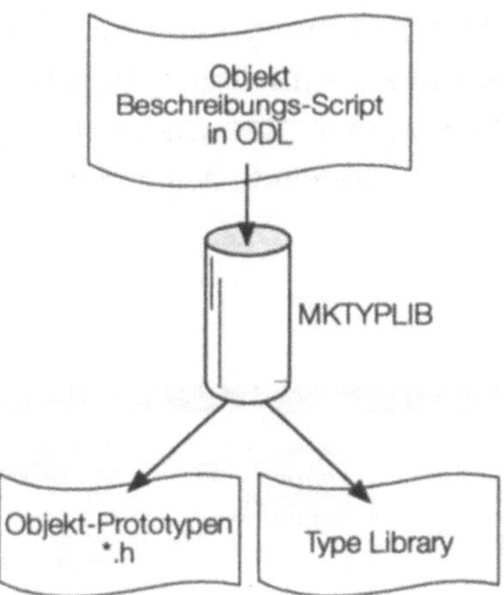

Abb. 9-10
MKTYPLIB produziert
aus einer
Beschreibungsdatei
eine Type Library und
eine Header-Datei.

Da `mktyplib` auf Windows 3.1 aufsetzt, kann es in einem Makefile nicht direkt verwendet werden. Um dennoch den Einsatz von MKTYPLIB in einem Makefile zu ermöglichen, wird mit der OLE-2-Entwicklungsumgebung eine *WXServer Utility* ausgeliefert.

Durch Starten des Serverprogramms WXSRVR aus Windows und Voranstellen des Kommandos WX vor den eigentlichen MKTYPLIB-Aufruf im Makefile wird es möglich, auch aus einem Script heraus eine Type Library zu erstellen.

*WX Server
zum Aufruf eines
Windows-Programms
aus einem Makefile
heraus*

Type Information
Browser

Type Browser

Eine kompilierte Type Library kann mit einem ebenfalls im OLE 2 Development Kit enthaltenen Type Browser analysiert werden. Das Programm `TIBROWSE.EXE` zeigt bei der Type Library `stdole.tlb` folgende Angaben:

Abb. 9-11

Type Browser zum

Lesen einer Type Library

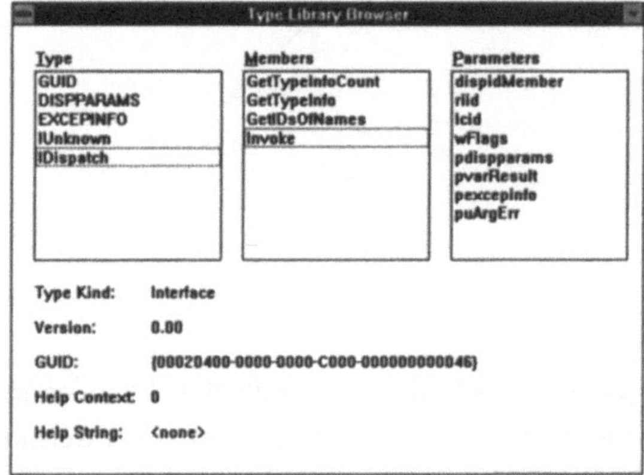

Hyper-Applikation

Die Möglichkeiten, die aus dem Einsatz der OLE-2-Automation erwachsen, sind damit wesentlich mehr als nur eine Makrosprache. Auf dieser Basis sind völlig neue Anwendungen aus Einzelbausteinen (Objekten) existierender Bausteine zusammenstellbar.

neue Applikationen aus

Anwendungsobjekten

Diese Technologie wird gänzlich neue Applikationstypen – sowohl als Bausteine als auch als daraus aufgebauten integrierten Hyper-Applikationen – hervorbringen.

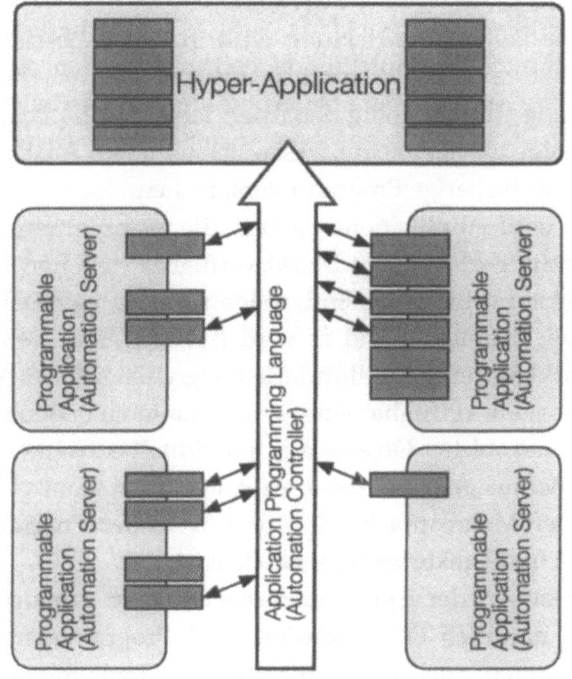

Abb. 9-12
Hyper-Applikation aus programmierbaren Objekten einzelner Applikationen

Auf dieser Basis sind neue Applikationen denkbar, für deren Entwicklung kaum mehr Quellcode in einer mehr oder weniger systemnahen Programmiersprache geschrieben wird, sondern die zu weiten Teilen aus fertigen Modulen (Objekten, Bausteinen) anderer Applikationen bestehen und nur noch in geringem Umfang mit neuen Funktionen ergänzt werden müssen.

nicht mehr aus Quellcode, sondern aus programmierbaren Applikationen

Ein Einsatzbereich dieser Automation ist die bedarfsgerechte Konfiguration einer Anwenderumgebung, wobei an die Stelle einer Individual-Entwicklung eine abgerundete Integration von Standardanwendungen treten kann.

9.8 Zusammenfassung

Die Applikationsentwicklung wird in vielen Bereichen auf die effektive Objektintegration verlagert werden. Zu deren Erstellung werden völlig neuartige Tools und Entwicklungswerkzeuge entstehen; auf wesentlich höherem Abstraktionsniveau als bisherige Programmiersprachen.

Es wird Applikationen geben, die als programmierbare Anwendungsobjekte am Markt verfügbar sind und für sich alleine kaum einsetzbar sind, sondern eine integrierende Applikation benötigen, und es wird Applikationen geben, die *neuer Markt für* am Markt als fertig konfigurierte Integration solcher Anwen- *modulare und* dungsobjekte verfügbar sind. Programmieren bedeutet dann *hochintegrative* Integrieren solcher Objekte aus individuell entwickelten Ob- *Applikationen* jekten heraus oder mit einer als Automation Controller fungierenden Makrosprache, die zur universellen Programmiersprache für Objekte weiterentwickelt ist.

Diese Art der Applikationssteuerung ist prinzipiell mit jeder – natürlich OLE-2-konformen – Programmiersprache oder anderen, auch gänzlich neuartigen Tools möglich. Von *Visual Basic 3.0 als* Microsoft wird Visual Basic zu dieser Art von applikations- *universeller* übergreifendem Automation Controller entwickelt. Alle *Automation Controller* wichtigen Microsoft-Applikationen werden in den nächsten Versionen als OLE 2 Automation Server ausgestattet sein und durch Visual Basic programmierbar sein.

Distributed OLE als Steht OLE*x* in einer nicht mehr fernen zukünftigen Versi- *rechnerübergreifender* on als Distributed OLE rechnerübergreifend zur Verfügung, *Object Request Broker* so bietet es mit OLE-Automation die Funktionalität eines Object Request Brokers.

Software wird nach dem OLE-Objektmodell in einer objektorientierten Architektur aufgebaut. OLE-Automation ermöglicht vor allem die effektive (Wieder-)Verwendung von fertigen OLE-Anwendungsobjekten.

Anhang A:
OLE 2 Lexikon

Mit der Vorstellung von OLE 2 und damit eines teilweise völlig neuen Ansatzes in der Software-Technologie geht die Einführung einer neuen Terminologie einher.

Die folgende Zusammenstellung bringt eine kurze Erklärungen der wichtigsten Begriffe und Fachausdrücke aus der Terminologie von OLE 2 und zur Objektorientierung allgemein:

A

Active Editor Menu Menüs mit Editierbefehlen für ein geladenes und in-place aktives Objekt; normalerweise Menüs wie »Edit«, »Format«, »Tools«, oder »Help« →workspace menu

active Zustand eines in ein Containerdokument integrierten Objekts während es durch Visual Editing bearbeitet wird. Markierung durch Schraffur.

Adaptable Link Objekt-Verweise sind „dehnbar", d.h sie passen sich Kopier- oder Verschiebe-Operationen von Objekt oder Container an.

AddRef Methode von IUnknown und damit in jedem Objekt vorhanden. Hochzählen des objektinternen Referenzzählers. →Reference Count; →Release;

Aggregation Mechanismus bei Windows-Objekten zum Aufbau von komplexen Objekten aus einfacheren Objekten im Gegensatz zur Vererbung (Code-Wiederverwendung) bei C++.
(Alle) Interfaces des kombinierten Objekts können direkt nach außen verfügbar gemacht werden.
Der Quellcode der Basisklassen ist nicht erforderlich.
→Containment →Vererbung

Automation Interfaces und Konventionen in OLE 2 zur Information über und zum Aufruf von Methoden unbekannter OLE-2-Objekte; auch zur applikationsunabhängigen und übergreifenden Makrosteuerung; Applikationen können durch andere, externe Applikationen gesteuert werden.
Besitzt Funktionalität eines →ORB

Automation Controller Client im OLE-2-Objektmodell; Applikation, mit der andere Applikationen, die Interfaces nach außen anbieten, benutzt, gesteuert und programmiert werden können.
Beispiel: →Visual Basic

Automation Server Server im OLE-2-Objektmodell; Applikation, die Objekte zum Zugriff von außen anbietet und damit extern durch eine andere Applikation benutzt und gesteuert werden kann.

Advise Sink

Entgegennehmen von asynchronen Nachrichten;
3 Typen: Compound Document (OLE notification), data change, view change

B

Binding

Prozess, der von einer Applikation (Container) angestoßen wird, wenn von einem →Compound Document heraus auf die Verweisquelle zugegriffen werden soll. Die Verweisquelle wird durch den →Moniker bezeichnet. Beim Prozess des Binding wird die Server-Applikation gestartet und in dieser die Datei mit dem gesuchten Objekt geladen. Die Server-Applikation übergibt den Namen des Objekts.

C

C++

Bevorzugte Programmiersprache zur Umsetzung objektorientierter Konzepte in OLE 2.
Prinzipiell ist Programmentwicklung in OLE 2 nicht an die Programmiersprache C++ gebunden.

Client Application
Anwendungsprogramm, das Objekte aus anderen Applikationen (→Server Application) aufnimmt.
Applikationen können gleichzeitig sowohl Client als auch Server sein. Die Bezeichnung Client wird im OLE Kontext zunehmend durch Container ersetzt.

Clipboard
Zwischenablage für unterschiedlichste Arten von Daten; wird von Windows zur Verfügung gestellt.
Daten werden meist durch die Menufolge »Edit«→»Cut« oder durch »Edit«→»Copy« zum Clipboard übertragen.
Durch »Edit«→»Paste« oder »Edit«→»Paste Special... « werden die Clipboard-Daten in die lesende Applikation eingefügt.

CLSID
Class Identification Number
Jede Objektklasse muß unter einer eindeutigen Registriernummer in der Registrationsdatenbasis eingetragen sein. Die CLSID geht aus der GUID hervor.
→GUID →IID

Component Object
Objekt , das dem →Component Object Model entspricht. →Windows Object

Component Object Model (COM)
Umfassendes Objektmodell, das nicht nur OLE 2, sondern der gesamten zukünftigen Betriebssystem- und Applikationstechnologie bei Microsoft zugrunde liegt.
Zentraler Punkt: Objekte sind durch die →Interfaces definiert, die sie im-

plementieren.   Interfacebeschreibungen sind in einer zentralen Registratur eingetragen und können applikationsübergreifend aufgerufen werden.
Grundlage für die Definition des →Windows Object und aller darauf aufbauenden OLE-Elemente.

Composite Moniker Aneinanderreihung von (einfachen oder composite) Monikers zur Objektreferenz bei verknüpften Objekten.

Compound Document Ein Dokument, im Normalfall von einem Textsystem (→Container Applikation), das sich aus generischem Basis-Text und einer Vielzahl von eingebundenen Objekten zusammensetzt.
Ein Compound Document integriert Objekte aus anderen Applikationen, ohne deren Datenformate zu kennen.
Nicht zu verwechseln mit →Compound File.

Compound Document Object Objekt für Operationen wie Linking und Embedding; wird durch die Server-Applikation definiert und in der Registrations-Datenbasis eingetragen; werden durch Container eingebettet oder verknüpft
(= OLE-Object)

Compound File Implementierung von →Structured Storage.
Neue Bezeichnung für →DocFile.
Innerhalb eines Compound File existiert eine eigene, einem Dateisystem ähnliche Struktur, die oberhalb des betriebssystemeigenen Dateisystems

liegt. Das Dateisystem sieht nur die Einheit Datei; entsprechend ausgestattete Applikationen können auf der Struktur des Compound File aufsetzen.
→Storage Object; →Stream Object; →LockByte;
→Incremental Save; →Transactioning

Container Application

Applikation, bei dokumentenorientierten Systemen meist das Textsystem, mit der ein →Compound Dokument erstellt wird.

Applikation, in dessen Dokumentenformat andere Objekte eingebunden werden.

Containment

Mechanismus zur Zusammensetzung von Windows-Objekten im Gegensatz zur Vererbung (Code-Wiederverwendung) bei C++.

(Alle) Interface-Aufrufe an das eingebettete Objekt werden von außen nach innen weitergereicht.

Quellcode der Basisklassen nicht erforderlich.

→Aggregation →Vererbung

Context

Teil der OLE-Fehlercode-Struktur; derzeit nicht näher definiert; muß auf Null gesetzt werden;
→HRESULT; →SCODE

Conversion

Formatänderung von Objekten; Ein in einem Containerdokument zu aktivierendes Objekt, dessen ursprüngliche Serverapplikation nicht mehr zur Verfügung steht, wird von einer alternativen Serverapplikation editiert und dauerhaft in deren eigenes Format konvertiert.

CORBA   Common Object Request Broker Architekture;
Standardisierter und breit anerkannter →Object Request Broker der →OMG (Object Management Group).

D

Data Object   Objekttyp zum vereinheitlichten Datentrasfer (→Uniform Data Transfer) für Operationen bei Drag&Drop, Clipboard, DDE und OLE

Daten-Kapselung   →Kapselung

DDE   Dynamic Data Exchange
Vorgängertechnologie von OLE 1 zum dynamischen Datenaustausch zwischen Applikationen.
In OLE 2 wird DDE vollkommen durch →Uniform Data Transfer ersetzt.

DLL   Dynamically Loadable Library

Direct Mode   Zustand des Structured Storage Systems, bei dem Daten direkt in das Compound File geschrieben werden, ein *rollback* (undo) vom System her nicht vorgesehen ist
→Transacted Mode

DocFile   Alte Bezeichnung für →Compound File, die Ablageform des →Structured Storage System. In OLE 2.0 ist diese

alte Bezeichnung noch in einigen Be-
zeichnern enthalten.

Drag & Drop

Objekte können mit der Maus verschoben und auf einer Ziel-Applikation abgelegt werden. Die Zielapplikation
„erkennt" das abgelegte Objekt und
kann darauf in geeigneter Weise reagieren.
Speziell bei OLE kann damit ein Objekt in einer Server-Applikation definiert und durch Verschieben mit der
Maus in die Client-Applikation eingebettet werden.

E

Embedding

Kopieren von Server-Objekten in den
Datenbereich von Containerdokumenten. Das Objekt kann unter Benutzung
der ursprünglichen Serverapplikation
oder eines Stellvertreters aktiviert und
editiert werden.

Emulation

Formatänderung von Objekten; Ein in
einem Containerdokument zu aktivierendes Objekt, dessen ursprüngliche
Serverapplikation nicht mehr zur Verfügung steht, wird von einer alternativen Serverapplikation geladen, bleibt
jedoch in der Ablage unverändert im
ursprünglichen Typ bestehen.

Facility

Teil der OLE-Fehlerstatus-Struktur; 4 Bit zur Angabe des Bereiches, in dem ein Fehler aufgetreten ist; derzeit festgelegt sind: FACILITY_NULL; FACILITY_RPC; FACILITY_DISPATCH; FACILITY_STORAGE; FACILITY_ITF;
Facility-Bereiche werden ausschließlich durch Microsoft definiert;
→SCODE; →HRESULT

Facility Code

Teil der OLE-Fehlerstatus-Struktur; 16 Bit für ausführliche Beschreibung eines Fehlers; →SCODE; →HRESULT

File Moniker

Verweisinformation zu einer in ein Container Document eingebetteten Datei.
Ein File Moniker enthält den absoluten und den relativen Pfadnamen zu einer Datei und das momentane Directory, die der Reihe nach durchprobiert werden, um den Link aufzulösen.

G

GUID

Globally Unique Identification
Eindeutige Zeichenkombination zur Identifikation und Registrierung von Objekten in einer systemindividuellen Registrierungsdatenbasis.
Kompatibel zum Standard des Distributed Computing Environment (DCE) der OSF.

Kann auf Basis von Datum und ID der Netzwerk-Karte mit dem Generierungstool →UUIDGEN.EXE erzeugt werden. →UUID; →IID; →CLSID

H

HRESULT

Handle to Result; erste Stufe des zweistufigen Fehler-Meldesystems in OLE 2;
Wert ungleich Null im Fehlerfall; liefert Zugriff zur ausführlichen Fehlerbeschreibung über →SCODE

I

IDispatch

Wichtigstes Interface der OLE-Automation; wird von Objekten implementiert, die ihre Dienste (Methoden) nach außen zum Zugriff durch andere Applikationen verfügbar machen wollen.

IID

Interface ID; eindeutige Identifikationsnummer für Interfaces, abgelegt in der systemweiten Registrierungsdatenbasis; →CLSID; →GUID;

Incremental Save

Möglichkeit des Structured Storage zur mehrstufigen Verwaltung von Änderungen an einzelnen Dokumentteilen; →Transacted Mode →Direct Mode

Information Hiding

Basisbegriff der Objektorientierung;
Die Daten (Variablen) eines Objekts sind von außen nicht sichtbar und kön-

nen nur über die →Methoden des Objekts manipuliert werden. →Kapselung

Interface

Ein Satz von semantisch ähnlichen Funktionen (Methoden) eines Objekts. Der Zugriff auf das Objekt erfolgt über seine Interfaces.
OLE 2 Interfaces sind als abstrakte Basisklassen definiert und sind eigentlich eine Liste von Zeigern auf Funktionen. Ein Objekt kann vollständig über die Interfaces, die es unterstützt, beschrieben werden.

In-Place Activation

Alte Bezeichnung für →Visual Editing. Wird ein Objekt innerhalb einer Container-Applikation zum Editieren aktiviert, so wird die Server-Applikation nicht in einem weiteren Fenster gestartet, sondern die Container-Applikation nimmt die wichtigsten Merkmale und Funktionen der Server-Applikation zum Editieren des Objekts an.
Ein Objekt kann im Context der Container-Applikation Editierwerkzeuge und weitere Funktionalität bereitstellen.

In-Place Server

voll ausgebaute Form eines Server-Objekts mit sämtlichen Editierfeatures für das Object; →Object Handler

In-Process Server

Serverapplikation, die nicht eigenständig und in einem eigenen Prozessraum existieren kann, sondern als →DLL eingebunden im Prozessraum der Containerapplikation abläuft. Gegenstück zu →Local Server.

255

»Insert Object... « Standard-Dialog zum Einfügen eines neuen Objekts in ein Containerdokument. Ruft die gewünschte Serverapplikation aus der Containerapplikation heraus auf und bietet Steuerungsmöglichkeiten für →Linking und →Embedding.

Inside-Out Aktivierungsregel für Objekte, die vereinfacht selektierbar sein sollen. Normalerweise nur bei Objekten, die als Kontrollelemente für andere Objekte oder Applikationen eingesetzt werden. Standardregel zur Objektaktivierung ist die →Outside-In Regel.

Item Moniker Verweisinformation zu einem in ein Container Document eingebetten Objekt (item).

IUnknown Wichtigstes Basis-Interface und Charakteristikum des →Component Object Model; wird von allen anderen Interfaces implementiert.
Ermöglicht u.a. zur Laufzeit die Abfrage von Objekten nach implementierten Interfaces und die Kontrolle eines Referenzrählers. →AddRef; →Release; →QueryInterface;

K

Kapselung Basisbegriff der Objektorientierung; sagt aus, daß ein Objekt seine Daten kapselt und vor direktem Zugriff durch andere Objekte verbirgt; objekteigene Daten können nur durch objekteigene Methoden manipuliert werden.

L

Linking

Verknüpfung von Server-Objekten in Container-Applikationen. Daten werden nur einmal gehalten und mehrfach angezeigt; bei Daten-Änderung werden alle Anzeigen dynamisch mit geändert.

Links können auf gesamte Dateien oder Teilbereiche daraus gelegt werden.

Bei Links ist kein →Visual Editing möglich.

Local Server

Eigenständige und voll ausgebaute Applikation, die auch als Serverapplikation eingesetzt werden kann. Gegenstück zu →In-Process Server.

LockBytes

Schnittstelle zum Dateisystem im Bereich des Structured Storage. Über LockBytes werden die Grundelemente →Stream und →Storage als Daten abgelegt.

Logical Object Pagination

Server-Objekte müssen mit Logical Object Pagination innerhalb von Client-Applikationen nicht komplett auf einer Seite stehen, sondern können applikationsgerecht umgebrochen werden.

In OLE 2 anfänglich geplant, jedoch noch nicht implementiert.

LRPC Lightweight Remote Procedure Call
Mechanismus in OLE 2 in der Library
COMPOBJ.DLL, um Funktionsaufru-
fe und Parameterübergabe über Pro-
zessgrenzen hinweg zu ermöglichen.
→Marshalling

M

Marshalling Steuerung und Organisation von
Funktionsaufrufen und Parameterübergabe über Prozessgrenzen hinweg. →LRPC

Methode Bestandteil eines Objekts, durch das allein auf die Funktionalität und implizit
auf die Daten des Objekts zugegriffen
werden kann.
Entspricht einer *Funktion* in klassischen Programmiersprachen.
→Interface

MkTypLib Compiler zum Erzeugen einer →Type
Library und ggf. einer Headerdatei aus
einer Objekt-Beschreibungsdatei, die
in →MODL erstellt ist.

(M)ODL Microsoft Object Description Language; →Automation
Sprache zur Beschreibung der Objekte,
die von einer Applikation exportiert
werden und auf die damit von außen
zugegriffen werden kann. Entspricht
→IDL aus →CORBA.
Eine ODL-Datei wird durch →MkTyp-
Lib übersetzt.

Moniker
Beschreibung des Verweises bei gelinkten Objekten, um das Problem des Abreißens von Verweisen zu verhindern.
Ein Moniker enthält Referenzen auf ein verknüpftes Objekt und Code, um die zu dem Objekt gehörige Server-Applikation abzufragen (→Binding).
Unterschieden werden File Moniker, Item Moniker, Anti Moniker und Pointer Moniker.
Komplexe Fälle der Objektreferenz bei verknüpften Objekten können mit →Composite Monikers gelöst werden.
→File Moniker; →Item Moniker; →Binding

N

Naming
Objekte, auf die per Verknüpfung (Linking) zugegriffen werden soll, müssen benannt werden. Links können nur auf benannte und als Datei existierende Objekte gelegt werden. →Linking

Native Data
Information, die nötig ist, um ein Objekt in einer Serverapplikation zu editieren. Daten-Teil des Objekts; (→Presentation Data)

Nested Object
Objekt, das in einem anderen integrierten Objekt verschachtelt enthalten ist und ggf. eine unterschiedliche Server-Applikation benutzt.

Notification
Nachrichtenaustausch zwischen Objekten; insbesondere für Nachrichten,

die Änderungen an Objekten bewir-
ken.

O

Object Application Applikation, die Objekte für andere
Applikationen (→Container) zur Ver-
fügung stellt (→Server Application).

Object Conversion Formatkonvertierung der →Native
Data eines Objekts, so daß das Objekt
auch mit anderen als der ursprünglichen Server-Applikation editiert werden kann. →Conversion

Objekt Einheit, die anderen Objekten →Me-
thoden (Prozeduren, Dienste, Services)
anbietet, Daten und Informationen
umfaßt (und verbirgt, →Information
Hiding, →Kapselung) und bestimmte
Attribute besitzt. → Windows Object

Object Handler Einfachste Form eines Objektservers,
der nur die wichtigsten Aktionen wie
Ausgabe oder Abspielen unterstützt.
→In-Place Server

Object Request Broker Instanz in einem objektorientierten System, die die Zuordnung von Objekt-
aufrufen zum richtigen Objekt vornimmt.
Focus der Vereinheitlichungsbemü-
hungen der →OMG mit →CORBA.

OLE Object Linking and Embedding
Basistechnologie von Microsoft zur Integration unterschiedlicher Anwen-

dungen in ein gemeinsames Verbund-
dokument (→Compound Document)
und zur Objekt-Interaktion.
Version 1.0 ist in MS-Windows3.1 enthalten; Version 2.0 ist für Win16 seit
dem 2.Halbjahr 1993 verfügbar.

ODL Object Description Language;
→MODL; →Automation

OMG Object Management Group; Zusammenschluß von Herstellern und Entwicklern zur Definition von Standards
in der Objektorientierung.
→CORBA

open Zustand eines Objekts, während es in
einem von der Containerapplikation
getrennten Fenster, also nicht durch
→Visual Editing, geladen ist und editiert wird.

Outside-In Standardregel für den Ablauf des Sta-
tusübergangs von Objekten vom neu-
tralen zum selektierten Status; der Sta-
tusübergang wird nur auf expliziten
Benutzerwunsch hin (z.B. Doppelklick
auf Objekt) durchgeführt.
→Inside-Out

ORB →Object Request Broker

P

Packager Eigenständiges Tool bei OLE 1, das es
ermöglichte, Objekte als Symbole in

andere Applikationen einzulagern (`PACKAGER.EXE`).
Bei OLE 2 nicht mehr vorhanden; Funktionalität ist in den Dialog zum Einfügen eines Objekts integriert.

»Paste Special...« Dialog zum Einfügen eines Objekt, das über das →Clipboard übertragen wird. Bietet im Gegensatz zum »Paste...« Dialog Steuerungsmöglichkeiten.

Presentation Data Information die nötig ist, um ein Objekt an einem Ausgabegerät (Bildschirm, Lautsprecher) darzustellen. →native data

Properties Zustandsdaten eines Objekts; Properties können im Rahmen der →Automation von außen verändert werden. →Methoden; →Kapselung;

Polymorphismus Basisbegriff der Objektorientierung; sagt aus, daß unterschiedliche Objekte gleichnamige Methoden implementieren können und somit gleiche Methodenaufrufe bei unterschiedlichen Objekten unterschiedliche Reaktionen hervorrufen. So würde das Kommando »`Bearbeiten`« bei einem Klang-Objekt eine andere Serverapplikation laden als bei einem Graphik-Objekt.

Pseudo-Objekt Ausschnitt aus einem Server-Objekt, das als eigenständiges Objekt eingebettet oder verknüpft werden kann.

Q

QueryInterface	Methode von →IUnknown und damit in jedem Objekt vorhanden. Liefert auf Befragen einen Zeiger auf ein anderes Interface eines Objekts und bietet damit als Kern des →Component Object Model die Möglichkeit, ausgehend von einem Interface-Zeiger auf ein Objekt alle anderen zu ermitteln.

R

Reference Count	Mechanismus zur Regelung der Existenzdauer eines Objekts. Mit jedem neuen Interface-Pointer und damit mit jeder Referenz auf ein Objekt wird ein Zähler hochgesetzt (→AddRef) bzw. bei Freigabe eines Interface-Pointers wieder heruntergesetzt (→Release). Geht der Referenzzähler auf Null, so kann das Objekt freigegeben werden.
REGEDIT.EXE	Tool zur Anzeige und Manipulation der →Registrierdatenbasis →reg.dat Mit der Option **/s** kann Registrierinformation, die in festgelegtem Format in einer Textdatei (*.reg) abgelegt ist, in die Registrierdatenbasis eingetragen werden. Mit der Option **/v** kann der baumartige Aufbau der Registrierdatenbasis visualisiert und bearbeitet werden. Ohne Aufrufoption sind einfache Editieroperationen in der Registrierdatenbasis möglich.

reg.dat Systemweite →Registrierdatenbasis; kann durch →REGEDIT.EXE manipuliert werden.

Registrierung Anmeldung der von einer bestimmten Applikation (Server) unterstützten Objekt-Klasse(n) bei einer zentralen, systemweiten Registrations-Datenbank (reg.dat). Normalerweise während der Applikationsinstallation (= class registration). Objekte und Interfaces werden unter ihrer →GUID eingetragen.

Registrierdatenbasis Die Datei →reg.dat, in der systemweit alle relevanten Informationen über Objekte und Interfaces eingetragen sind. Der Eintrag erfolgt durch das Tool →REGEDIT.EXE.

Release Methode von →IUnknown und damit in jedem Objekt vorhanden. Herunterzählen des objektinternen Referenzzählers. →Reference Count; →AddRef;

Root Storage Objekt Oberstes Storage Objekt in der baumartigen Struktur aus →Storage Objekten und →Stream Objekten im Ablageformat des →Structured Storage.

RPC Remote Procedure Call; Möglichkeit zum Aufruf von Modulen, die in anderen Prozessen oder auf anderen Rechnern laufen.
Wird unter OLE 2 (noch) nicht verwendet, sondern ersetzt durch einen →LRPC, der nach einem ähnlichen Mechanismus nur rechnerinterne Aufrufe zuläßt.

Running Object Table	Systeminterne Liste der gerade laufenden, aktiven Objekte auf einem Rechner.

S

SCODE	Status Code; ausführliche Fehlerbeschreibung von Interface-Methoden oder einer Funktion; besteht aus einer Struktur, die sich zusammensetzt aus: Severity Code, Context, Facility, Facility Code; zugänglich über →HRESULT
Selected	Zustand eines in ein Containerdokument integrierten Objekts, in dem es mit Mitteln der Containerapplikation manipuliert (vergrößert, verschoben, entfernt) werden kann, ohne daß die zum Objekt gehörige Serverapplikation gestartet wird. →Active; →Open;
Server Application	Anwendungsprogramm, das Objekte zur Verfügung stellt; gleichbedeutend mit Object Server; Die Applikation muß bei der Installation ihre Objekte in der →Registrierdatenbasis eintragen und kann dann aus einer OLE-konformen →Container-Applikation durch →»Insert Object...« aufgerufen werden.
Severity Code	Bit 31 der OLE-Fehlercode-Struktur; 0 bei Erfolg; 1 bei Fehler; →SCODE; →HRESULT;

Storage Independency

Verweise können auch zwischen Objekten etabliert werden, die nicht vollständig als Dateien im Filesystem liegen.

Stream Object

Datentragendes Strukturelement des →Structured Storage System; Entspricht der Einheit *Datei* innerhalb eines →Compound File. Steht Objektservern zur Datenablage innerhalb der Containerdaten zur Verfügung.

Storage Object

Strukturelement des →Structured Storage System
Entspricht der Einheit *Directory* innerhalb eines →Compound File.
Jedem OLE-Object (Compound Storage Object) ist ein eigenes Storage Object mit beliebig vielen Stream Objects zugeordnet.

Structured Storage

Hierarchische Ablagestruktur von OLE-2-Dokumenten innerhalb der Einheit Datei; oberhalb des eigentlichen Filesystems, in dem OLE-2-Dokumente als eine Datei (→DocFile, →Compound Document) erscheinen.
→ Storage Object →Stream Object

T

Transactioning

Funktionalität des →Structured Storage, Änderungen an →Stream Objekten zwischenzuspeichern und ggf. auf einen früheren Stand zurückzusetzen.
→Transacted Mode

Transacted Mode Zugriffsmethode auf ein →Storage Object, bei dem eine Transaktionsüberwachung und ggf. ein Rücksetzen in einen älteren Zustand stattfindet. Alternative: →direct mode

Type Library Objektbeschreibungsdatei, aus der mit einer Programmiersprache im Rahmen der OLE-Automation die Informationen zur Objektsteuerung entnommen werden können. Die Objektbeschreibung wird in →ODL erstellt und durch →MkTypLib in eine Type Library übersetzt.
→Automation

U

Uniform Data Transfer Vereinheitlichung des Datenaustausches zwischen und innerhalb von Applikationen über ein →Data Object. Ersetzt →DDE.

UUID Eindeutiger Identifikations-String für Objekte; wird in systemweiter →Registrierdatenbasis eingetragen; andere Bezeichnung für →GUID;

UUIDGEN.EXE Tool des OLE SDK zur Erzeugung einer eindeutigen GUID aus Datum, Uhrzeit und ID der Netzwerkkarte des Rechners.
Steht kein Rechner mit Netzkarte zur Verfügung, so kann eine GUID per Email bei Microsoft angefordert werden. CompuServe: GO WINOBJ;

V

VB (Visual Basic) Von Microsoft bevorzugte, aber nicht einzig mögliche Programmiersprache um mit OLE →Automation Anwendungsobjekte zu steuern. Nimmt damit die Rolle einer applikationsübergreifenden Makrosprache ein. →Automation Controller.
Mit VBA (Visual Basic for Applications) steht ein applikationsneutrale und Bundle-fähige Version als Makrosprache zur Verfügung.

Verb Kommando, Methode, (primäre) Aktion eines Objekts. Kann aus der Registrierdatenbasis entnommen werden.

Vererbung Wiederverwendung von Methoden und Datenbereich aus anderen Objekten. Der Quellcode der Basisklassen muß verfügbar sein. Wird im Component Object Model nicht verwendet, sondern durch →Containment und →Aggregation ersetzt.

Version Management Zusätzlich mit dem Objekt abgelegte Information über Art und Version der zugehörigen Serverapplikation. Ermöglicht automatische und benutzergesteuerte Updates der Datenformate von Objekten. →Conversion; →Emulation.

Visual Editing Neue Bezeichnung für →In-place Activation.
Wird ein Objekt aus einer exteren Applikation innerhalb eines Containers zum Editieren aktiviert, so wird die ur-

sprüngliche Applikation nicht in einem zusätzlichen Fenster gestartet, sondern die Container-Applikation nimmt die wichtigsten Merkmale der Oberfläche und die Editierfunktionalität der Server-Applikation an.
Für den Anwender wird damit ein störender Umgebungswechsel (Paradigmenwechsel) vermieden.

W

Windows Object

„Something with interfaces"
Object, das der OLE-2-Spezifikation des →Component Object Model entspricht; Objekttyp, auf dem OLE 2 und die zukünfitigen Applikations- und Betriebssystem-Entwicklungen bei Microsoft aufbauen;
unterscheidet sich in einigen Punkten von der Definition eines C++-Objekts; kann in beliebigen Sprachen implementiert und referenziert werden;
→Interface

Workspace Menu

→Active Editor Menu
Menüs mit Befehlen zur Kontrolle der Datei- und Arbeitsumgebung;
normalerweise die Menüs »File« und »Window«

Anhang B: Schlagworte im Objekt-Management

Das folgende Verzeichnis soll helfen, die Begriffs- und vor allem Abkürzungsflut, die mit Ausbreitung der unterschiedlichsten Objektverwaltungstechnologien im Entstehen ist, einzudämmen (Begriffe speziell zu OLE siehe OLE-Lexikon):

Amber Object Management System von Apple

Bento Object File Format des →Amber

CORBA Common Object Request Broker Architecture; Spezifikation der →OMG für einen Objekt-Management-Standard

COSE Common Open Software Environment;
Zusammenschluß von UNIX-Anbietern SCO, HP, IBM, Sun Microsystems, Univel und USL zur weiteren Verein-

271

heitlichung von UNIX-Systemumge-
bungen

COSS   Common Open Services Specification
der →OMG als →CORBA-Erweite-
rung zur Unterstützung der Verteilung
von Objekten in einem Netz heteroge-
ner Betriebssysteme.

DCE   Distributed Computing Environment;
System der →OSF zum Aufbau und
Betrieb verteilter Anwendungen

DDE   Dynamic Data Exchange
Vorläufer-Technologie zu →OLE, die
es ermöglicht, daß unterschiedliche
Anwendungen dynamische Datenver-
bindungen aufrechterhalten.

DOE   Distributed Objects Everywhere; Object Management System von Sun

DOME   Distributed Objects Management Environment (Hyperdesk)

DOMF   Distributed Object Management Facili-
ty
DCE- und C++-basierte →CORBA-
Implementation von HP
Gleichnamiges Produkt von Sunsoft
im Rahmen des →DOE.

DOMS   Distributed Objects Management System (Hyperdesk)

DSOM   Distributed →System Object Model
(IBM)

IDL	Interface Definition Language bei →CORBA
MFC	Microsoft Foundation Classes; Klassenbibliothek für Visual C++; ab der Version 2.5 (in VC++ 1.5 enthalten) mit Unterstützung von OLE 2
OLE	Object Linking and Embedding Technologie von Microsoft zur Integration unterschiedlicher Anwendungen. Version 1.0 ist in MS-Windows3.1 enthalten; Version 2.0 erscheint im 2.Halbjahr 1993 für Windows3.1, später für WindowsNT und Apple Macintosh.
OMA	Object Management Architecture
OMG	Object Management Group Zusammenschluß aller wichtigen Entwicklunghäuser zur Definition von gemeinsamen Standards im Bereich der Objektorientierung; →CORBA
OpenDoc	Erklärung von Apple, Borland, IBM, Novell, Wordperfekt zu einem gemeinsamen Objektmanagement-Standard unabhängig von OLE. Erste Spezifikationen sind für Anfang 1994 angekündigt.
ORB	Object Request Broker
OSF	Open Software Foundation (→DCE)
OWL	Object Windows Library; Klassenbibliothek von Borland für den C++ Compiler Version 4.0

PDO	Portable Distributed Objects; Object Management System von Next und HP, bei dem Nextstep-Systeme als Clients Objekte nutzen können, die auf HP-Servern vorgehalten werden
RPC	Remote Procedure Call
SOM	System Object Model (IBM) Kooperation von IBM mit SunSoft und HP
SOMobjects	Entwicklungsumgebung für SOM

Anhang C:
Interfaces

Die folgende Aufstellung bietet eine Übersicht über alle Interfaces, die für die Entwicklung von objektorientierten Applikationen mit OLE 2 von Bedeutung sind.

Über diese Interfaces bieten Objekte ihre Dienste nach außen an und werden von außen aufgerufen. Definierte Fähigkeiten im OLE-2-System werden durch die Implementierung von definierten Interfaces erzielt.

Diese Interfaces sind zum Teil von OLE 2 in den zum Lieferumfang gehörenden DLLs implementiert, zum Teil müssen sie in den Anwendungsobjekten, die bestimmte Dienste nutzen oder anbieten wollen oder bestimmte Rollen im OLE-2-System einnehmen wollen, implementiert werden.

Die Namen der Methoden der einzelnen Interfaces sind so weit selbsterklärend, daß in diesem Überblick darauf verzichtet wurde, diese noch weiter zu kommentieren. Für Details sei auf das Referenzmanual und entsprechende Helpfiles des Software Development Kits verwiesen.

Definierte Dienste werden durch Implementieren definierter Interfaces ermöglicht.

siehe auch Referenzmanual

C.1 Interfaces im Bereich des Uniform Data Transfer

Die folgenden Interfaces dienen der Implementierung des Uniform Data Transfer, einer Möglichkeit, Daten unabhängig von Applikationsformaten, Datenquelle und Ziel zu übergeben:

Tab. C-1 *Interfaces im Bereich* *Uniform Data Transfer*	`IDataObject`	unterstützt Datentransfer und registriert Nachrichten bei Datenänderung (date change notification); Wird von OLE und den meisten Applikationen implementiert und benutzt;
	`IViewObject`	unterstützt Anzeige und Ausdruck von Daten und die Registrierung von Nachrichten bei Änderung des Aussehens (view change notification); wird von OLE implementiert. Dadurch kann ein Objekt unabhängig von den Anzeigebedingungen der Erzeugung auf beliebigen, durch den Aufrufer des Objekts zur Verfügung gestellten Anzeigegeräten dargestellt werden.
	`IViewObject2`	dient der Anzeige und dem Ausdruck bei Objekten, die durch einen *object handler* oder eine DLL verwaltet werden;
	`IDataAdviseHolder`	verwaltet die Registrierung und das Versenden von *data change notifications*; wird von OLE implementiert und von Objektapplikationen verwendet;

Methoden

Die Interfaces im Bereich des Uniform Data Transfer besitzen
folgende Methoden:

IDataObject	::DAdvise
	::DUnadvise
	::EnumDAdvise
	::EnumFormatEtc
	::GetCanonicalFormatEtc
	::GetData
	::GetDataHere
	::QueryGetData
	::SetData
IViewObject	::Draw
	::Freeze
	::GetAdvise
	::GetColorSet
	::SetAdvise
	::Unfreeze
IDataAdviseHolder	::Advise
	::EnumAdvise
	::SendOnDataChange
	::Unadvise

Tab. C-2
Methoden der Interfaces
im Bereich
Uniform Data Transfer

C.2 Interfaces im Bereich Notification

Die folgenden Interfaces werden für Zwecke der Notification,
des Nachrichtenaustausches zwischen Objekten, eingesetzt:

IMessageFilter	Ausschließen von Messages bei Applikationen, die nur bestimmte Messages empfangen wollen, während sie auf andere, synchrone Nachrichten warten;

Tab. C-3
Interfaces im Bereich
Notification

`IAdviseSink`   verwaltet das Eintreffen von *data change* und *view change notifications*;
Wird implementiert durch OLE und alle Applikationen, die diese Benachrichtigungen empfangen wollen;

`IAdviseSink2`   verwaltet das Eintreffen von Benachrichtigungen bei Änderungen der Quelle einer Verknüpfung (*link source change notification*);
Wird implementiert von Containern, die benachrichtigt werden wollen, wenn sich die Quelle eines Links ändert;

Methoden

Die Interfaces im Bereich Notification besitzen folgende Methoden:

Tab. C-4
Methoden der Interfaces
im Bereich Notification

`IMessageFilter`	`::HandleIncomingCall`
	`::MessagePending`
	`::RetryRejectedCall`

`IAdviseSink`	`::OnClose`
	`::OnDataChange`
	`::OnRename`
	`::OnSave`
	`::OnViewChange`

`IAdviseSink2`	`::OnLinkSrcChange`

C.3 Interfaces im Bereich Naming und Binding

Die folgenden Interfaces dienen dem Naming und Binding,
d.h. dem Finden und Realisieren einer Verbindung zwischen
einem Objekt und seinem zugehörigen Server:

`IRunningObjectTable`	Organisation der aktiven Objekte wird durch OLE implementiert und von Applikationen verwendet;	*Tab. C-5* *Liste der* *aktiven Objekte*

Über dieses Interface besteht Zugriff auf die Liste der laufenden Objekte (*Running Object Table*), eine allgemein zugängli-
che Liste der gerade auf einem Rechner aktiven Objekte.
Wenn ein Container die Verbindung zu einem Objekt herstellen will, kann er in dieser Tabelle nachsehen, um festzustellen,
ob eine Instanz dieses Objektes gerade aktiv ist und ggf. die
Verbindung zu diesem Objekt herstellen, anstatt eine neue Instanz zu laden.

`IMoniker`	enthält Funktionen, um *Monikers* zu steuern und die Verbindung dazu herzustellen; OLE stellt mehrere Implementierungen zur Verfügung;	*Tab. C-6* *Interfaces im Bereich* *Naming und Binding*
`IParseDisplayName`	setzt den Namen der Anzeige eines Objekts in einen Moniker um; wird von Container- und Objekt-Applikationen implementiert und von OLE benutzt;	
`IBindCtx`	wird zur Verwaltung von Moniker-Operationen benutzt; implementiert und benutzt durch OLE;	

Methoden

Die Interfaces im Bereich des Naming und Binding besitzen
folgende Methoden:

`IRunningObjectTable`	`::EnumRunning`
	`::GetObject`
	`::GetTimeOfLastChange`
	`::IsRunning`
	`::NoteChangeTime`
	`::Register`
	`::Revoke`
`IMoniker`	`::BindToObject`
	`::BindToStorage`
	`::CommonPrefixWith`
	`::ComposeWith`
	`::Enum`
	`::GetDisplayName`
	`::GetTimeOfLastChange`
	`::Hash`
	`::Inverse`
	`::IsEqual`
	`::IsRunning`
	`::IsSystemMoniker`
	`::ParseDisplayName`
	`::Reduce`
	`::RelativePathTo`
`IParseDisplayName`	`::ParseDisplayName`
`IBindCtx`	`::EnumObjectParam`
	`::GetBindOptions`
	`::GetObjectParam`
	`::GetRunningObjectTable`
	`::RegisterObjectBound`
	`::RegisterObjectParam`
	`::ReleaseBoundObjects`
	`::RevokeObjectBound`
	`::RevokeObjectParam`
	`::SetBindOptions`

C.4 Interfaces für Structured Storage

Die folgenden Interfaces dienen der Implementierung des Structured Storage, der Ablage von Objekten in strukturierten Dateien:

`IPersist`
`IPersistStorage`
`IPersistStream`
`IPersistFile`
	Schreiben und Lesen von Daten wird Implementiert von Applikationen, die Structured Storage zur Ablage nutzen wollen ;
	verwendet von OLE und OLE-Applikationen;
		Tab. C-8
		
		Interfaces im Bereich
		Structured Storage

`IStorage` `IStream`	Schreiben und Lesen von Daten von einem Datenträger; wird von OLE implementiert und von Applikationen benutzt;	
`ILockBytes`	Steuerung des Datenstroms, der auf dem ursprünglichen Dateisystem liegt; wird von OLE implementiert und genutzt;	
`IRootStorage`	kopiert ein Storage-Objekt als Root Storage in eine neue Datei;	

Methoden

Die Interfaces im Bereich des Structured Storage besitzen folgende Methoden:

IPersist	::GetClassID
IPersistFile	::GetCurFile
	::IsDirty
	::Load
	::Save
	::SaveCompleted
IPersistStorage	::HandsOffStorage
	::InitNew
	::IsDirty
	::Load
	::Save
	::SaveCompleted
IPersistStream	::GetSizeMax
	::IsDirty
	::Load
	::Save
IStorage	::Commit
	::CopyTo
	::CreateStorage
	::CreateStream
	::DestroyElement
	::EnumElements
	::MoveElementTo
	::OpenStorage
	::OpenStream
	::RenameElement
	::Revert
	::SetClass
	::SetElementTimes
	::SetStateBits
	::Stat
IStream	::Clone
	::Commit
	::CopyTo
	::LockRegion
	::Read
	::Revert
	::Seek
	::SetSize
	::Stat

```
                    ::UnlockRegion
                    ::Write

ILockBytes          ::Flush
                    ::LockRegion
                    ::ReadAt
                    ::SetSize
                    ::Stat
                    ::UnlockRegion
                    ::WriteAt


IRootStorage        ::SwitchToFile
```

C.5 Interfaces für Drag&Drop

Die folgenden Interfaces werden für die Implementierung
von Drag&Drop benötigt. Mit Drag&Drop können definierte
Objekte unter visuellem Feedback mit der Maus aus einer Applikation am Bildschirm zu einer anderen geschoben werden
und am der Zielstelle bestimmte Reaktionen auslösen:

`IDropSource`	ermöglicht einem Fenster einer Applikation als Quelle für Drag&Drop zu fungieren und stellt das Benutzerfeedback bei Drag&Drop-Operationen zur Verfügung; wird von D&D-Quell-Applikationen implementiert;	*Tab. C-10* *Interfaces im Bereich* *Drag&Drop*
`IDropTarget`	ermöglicht einem Fenster einer Applikation als Ziel oder Ablage bei Drag&Drop-Operationen zu fungieren; wird von D&D-Ziel-Applikationen implementiert;	

Methoden

Die Interfaces im Bereich Drag&Drop besitzen folgende Methoden:


```
IDropSource            ::GiveFeedback
                       ::QueryContinueDrag
                       ::DragEnter
                       ::DragLeave
                       ::DragOver
                       ::Drop

IDropTarget            ::DragEnter
                       ::DragOver
                       ::DragLeave
                       ::Drop
```

C.6 Interfaces im Bereich Compound Document

Die folgenden Interfaces werden zur Implementierung von Compound Documents, d.h. der dokumentenorientierten Objektintegration und damit dem eigentlichen Kernthema von OLE 2 verwendet:

`IOleObject`	Funktionen zur Verwaltung von Objekten in Compound Dokuments; Wichtigstes Interface, mit dem ein eingebettetes oder verknüpftes Objekt seine Funktionalität dem Container zur Verfügung stellt; von allen Objekt-Applikationen implementiert und von allen Containern benutzt;
`IOleClientSite`	Verwaltung eines Objekts in einem Container; Für jedes Objekt muß ein solches Interface verfügbar sein; wird durch alle Container implementiert und von allen Objektapplikationen benutzt;

`IOleContainer` `IOleItemContainer`	unterstützt das Herstellen der Verbindung zwischen Container und Serverapplikationen, die Verknüpfungen zulassen; wird implementiert von Containern, die Verknüpfungen auf eingebettete Objekte ermöglichen und von Objektapplikationen, die Verknüpfungen auf Pseudo-Objekte zulassen;
`IOleCache` `IoleCache2`	ermöglicht die Kontrolle der Daten, die in einem eingebetteten Objekt gepuffert werden und dem Container zugänglich sind, wenn das Objekt nicht aktiv oder verfügbar ist; ermöglicht das explizite Aktualisieren eines Objektdatenpuffers (cache) durch Objektapplikationen in DLLs und durch Container;
`IOleCacheControl`	ermöglicht die Benachrichtigung des Puffers (*cache*), wenn ein Objekt aktiviert oder deaktiviert wird;
`IOleLink`	enthält Funktionen zur Manipulation des Monikers eines verknüpften Objekts und zur Aktualisierung dieses Objekts; implementiert durch Objekte, die durch Link integriert sind;
`IOleAdviseHolder`	wird von Objekt-Applikationen zur Verwaltung und Versendung von Benachrichtigungen (notifications) eingesetzt; wird durch OLE implementiert und ausschließlich durch Serverapplikationen benutzt;

Methoden

Die Interfaces im Bereich Compound Document besitzen folgende Methoden:

Tab. C-13
Methoden der Interfaces
im Bereich Compound
Document

`IOleObject`	`::Advise`
	`::Close`
	`::DoVerb`
	`::EnumAdvise`
	`::EnumVerbs`
	`::GetClientSite`
	`::GetClipboardData`
	`::GetExtent`
	`::GetMiscStatus`
	`::GetMoniker`
	`::GetUserClassID`
	`::GetUserType`
	`::InitFromData`
	`::IsUpToDate`
	`::SetClientSite`
	`::SetColorScheme`
	`::SetExtent`
	`::SetHostNames`
	`::SetMoniker`
	`::Unadvise`
	`::Update`
`IOleClientSite`	`::GetContainer`
	`::GetMoniker`
	`::OnShowWindow`
	`::RequestNewObjectLayout`
	`::SaveObject`
	`::ShowObject`
`IOleContainer`	`::EnumObjects`
	`::LockContainer`
`IOleItemContainer`	`::GetObject`
	`::GetObjectStorage`
	`::IsRunning`
`IOleCache`	`::Cache`
	`::EnumCache`
	`::InitCache`
	`::SetData`
	`::Uncache`
`IOleLink`	`::BindIfRunning`
	`::BindToSource`
	`::GetBoundSource`

C.7 Interfaces für Visual Editing

Die folgenden Interfaces dienen der Realisierung der Technik des Visual Editing, bei dem unterschiedliche Serverapplikationen ein Objekt innerhalb eines einzigen Containerfensters editieren können. Die Applikationen müssen sich dabei untereinander „absprechen", wie welche Bereiche des Fensters oder von Pulldown-Menüs zu nutzen sind:

`IOleWindow`	wichtigstes Interface zur Implementierung von Visual Editing; wird sowohl von Server als auch Container benutzt und implementiert; alle anderen Interfaces im Bereich der In-Place Activation sind von diesem Interface abgeleitet;
`IOleInPlaceObject`	wird von Objektapplikationen implementiert und von Containern benutzt, um ein Objekt „vor Ort" zu aktivieren oder zu deaktivieren;
`IOleInPlaceActiveObject`	wird von Objekt-Applikationen implementiert, um eine direkte Kommunikationsmöglichkeit zwischen dem In-Place-Objekt und den Dokumentenfenstern zu ermöglichen; ein Container verwendet die Funktionen des Interfaces, um ein Objekt zu manipulieren, solange es In-Place-aktiv ist;

`IOleInPlaceUIWindow`	bietet die Möglichkeit, um Belange der Benutzeroberfläche (Rahmengrößen) zwischen Server und Container abzuklären; wird von Containern implementiert und von Servern während der In-Place Activation benutzt;
`IOleInPlaceFrame`	Über dieses Interface besteht Zugang und die Möglichkeit der Manipulation für das höchstrangige Fenster, das auch das Hauptmenü enthält; wird von Containern implementiert und von Servern während der In-Place Activation benutzt;
`IRunnableObject`	wird von OLE implementiert und von Handlern und Objekt-Applikationen in DLLs beim Statusübergang benutzt;
`IOleInPlaceSite`	wird von Containerapplikationen implementiert und von Objektapplikationen benutzt, um die graphische Oberfläche der In-Place Activation steuern zu können;

Methoden

Die Interfaces im Bereich der Implementierung von Visual
Editing besitzen folgende Methoden:


```
IOleWindow                  ::ContextSensitiveHelp
                            ::GetWindow

IOleInPlaceObject           ::InPlaceDeactivate
                            ::ReactivateAndUndo
                            ::SetObjectRects
                            ::UIDeactivate

IOleInPlaceActiveObject::EnableModeless
                            ::OnDocWindowActivate
                            ::OnFrameWindowActivate
                            ::ResizeBorder
                            ::TranslateAccelerator

IOleInPlaceUIWindow         ::GetBorder
                            ::RequestBorderSpace
                            ::SetActiveObject
                            ::SetBorderSpace

IOleInPlaceFrame            ::EnableModeless
                            ::InsertMenus
                            ::RemoveMenus
                            ::SetMenu
                            ::SetStatusText
                            ::TranslateAccelerator

IOleInPlaceSite             ::CanInPlaceActivate
                            ::DeactivateAndUndo
                            ::DiscardUndoState
                            ::GetWindowContext
                            ::OnInPlaceActivate
                            ::OnInPlaceDeactivate
                            ::OnPosRectChange
                            ::OnUIActivate
                            ::OnUIDeactivate
                            ::Scroll
```

Anhang D: Weitere Informationen

Die Entwicklung und Erweiterung von Applikationen mit den technologischen Merkmalen von OLE 2 bildet die Grundlage für die Wettbewerbsfähigkeit im Umfeld Microsoft-orientierter Systeme. OLE 2 ist unabdingbare Voraussetzung für zukunftsorientierte Software-Entwicklung.

Andererseits ist gerade die Software-Entwicklung mit OLE 2, wie selbst Microsoft bestätigt, ein höchst anspruchsvoller und komplexer Themenbereich, zu dem im Moment noch kaum Literatur und nur wenig Hilfestellung existiert.

komplexer Themenbereich

Im Folgenden ist die derzeit verfügbare Unterstützung in Form von Dokumentation, Software und Support für die Software-Entwicklung mit OLE 2 zusammengestellt:

Dokumentation

Einen sehr guten Überblick über Basiskonzepte der Objektorientierung bieten folgende Publikationen:

James Rumbaugh et al.: Object-Oriented Modeling and Design; Prentice-Hall, 1991; ISBN 0-13-629841-9

Ivar Jacobson et al.: Object-Oriented Software Engineering, A Use Case Driven Approach; Addison-Wesley, 1993; ISBN 0-201-54435-0

Phil Sully: Modelling the World with Objects; Prentice Hall, 1993; ISBN 0-13-58779-1

Informationen zu weiteren Konzepten des Objektmanagement sind folgenden Publikationen zu entnehmen:

Common Object
Request Broker
Architecture

Das Architekturmodell der Object Management Group ist in einer Veröffentlichung der OMG ausführlich beschrieben und erläutert:

OMG: Object Management Architecture Guide. Revision 2.0, 1992; OMG TC Document 92.11.1

Die Spezifikation der *Common Object Request Broker Architecture (CORBA)* wurde von der OMG zusammen mit X/Open veröffentlicht:

OMG und X/Open: The Common Object Request Broker: Architecture and Specification. Revision 1.1; OMG Document Number 91.12.1

zu OLE 2

Folgende Bücher zur Programmierung mit OLE 2 sind bei Microsoft Press erschienen und über den Buchhandel erhältlich:

OLE 2 Programmers Reference, Volume1; Overview and API Reference ISBN 618-9

OLE 2 Programmers Reference, Volume 2; Creating Programmable Applications with OLE Automation ISBN 628-6

Kraig Brockschmidt: Inside OLE 2 ISBN 692-4

Das Buch von Kraig Brockschmidt wird von Microsoft als die
Standard-Programmieranleitung für OLE 2 betrachtet und
empfohlen. Es deckt sehr entwicklungsnah und mit sehr vielen praktischen Beispielen die wichtigsten Bereiche der Entwicklung OLE-2-fähiger Applikationen ab.

wichtigste
Programmieranleitung

Der OLE 2 Software Development Kit enthält eine Reihe von
Dokumenten im Format Word for Windows 2.0 und für den
Helpfile-Viewer. Darunter vor allem:

OLE 2 Programmers Reference, Volume 1 (API Reference)

OLE 2 Programmers Reference, Volume 2 (Automation)

OLE 2 Design Specification

Remoting: Component Object Model RPC explained

Weitere wichtige Publikationen über Details zu OLE 2 sind
über CompuServe erhältlich:

OLE 2 File Format
(OLEFMT.ZIP; Upload vom 14.10.93);

Detail-Papiere
auf CompuServe

OLE Compound File Format, OLE-Version 1.0;
(MSFMT.DOC; Upload vom 25.6.93);

OLE 2 Property Sets;
(PRPSET.ZIP; Upload vom 2.10.93)

Performance-Untersuchungen zur OLE 2 Stuctured Storage;
(CPERF.ZIP; Upload vom 17.9.93)

Technische Erläuterung zu Collection Objects;
(COLECT.ZIP; Upload vom 16.7.93

Ergänzend enthält das SDK Dokumente für Technical Overview und Management Overview sowie einige Foliensätze im
Powerpoint-Format zu ausgewählten Themen.

Für wie wichtig das für Entwickler etwas spröde Thema
OLE 2 bei Microsoft genommen wird, zeigt auch die zuneh-
mende Anzahl von Beiträgen im Microsoft Systems Journal,
die sich mit ausgewählten OLE-2-Problemen beschäftigen.

Microsoft
System Journal

Support

Microsoft unterhält ein sehr aktives Forum auf dem Informations-Netzwerk CompuServe.

CompuServe
GO WINOBJ

Mehrere Mitglieder der OLE-2-Entwicklergruppe betreuen dort detailliert und kompetent Fragen zu unterschiedlichen Einzelbereichen aus OLE 2.

Im gut gewarteten und aktuellen Dateibereich (Library) des Forums stehen aktuelle Dokumente und Beispielapplikationen zum Download zur Verfügung. Das Forum kann unter dem Namen WINOBJ erreicht werden.

Software

Die Entwicklungsumgebung für OLE 2 (Software Development Kit) ist in mehreren Kanälen zugänglich.

OLE 2.0

In der ersten freigegebenen Version von OLE 2.0 tragen alle Dateien das Datum 16.04.93; diese Version ist seit der ersten OLE 2 Developers Conference im Mai 1993 als eigene CD erhältlich. In dieser Version ist Automation noch als Beta-Version enthalten.

Das Dateidatum ist vor allem für die Applikationsinstallation wichtig, um in der Installationsprozedur überprüfen zu können, ob bereits eine aktuelle oder neuere Version vorhanden ist.

Die gleiche Version, wenn auch mit einem anderen Datumsstempel der OLE-2-Libraries, ist auch auf der CD Nr. 4 und der CD Nr. 5 des Microsoft Developers Network enthalten.

OLE 2.01

Angekündigt seit August 1993, freigegeben am 17. November 1993 und als eigenständige CD allgemein verfügbar seit Jahresbeginn 1994 ist die auch als Maintenance Release bezeichnete Version OLE 2.01. In dieser Version sind eine Reihe von Fehlern bereinigt und die Automation erstmals fertiggestellt.

Die Version OLE 2.01 ist nicht Library-kompatibel mit der Version OLE 2.0 – Applikationen sollten daher nicht mehr mit Libraries der Version OLE 2.0 ausgeliefert werden!

Visual C++ 1.5

Das vollständige OLE 2.01 SDK ist in der Entwicklungsumgebung Visual C++ 1.5 integriert, das im ersten Quartal 1994 erschien.

VC++ 1.5 enthält OLE 2.01

In Visual C++ 1.5 ist die Klassenbibliothek Microsoft Foundation Classes (MFC) in der Version 2.5 enthalten.

MFC 2.5 enthält erstmals Klassen für vielfältigste Problembereiche der OLE-2-Programmierung und wird mit der Umgebung von VC++ 1.5 die Entwicklung von OLE-2-Applikationen deutlich vereinfachen und erleichtern.

Microsoft Foundation Classes, Version 2.5, enthält Klassen für OLE 2.01

MFC 2.5 unterstützt Visual Editing Server, Visual Editing Container, Drag and Drop, OLE Automation Server, OLE Automation Clients und Structured Storage.

Der AppWizard wurde in VC++ 1.5 ebenfalls für OLE 2 erweitert und unterstützt Container, Full Server, Mini-Server oder Container-Server Applikationen. Auch Automation wird durch AppWizard unterstützt.

Visual Basic 3.0

Visual Basic in der Version 3.0 ist mit OLE 2.01 ausgestattet und kann damit als Automation Controller für beliebige OLE-2-Applikationen, die Automation unterstützen, eingesetzt werden.

Automation Controller

Microsoft Office

Die Applikationen des Bereichs Microsoft Office 4.0 (Word for Windows 6.0; Excel 5.0; Powerpoint 4.0; Access1.1) und alle anderen zentralen Microsoft-Applikationen sind mit umfangreicher OLE-2.01-Unterstützung ausgestattet. Diese Applikationen verfügen insbesondere über Visual Editing und Automation, gesteuert über *Visual Basic for Applications (VBA)*.

Sachverzeichnis